WORKSHOP KUNST

Herbert Schöttle

Unterrichtsideen für die Klassen 5–10

Band 4

PLASTIK/ARCHITEKTUR

Schöningh

Herbert Schöttle: Workshop Kunst

Band 1: Farbe/Malerei (Best.-Nr. 018110-5)
Band 2: Graphik: Zeichnung/Schrift (Best.-Nr. 018111-2)
Band 3: Druckgraphik (Best.-Nr. 018112-9)
Band 4: Plastik/Architektur (Best.-Nr. 018113-6)
Band 5: Zufallstechniken (Best.-Nr. 018114-3)

Abbildungsnachweis

Abb. 2: © VG Bild-Kunst, Bonn 1996 – **Abb. 3:** © VG Bild-Kunst, Bonn 1996 – **Abb. 4:** © Christian Ernst, aus: Stadt Karlsruhe, Kulturreferat (Hg.), Skulpturen im Theatergarten, Sommer 1990 – **Abb. 5:** © VG Bild-Kunst, Bonn 1996 – **Abb. 6 und S. 121:** © VG Bild-Kunst, Bonn 1996 – **Abb. 9 aus:** Kunst und Unterricht, Heft 118/Dez. 1987, Friedrich Verlag, Velber 1987; © Kunsthalle Bielefeld – **Abb. 10:** © Henry Moore Foundation, Mrs. Stower, Dame Tree House, Much Hadham/Hertfordshire, Großbritannien – **Abb. 11:** © Estate of Jacques Lipchitz/Licensed by VAGA, New York, NY/Marlborough Gallery, NY – **Abb. 12:** © VG Bild-Kunst, Bonn 1996 – **Abb. 13 aus:** Gina Pischel, Große Kunstgeschichte der Welt, Lizenzausgabe des Dt. Bücherbundes, Stuttgart/Hamburg/München 1975, S. 670; © VG Bild-Kunst, Bonn 1996 – **Abb. 14:** © VG Bild-Kunst, Bonn 1996 – **Abb. 16 und 17 aus:** Gina Pischel, Große Kunstgeschichte der Welt, Stuttgart/ Hamburg/München 1975 – **Abb. 20 aus:** Günther Regel (Hg.), Moderne Kunst, Klett, Stuttgart 1994, S. 39; © VG Bild-Kunst, Bonn 1996 – **Abb. 21 aus:** Heinz Braun, Formen der Kunst, Verlag M. Lurz, München 1974, S. 220 – **Abb. 23 aus:** Lexikon 2000, Band 6, Zweiburgen Verlag, Weinheim 1983, S. 3034 – **Abb. 25 aus:** John Boardman u.a., Die griechische Kunst, Lizenzausgabe des Dt. Bücherbundes, Stuttgart/ Hamburg/München 1977 – **Abb. S. 30 aus:** Werner Schade, Die Malerfamilie Cranach, VEB Verlag der Kunst Dresden, 1974 – **Abb. 31:** © Staatliche Kunsthalle Karlsruhe 1993 – **Abb. 32:** © AKG Berlin/Werner Forman – **Abb. 34:** Privat Sammlung. Museum Boijmans Van Beuningen, Rotterdam – **S. 45, Abb. oben Mitte aus:** Kunst und Unterricht, Heft 198/1995, Friedrich Verlag, Seelze – **S. 45, Abb. oben rechts:** © VG Bild-Kunst, Bonn 1996 – **S. 45, Abb. unten:** IFA-BILDERTEAM/EBI – **Abb. 36:** Olaf Gollnek, Hamburg – **Abb. 40:** Foto: Manfred Grohe – **S. 58:** Foto: W. Rothermel – **Abb. 48 aus:** Kurt Lange/Max Hirmer, Ägypten, Hirmer Verlag München, Sonderausgabe 1978 – **S. 76, Folie zur Hinführung und S. 77 oben aus:** Johannes Erdmann, Arbeiten mit Speckstein, Otto Maier Verlag, Ravensburg 1987; © Inuit-Galerie Mannheim – **S. 77, Mitte rechts:** © The Munch Museum/The Munch Ellingsen Group/VG Bild-Kunst, Bonn 1996 – **Abb. 51 (links):** Archiv für Kunst und Geschichte, Berlin – **Abb. S. 88 aus:** Norman Bancroft-Hunt/Werner Forman, Totempfahl und Maskentanz, Herder, Freiburg 1980 – **Abb. 62:** © VG Bild-Kunst, Bonn 1996 – **Abb. S. 101 aus:** Günther Regel (Hg.), Moderne Kunst, Klett, Stuttgart 1994: © VG Bild-Kunst, Bonn 1996 – **Abb. 67:** Bernd Krug, Heidelberg – **Abb. 74:** Archiv für Kunst und Geschichte, Berlin; © VG Bild-Kunst, Bonn 1996 – **Abb. 75:** © Man Ray Trust, Paris/VG Bild-Kunst, Bonn 1996 – **Abb. S. 120 und 122:** © VG Bild-Kunst, Bonn 1996 – **Abb. S. 137:** ANTHONY (Hoffmann-Burchardi/oben; Jochem/unten) – **Abb. 81 aus:** Eva Maria Kaifenheim, Aspekte der Kunst, Verlag Martin Lurz, München 1980 – **S. 153 oben:** Grant Taylor/Tony Stone – **S. 153 unten und 156 Mitte:** Bildagentur Schuster/Liaison – **S. 154 und 156 oben:** Harald Melcher, Gernsbach – **S. 154 und 156 unten:** SCH/laenderpress – **Abb. 90 und S. 166 Mitte:** Bildagentur Huber/Simeone – **S. 167 unten:** LFP/laenderpress

Die übrigen Abbildungen wurden dem Verlagsarchiv entnommen oder vom Verfasser selbst angefertigt bzw. (Schülerarbeiten) bereitgestellt.

© 1997 Ferdinand Schöningh, Paderborn

© ab 2004 Bildungshaus Schulbuchverlage
Westermann Schroedel Diesterweg Schöningh Winklers GmbH
Braunschweig, Paderborn, Darmstadt

www.schoeningh-schulbuch.de
Schöningh Verlag, Jühenplatz 1–3, 33098 Paderborn

Das Werk und seine Teile sind urheberrechtlich geschützt.
Jede Nutzung in anderen als den gesetzlich zugelassenen Fällen bedarf der
vorherigen schriftlichen Einwilligung des Verlages.
Hinweis zu § 52a UrhG: Weder das Werk noch seine Teile dürfen ohne eine
solche Einwilligung gescannt und in ein Netzwerk gestellt werden.
Das gilt auch für Intranets von Schulen und sonstigen Bildungseinrichtungen.

Druck 7 6 5 / Jahr 2011 10 09
Die letzte Zahl bezeichnet das Jahr dieses Druckes.

Druck und Bindung: Friedrich Pustet, Regensburg

ISBN 978-3-14-018113-6

Inhaltsverzeichnis

Hinweise zum Gebrauch dieses Buches	6
1. Plastisches Gestalten	7
1.1 Verfahren	7
1.2 Formqualitäten	11
1.3 Erscheinungsformen	14
2. Bauen und Wohnen	19
2.1 Die Bautätigkeit des Menschen	19
2.2 Forderungen an ein Bauwerk	19
2.3 Bautechnische Konstruktionstypen	20

Plastisches Gestalten: Modellieren

Werkstoff Ton	22
1. Terrakotta	25
1.1 Sachanalyse	25
1.2 Unterrichtsbeispiel (Klasse 5 – 7) „Drachen"	26
1.3 Didaktischer Kommentar	28
2. Tonrelief	32
2.1 Sachanalyse	32
2.2 Unterrichtsbeispiel (Klasse 8 – 10) „Szenen aus dem Schulalltag"	33
2.3 Didaktischer Kommentar	35
3. Trompe-l'œil	39
3.1 Sachanalyse	39
3.2 Unterrichtsbeispiel (Klasse 7 – 10) „Kaltes Buffet", Gruppenarbeit	41
3.3 Didaktischer Kommentar	43
Werkstoff Pappmaché	46
1. Maske	50
1.1 Sachanalyse	50
1.2 Unterrichtsbeispiel (Klasse 6 – 8) „Gute und böse Masken"	52
1.3 Didaktischer Kommentar	56
2. Handpuppe	61
2.1 Sachanalyse	62
2.2 Unterrichtsbeispiel (Klasse 5 – 6) „Schräge Typen"	63
2.3 Didaktischer Kommentar	64

Plastisches Gestalten: Skulptieren

1. Specksteinplastik	70
1.1 Sachanalyse	70
1.2 Unterrichtsbeispiel (Klasse 7 – 10) „Tier"	71
1.3 Didaktischer Kommentar	74

Werkstoff Gips 78

2. Vom Gipsblock zur Skulptur 81
2.1 Sachanalyse 81
2.2 Unterrichtsbeispiel (Klasse 8 – 10)
„Totempfahl", Gruppenarbeit 83
2.3 Didaktischer Kommentar 85

Plastisches Gestalten: Montieren

1. Gips-Draht-Plastik 90
1.1 Sachanalyse 90
1.2 Unterrichtsbeispiel (Klasse 7 – 10)
„Tanzende" 92
1.3 Didaktischer Kommentar 93

2. Gipsrelief mit abgeformten und gegossenen Elementen 97
2.1 Sachanalyse 97
2.2 Unterrichtsbeispiel (Klasse 9 – 10)
„Ein Stück Wand", Gipsrelief: Montage 98
2.3 Didaktischer Kommentar 100

Werkstoff Papier/Pappe 108

3. Relief aus Wellpappe 109
3.1 Sachanalyse 109
3.2 Unterrichtsbeispiel (Klasse 6 – 8)
„Ein modisch irrer Schuh" 112
3.3 Didaktischer Kommentar 114

4. Kinetisches Objekt 116
4.1 Sachanalyse 116
4.2 Unterrichtsbeispiel (Klasse 7 – 10)
„Miróbile", Vom Gemälde zum kinetischen Objekt, Partnerarbeit 117
4.3 Didaktischer Kommentar 119

Architekturmodelle

Urformen menschlicher Behausungen 123

1. Die Höhle 123
1.1 Sachanalyse 123
1.2 Unterrichtsbeispiel (Klasse 5 – 6)
„Modell einer Höhle", Mit Papier kaschiertes Draht-/Holzgerüst,
Partner-/Gruppenarbeit 124
1.3 Didaktischer Kommentar 127

2. Vom geflochtenen Windschirm zur Bienenkorbhütte 132
2.1 Sachanalyse 132
2.2 Unterrichtsbeispiel (Klasse 5 – 6)
„Modell einer Wohn- oder Verteidigungsanlage in Flechtwerktechnik" 133
2.3 Didaktischer Kommentar 136

Konstruktives Bauen 138

1. Skelettbauweise: Balken und Ständer 138
1.1 Sachanalyse 138
1.2 Unterrichtsbeispiel (Klasse 8 – 10)
„Skelettbau: Ständerkonstruktion", Partner-/Gruppenarbeit 140
1.3 Didaktischer Kommentar 144

2. Tragseilbrücke 148
2.1 Sachanalyse 148
2.2 Unterrichtsbeispiel (Klasse 9 – 10)
„Modell einer Hängebrücke", Partner-/Gruppenarbeit 148
2.3 Didaktischer Kommentar 151

3. Schichtung und Wölbung 157
3.1 Sachanalyse 157
3.2 Unterrichtsbeispiel (Klasse 8 – 10)
„Modell eines Massenbaus" 159
3.3 Didaktischer Kommentar 161

Wandgliederung 169

Gestaltung von Fassaden

1. Sachanalyse 169
2. Unterrichtsbeispiel (Klasse 8 – 10)
„Bebauung einer Baulücke zwischen denkmalgeschützten Bauten",
Von der Entwurfszeichnung zum maßstabgetreuen Fassadenmodell 170
3. Didaktischer Kommentar 171

Stichwortverzeichnis 176

Literaturverzeichnis 177

Hinweise zum Gebrauch dieses Buches

Die angeführten Unterrichtsbeispiele orientieren sich an den Lehrplänen des Faches Bildende Kunst der Sekundarstufe I.
Jedes Kapitel wird mit einer kurzen Sachanalyse eröffnet, die in die Problematik des jeweiligen Unterrichtsstoffes einführen soll. Ihr folgt das eigentliche Unterrichtsbeispiel mit Angabe der Medien, der Lernziele und mit einer detaillierten, auch Alternativen berücksichtigenden Verlaufsplanung einschließlich Informations- und Arbeitsblättern. Ein didaktischer Kommentar enthält zusätzliche Hinweise zum Unterrichtsverlauf sowie Hilfen und Anregungen, Möglichkeiten der Differenzierung und Angaben zu fächerübergreifenden Inhalten.
Die Unterrichtsbeispiele sind als Unterrichtshilfen gedacht. Sie sollen der Fachlehrerin/dem Fachlehrer die oft zeitraubende Planung und Vorbereitung der Unterrichtsstunde erleichtern. In diesem Sinne werden z. B. für die Ausführung des praktischen Teils nur Arbeits- und Anschauungsmittel vorgeschlagen, die jeder Schule, jeder Lehrerin/jedem Lehrer und jeder Schülerin/jedem Schüler verfügbar sind oder deren Beschaffung kein Problem darstellt.
Die Moderationspfeile ||||▶ innerhalb der Verlaufsplanungen kennzeichnen Aktionen der Lehrerin/des Lehrers wie Impulse, Fragen, Demonstrationen, Hinweise oder Vorträge.
Die auf diese Aktionen hin zu erwartenden Antworten oder Reaktionen der Schülerinnen und Schüler sind in *Kursive* gesetzt.
Mögliche Tafelbilder werden folgendermaßen unterlegt:

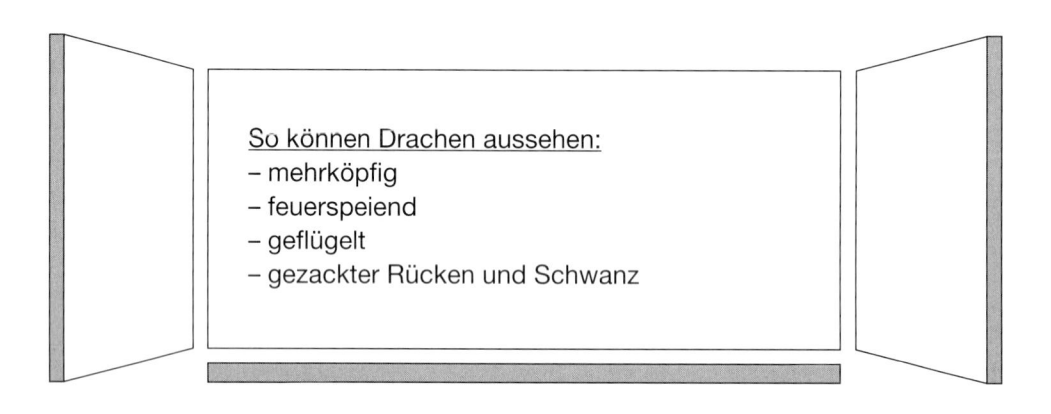

So können Drachen aussehen:
– mehrköpfig
– feuerspeiend
– geflügelt
– gezackter Rücken und Schwanz

Alternative Unterrichtsgestaltungen werden optisch wie folgt abgegrenzt:

Alternative Hinführung

||||▶ Mitbringen eines geeigneten Scherzartikels

Die zahlreichen Vorschläge für Arbeitsblätter und Folien können kopiert werden; die entsprechenden Vorlagen dazu sind im Buch enthalten.
Die Arbeitsblätter sind nicht nur als Übungsblätter gedacht, sondern erfüllen z. T. auch die Aufgabe der Ergebnissicherung. Sie sollten am besten in einem Schnellhefter, im Folgenden BK- (Bildende Kunst) Ordner genannt, von den Schülerinnen und Schülern abgeheftet werden.

1 Plastisches Gestalten

1.1 Plastische Verfahren

Bei den bildhauerischen Techniken unterscheidet man die *additiven* von den *subtraktiven Verfahren*. Das wesentliche additive Verfahren ist das *Modellieren*. Die plastische Form entsteht durch verform- und knetbare Materialien wie Ton, Plastilin, Wachs oder Gipsbrei. Typische Vorgehensweisen sind hierbei das Aufbauen, Hinzufügen oder Antragen des verformbaren Werkstoffs. Das plastische Gebilde baut sich langsam auf und ist bis zuletzt sowohl durch Hinzufügen als auch durch Wegnehmen plastischen Materials korrigierbar (Abb. 1).

Weitere additive Verfahren sind das *Montieren* und *Assemblieren*.

Beim Montieren verschmelzen unterschiedliche Körper und Werkstoffe zu einem Objekt. In diesem Zusammenhang ist auch das *Verformen* zu nennen, ein plastisches Verfahren, das insbesondere bei Kunststoffen (Tiefziehen) und Metallen (Biegen, Treiben) angewandt wird. Unter einer *Assemblage* versteht man die *Montage* realer dreidimensionaler Gegenstände oder Gegenstandsteile auf einer Fläche (Abb. 2). Eine Anhäufung von Gebrauchsgegenständen bezeichnet man als Akkumulation (Abb. 3, S. 8). Unter der Bezeichnung *Objektkunst* fasst man Kunstwerke zusammen, die unter Verwendung realer Gegenstände entstanden.

Werden Objekte in einem Raum unter einem künstlerischen Konzept angeordnet, so bezeichnet man dies als *Installation* (Abb. 4, S. 8). Verbinden sich Architektur, Plastik und Malerei zu einer künstlerischen Einheit, in die der Betrachter miteinbezogen wird, so spricht man von einem *Environment* (Abb. 5, S. 8). Unter *kinetischen Objekten* sind dreidimensionale Kunstwerke zu verstehen, bei denen die Bewegung eine wichtige Rolle spielt, z.B. Mobiles (Abb. 6, S. 9). Den subtraktiven Verfahren ist gemeinsam, dass die plastische Figur aus einem Block (Holz, Stein, Gips,...) durch Abtragen und Wegschneiden bzw. Wegschlagen von Material entsteht. Dieser Vorgang wird als *Skulptieren* bezeichnet. Im Gegensatz zum die plastische Form langsam aufbauenden modellierenden Vorgehen tastet sich der Skulpteur von außen an die

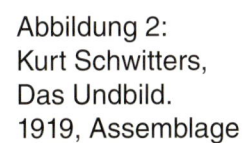

Abbildung 1: Modellieren mit Ton

Abbildung 2: Kurt Schwitters, Das Undbild. 1919, Assemblage

geplante Form heran. Ein Verhauen oder Verschneiden lässt sich nur schwer oder überhaupt nicht mehr korrigieren (Abb. 7, S. 9).

Das *Abformen* (vgl. Abb. 5, S. 8) nimmt bei den plastischen Verfahren einen ebenso breiten Raum ein wie das *Gießen* (Abb. 8, S. 10).

Abbildung 3:
Fernandez Arman, Stegosaurus Wrenches. 1978, Akkumulation

Abbildung 4:
Voré, Steinerner Fluss der Zeit. 1990, Installation

Abbildung 5:
George Segal, Alice, ihre Gedichte und Musik hörend. 1970, Environment

Abbildung 6:
Alexander Calder,
Mobilé

Abbildung 7:
Michelangelo Buonarotti,
Atlantensklave. 1519

Abbildung 8: Vorgang beim Gießen eines Puppenkopfes aus Porzellan

a) Eine teilbare Gießform aus Gips wird mit Porzellanmasse aufgefüllt.

b) Nach wenigen Minuten wird die Porzellanmasse abgegossen. Der Gips hat der Gießmasse Feuchtigkeit entzogen, sodass an der Wandung eine Porzellanschicht verbleibt.

c) Einen Tag später kann der Rohling vorsichtig der Form entnommen werden.

1.2 Formqualitäten

Plastiken zeichnen sich durch ihre unmittelbare körperhaft-räumliche Wirkung aus. Im Gegensatz zu Körper- und Raumillusionen, die mit grafischen oder malerischen Mitteln erreicht wurden, ist die Dreidimensionalität plastischer Bildwerke tatsächlich begreifbar. Plastische Formen sind existente Masse, sie verdrängen und vermögen Raum einzubeziehen. Durch die Art ihrer Oberfläche, durch die Spannung zwischen konvexen und konkaven, harten und weichen Formen, durch Öffnung des Körpervolumens und das Einbringen *kinetischer* und dynamischer Elemente beherrschen sie den umgebenden Raum in besonderem Maße.

Entscheidender Einfluss auf die plastische Form geht von der *Wirkung* des verwendeten Werkstoffs aus. Jedes Material hat seine ganz bestimmten Eigenschaften. Sie setzen der Form gestalterische Grenzen und bestimmen den Realisationsprozess ebenso wie sein Ergebnis (Abb. 9). Starre oder feste Werkstoffe verlangen ein anderes plastisches Verfahren als flexible oder knetbare.

Die plastische Wirkung ergibt sich aus der Anordnung, Gestaltung und Größe der plastischen Massen, ihrer Beziehung zueinander und zum umgebenden Raum. Die Anordnung beruht auf einem Grundgerüst stereometrischer Körper, sowohl runder als auch kantiger. Sie organisieren die plastische Form. Ursprüngliche plastische Körper sind durch Wölbung und Rundung gekennzeichnet. Das konstruktive Denken des Menschen strebt nach Richtungen. Bearbeitete Körper bevorzugen daher häufig den rechten Winkel (Quader, Würfel). Sie sind aufeinander bezogen und schließen sich zu größeren Einheiten aus vertikal oder horizontal ausgerichteten Kuben zusammen.

Die bloße Anordnung stereometrischer Körper kann aber noch nicht als plastisch bezeichnet werden. Sie entbehrt des Lebendigen. Sie wirkt in ihrer Starrheit kraftlos und unplastisch. Die Aufgabe stereometrischer Körper ist zu dienen, nicht zu herrschen. Erst im spannungsvollen Gegen- und Miteinander von konvexen und konkaven, glänzenden und stumpfen, glatten und strukturierten Formen kommt ein körperliches Gebilde zum Klingen und erhält seine plastische Wirkung. Dabei spielt sein Bezug zur Umgebung eine wesentliche Rolle. Dem Stereometrisch-Regelmäßigen kommt eine ordnende Funktion zu (Abb. 10). Sein Gerüst setzt

Abbildung 9: Georg Baselitz, Blauer Kopf. 1983

Abbildung 10: Henry Moore, König und Königin. 1952–1953, Bronze

dem plastischen Formendrang Grenzen und bietet dem Auge oder der tastenden Hand aufeinander abgestimmte, für die künstlerische Aussage bedeutsame und die Formen und Formenzusammenhänge rhythmisch gliedernde Bezugspunkte. Das plastische Volumen kann dabei sowohl durch das Massenvolumen als auch durch das geformte Leervolumen ebenso wie durch beider Verhältnis zueinander gebildet sein (Abb. 11).

Neben der Betonung oder bewussten Vernachlässigung bestimmter Körpervolumina innerhalb des durch die stereometrischen Körper vorgegebenen Spielraums setzt auch die plastische Ausbildung der Oberflächen rhythmische Akzente. Dabei schöpfen die unmittelbar das Plastische bezeichnenden konvexen Formen ihre Kraft aus kontrastierenden konkaven Formen. Überwiegt bei einer Plastik eines dieser beiden Prinzipien, so sprechen wir von einer *geschlossenen* (Abb. 12) oder *offenen plastischen Form*.

Ist das Körpervolumen einer Plastik auf ein Minimum reduziert und lebt die Plastik von ihrer expansiven Tendenz, welche die Umgebung in die Raumexistenz der Plastik einbezieht, so sprechen wir von einem *Raumzeichen* (Abb. 13).

Die bewegte Plastik greift neben dem Raum auch die Zeit auf und bindet sie in die Gestaltung ein. Die Mobiles Alexander Calders (vgl. Abb. 6, S. 9) lassen, in Funktion gesetzt, sukzessive eine Vielzahl von Räumen entstehen, sodass man von einem polyvalenten Raumvolumen sprechen kann. In Jean Tinguelys Objekten kommt der von Maschinen erzeugten Geschwindigkeit eine entscheidende Rolle zu. Ist der Motor eingeschaltet, so ist der fortdauernde Wechsel der Konstellationen und „Bilder" das einzige Bleibende (Abb. 14, S. 14).

Abbildung 11: Jacques Lipchitz, Frau mit Gitarre (Woman with Guitar). 1927. 26 cm Höhe. Bronze vergoldet. © Estate of Jacques Lipchitz/Licensed by VAGA, New York, NY/Marlborough Gallery, NY

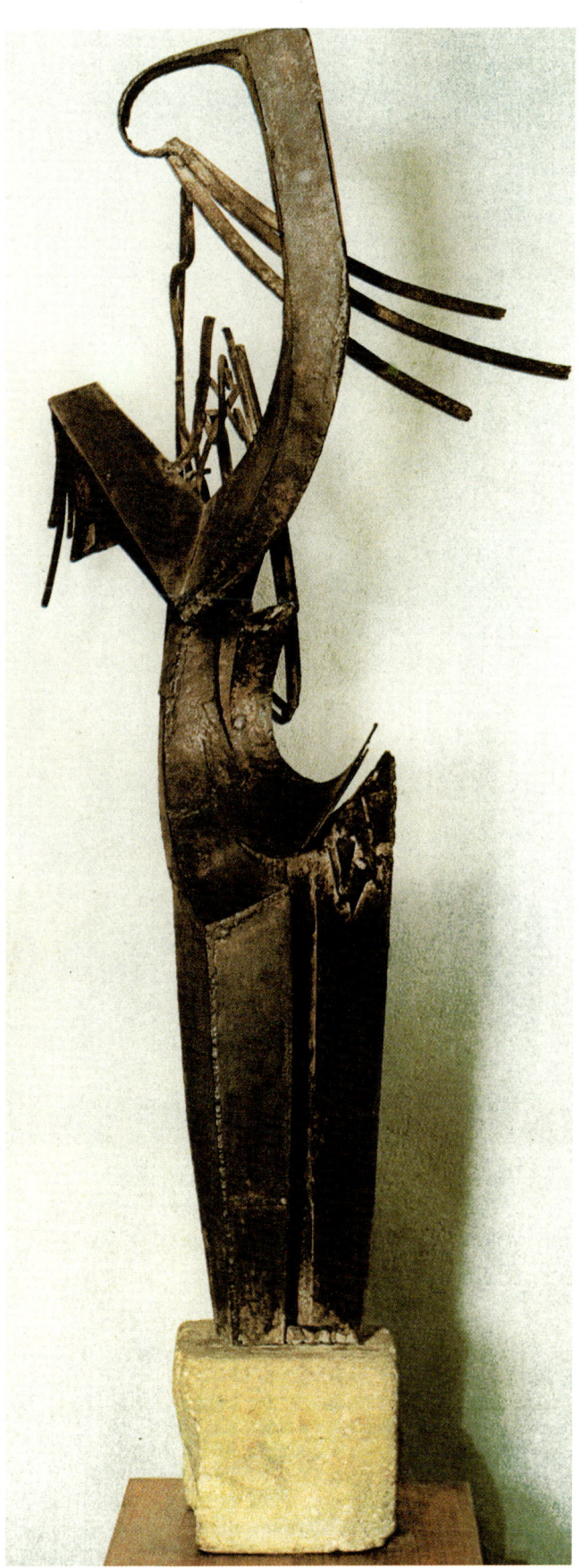

Abbildung 13: Julio Gonzalez, Frau kämmt das Haar

Abbildung 12: Constantin Brancusi, Der Kuss. 1907/1908

Abbildung 14: Jean Tinguely, Cascade, 1991, Brunnen mit hängender Lampenplastik, Metallfundstücke, Elektromotoren, 1310 x 472 x 777cm

1.3 Erscheinungsformen

Die Bezeichnung *Plastik* leitet sich vom griechischen *plastikós* (= zum Bilden, Formen, Gestalten) ab. Im engeren Sinne meint der Begriff *Plastik* das Formen (Modellieren) in weichen, bildsamen Materialien wie z.B. Ton oder Plastilin. Weiter gefasst dient er als Oberbegriff und schließt auch andere *plastische Verfahren* wie das *Skulptieren*, das *Montieren*, das *Gießen* oder Umformen ein.

Kennzeichen des Plastischen sind die bewusst gestaltete Dreidimensionalität und die sich daraus ergebende Körper-Raum-Beziehung, eine meist starke Bindung an den Werkstoff und ein betont zeichenhafter Charakter.

Als wesentliche plastische Grundformen sind folgende, sich in ihrer Formgebung und Aussageweise unterscheidende Kategorien zu nennen:

1. Das Relief

Als *Relief* (ital.: rilievo → erhabene Arbeit) bezeichnet man eine an eine Fläche gebundene plastische Arbeit. Es hat im Gegensatz zu einer Rundplastik, die von allen Seiten betrachtet werden will, nur eine Hauptansicht und nähert sich damit der Zeichnung, die ebenfalls an die Fläche gebunden ist. Komposition, Umrissformen und räumliche Gestaltung des Reliefs haben die Fläche und die frontale Ausrichtung zum Bezugspunkt. Daher sind Licht und Schattenwirkung von besonderer Bedeutung. Sie ergeben sich durch die plastische Überarbeitung der Fläche. Je nach Ausführung bezeichnet man ein Relief als Tief-, Flach- (Bas-), Halb- oder Hochrelief (Haut-).

Als *Halbrelief* bezeichnet man eine reliefplastische Arbeit, bei der die aus der Fläche ragenden Objekte im Vergleich zu einer Rundplastik etwa halbe Tiefe aufweisen. Bei einer stärkeren Ausbildung des Objektes (ca. 2/3) spricht man von einem *Hochrelief* (Abb. 15). Beim Hochrelief kommt es auch zu unterschnittenen (untergriffigen) Formen, was zu einer Steigerung der Licht- und Schattenwirkung führt. Die Grund-

Abbildung 15: Alfred Lörcher, Bewegte Szene. 1956/57, Bronze

Abbildung 16: Flachrelief (Ausschnitt), Der assyrische König Assurbanipal auf der Löwenjagd, vom Palast in Ninive. London, Britisches Museum

Abbildung 17: Versenktes Relief, Die Prinzessin Kawit wird frisiert (Ausschnitt). Kairo, Museum

fläche verliert an Bedeutung, einzelne Elemente lösen sich sogar von ihr. Eine weitere Steigerung hätte die völlige Ablösung von der Fläche zur Folge, wodurch eine Rundplastik entstünde.

Das *Flachrelief* hat seinen Namen aufgrund seiner nur flach ausgebildeten, stark gestreckten Wölbungen und der sich nur geringfügig von der Grundfläche absenkenden Höhlungen (Abb. 16).

Da sich Erhebungen und Vertiefungen nur wenig vom Niveau der Grundfläche entfernen, dominieren die Gestaltungsmittel der Fläche, die räumliche Illusion bleibt begrenzt.

Abgeflachte Formen sind aber auch bei Halb- und Hochreliefs zu finden. Durch Abflachungen kann die Illusion von Räumlichkeit erzeugt werden. Während Objekte im Vordergrund stärker ausmodelliert sind, werden weiter entfernte Objekte nicht nur kleiner, sondern auch flacher gehalten.

Das *Tiefrelief* (versenktes Relief) ist besonders häufig in der ägyptischen Kunst anzutreffen (Abb. 17). Die Darstellung liegt vertieft in der Grundfläche.

Reliefs lassen sich aus ganz unterschiedlichen Materialien fertigen, so z.B. aus Holz, Ton, Metall, Stein, Gips, Kunststoffen, Elfenbein, Papier oder Pappe.

Zu allen Zeiten bediente sich die Architektur gerne des Reliefs. Wir begegnen dem Relief an ägyptischen Gräbern ebenso wie an griechischen Tempeln, römischen Triumphbögen oder Portalen von Sakralbauwerken des Mittelalters oder der Renaissance. Die italienische Frührenaissance entwickelte eine Vorliebe für besonders flache Reliefs, die in die Nachbarschaft der Malerei rücken; und in den illusionistischen Darstellungen des Spätbarocks verbinden sich reliefhafte und gemalte Teile oft so innig, dass dem Betrachter die Unterscheidung schwerfällt.

2. Die Rundplastik

Im Gegensatz zum Relief, das sich neben der Figur auch architektonischen oder landschaftlichen Motiven widmet, gilt das Interesse der Rundplastik im Wesentlichen dem Figürlichen. Sie kann als Einzelplastik oder als Figurengruppe (Abb. 18) ausgeführt sein. Neben frontal ausgerichteten Plastiken mit einer Hauptansicht (Abb. 19) und Plastiken

Abbildung 18:
Auguste Rodin,
Die Bürger von
Calais.
1884–1886

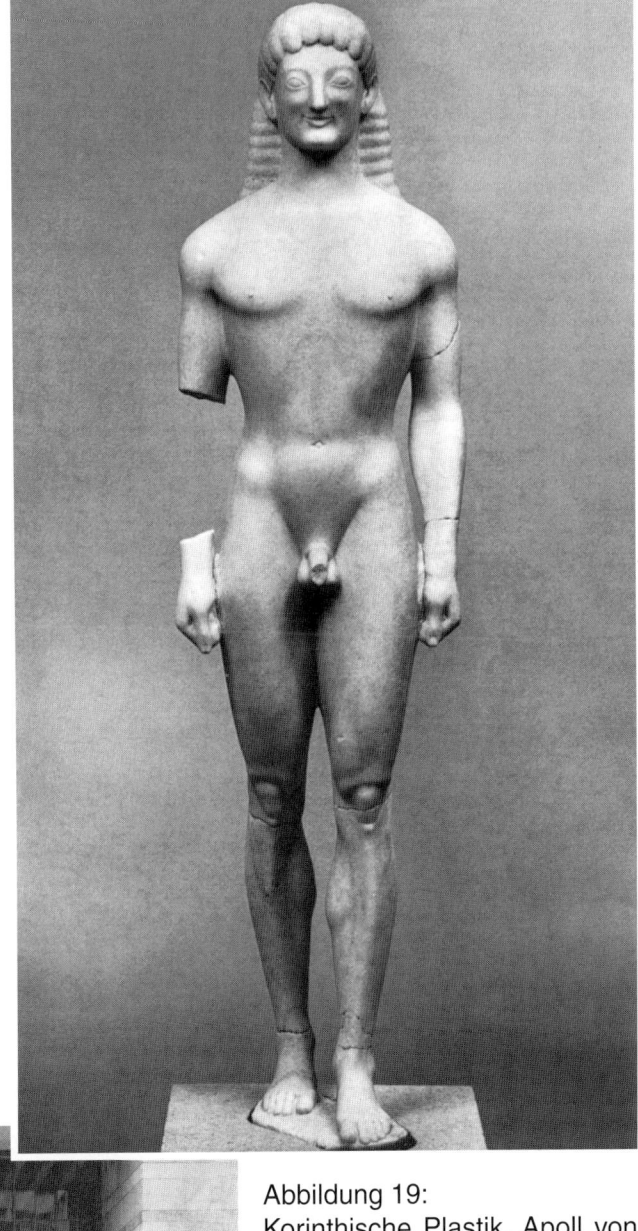

Abbildung 19:
Korinthische Plastik, Apoll von Ténea. Mitte des 6. Jh. v. Chr.

mit mehreren Ansichten ist die echte Rundplastik allansichtig, d.h., sie erschließt sich dem Betrachter erst im Umschreiten und muss in Zusammenhang mit dem sie umgebenden Raum (Architektur, freie Natur) begriffen werden. Im Sich-um-die-Plastik-Bewegen erlebt der Betrachter die plastische Form. In der bewegten Plastik kehrt sich dieses Prinzip um. Durch Bewegung verändern sich die plastischen Massen und erschließen ein virtuelles Volumen (Abb. 6, S. 9/14, S. 14).

3. Objektkunst

Die Objektkunst ist *das* künstlerische Ausdrucksmittel des 20. Jahrhunderts. Aus Teilen der uns umgebenden Dingwelt gebildet, ist sie als künstlerische Antwort auf den reflexionslosen Umgang mit den vielfältigen Formen natürlicher und gestalteter Objekte zu verstehen.

Kennzeichnend für das Herstellen von Objekten ist das Zurückgreifen auf bereits fertige, einem anderen Bereich zugedachte Gegenstände. Aus ihrem ursprünglichen Kontext gelöst, werden unterschiedliche Gegenstände miteinander kombiniert, sodass sie ihre ursprüngliche Funktion und Bedeutung verlieren und sich durch die Fügung neue Dimensionen der Wahrnehmung eröffnen. Als plastisches Verfahren dominiert hierbei das Prinzip der *Montage* (vgl. S. 90ff.).

Diese Montagen können reliefbezogen oder freiplastisch aufgebaut sein (Abb. 20/ Abb. 14, S. 14).

Abbildung 20: Arman, Dauerparken. 1982, Akkumulation

2 Bauen und Wohnen

2.1 Die Bautätigkeit des Menschen

Bauen und Wohnen sind eng miteinander verknüpft. Auch wenn heute viele Bauaktivitäten nicht mehr auf das Errichten von Behausungen abzielen, so wird im sprachgeschichtlichen Ursprung beider Wörter doch ihre einstige unmittelbare Beziehung gegenwärtig. Im mittelhochdeutschen Wort „buwen" sind noch beide Bedeutungen enthalten. „Buwen" steht sowohl für „wohnen" als auch für „bauen" und „anbauen" (im Sinne von „das Feld bestellen"). Und im althochdeutschen „buan" und seinen Bedeutungen von „ich bin" und „ich baue" wird die menschliche Eigenschaft deutlich durch das Errichten von Behausungen Schutz vor Feinden und der Unbill der Natur zu finden.

Doch auch viele Tiere errichten sich aus denselben Gründen einen artspezifischen Unterschlupf. Man denke nur an die Nester der Vögel, an die Burgen der Biber oder die Waben der Bienen. Inwiefern unterscheidet sich hiervon das menschliche Bauen? Während die Bautätigkeit von Tieren an den Gebrauch der ihnen angeborenen Werkzeuge gebunden bleibt, zeichnet sich menschliches Bauen durch einen komplexen Werkzeuggebrauch aus. Der Mensch ist in der Lage seine Werkzeuge auf die Bautätigkeit abzustimmen. Im Gegensatz zum Tier stellt er künstliche Baustoffe her und vermag ganz unterschiedliche Baukörper und Raumformen zu entwickeln. Diese tragen neben funktionalen Gesichtspunkten in der Regel auch ästhetischen Vorstellungen Rechnung.

2.2 Forderungen an ein Bauwerk

Schon der römische Baumeister Vitruv forderte von einem Bauwerk, es solle Festigkeit, Zweckmäßigkeit und Schönheit in sich vereinen. Auf jedes Bauwerk wirken bestimmte, im Voraus berechenbare Kräfte wie beispielsweise die Schwerkraft oder Wind- und Schneebelastung. Diese Kräfte zu ermitteln und ihnen bautechnisch zu begegnen ist Aufgabe der Statik. Auch die im Bau Verwendung findenden Teile unterliegen eingehenden Prüfungen. Die Festigkeitslehre ermittelt die Festigkeitsgrenzen der einzelnen Bauteile, sodass ihre zielgerichtete Verwendung und ausreichende Dimensionierung gewährleistet sind.

Die technische Konstruktion eines Bauwerkes berücksichtigt die Eigenschaften der Verwendung findenden Baumaterialien und deren Zusammenfügen. Die Eigenschaften der Materialien bestimmen nicht nur die Konstruktion, sondern auch das Erscheinungsbild eines Bauwerks in besonderem Maße.

Neben die technische Konstruktion tritt die räumliche Organisation. Sie hat die Bedürfnisse der Menschen zu berücksichtigen. Dabei richtet sich der Blick nicht nur auf funktionale Aufgaben. Der Mensch soll sich in der gebauten Welt wohl fühlen. Dies erfordert auch die Berücksichtigung ästhetischer Gesichtspunkte.

2.3 Bautechnische Konstruktionstypen

Im Wesentlichen lässt sich alles Gebaute drei Konstruktionstypen zuordnen: dem *Massenbau,* dem *Gliederbau* und dem *Flächenbau.*

Als Massenbau bezeichnet man Bauwerke, die mit schweren Massenbaustoffen wie Stein, Lehm und Beton errichtet werden, wobei die damit gebildeten Bauteile sowohl raumabschließende als auch tragende Funktion haben. Nur wenige Öffnungen schaffen eine Verbindung von Innen- und Außenraum. Massenbauten sind durch Elemente wie Mauer und Gewölbe gekennzeichnet (Abb. 21). Der Innenraum ist sozusagen aus der Masse der Mauer ausgehöhlt. Grenzfälle des Massenbaus sind die mexikanischen Pyramiden mit ihrem fehlenden Innenraum oder indische Höhlentempel mit fehlendem Außenraum. Kennzeichnend für Massenbauten ist ihr hohes Gewicht und ihre relative Starrheit, die oft Setzrisse zur Folge hat. Massenbauten können durch Abtragen (Aushöhlen) oder durch Aufschichten von Material entstehen.

Erfolgt eine Differenzierung nach tragenden und getragenen Bauteilen, so spricht man von einem Gliederbau. Die tragenden Bauteile sind einem Skelett vergleichbar *(Skelettbau).* Dieses Skelett bestimmt sowohl Baukörper als auch Raumgestalt. Es kann z.B. aus den *Pfosten* und *Schwellen* eines Holzfachwerks bestehen oder aus Stahl- oder Betonteilen gefertigt sein. Die raumabschließende Aufgaben übernehmenden Füllelemente bestehen aus leichteren Materialien. Kennzeichen der das Gerippe bildenden Elemente sind die Formstabilität und die im Vergleich zu Breite und Stärke große Längenausdehnung (Abb. 22).

Flächenbauten sind durch Bauelemente gekennzeichnet, die einen flächigen Charakter haben, also eine starke Längen-Breite-Ausdehnung besitzen.

Man unterscheidet ebene *Flächentragwerke* von gekrümmten und zugbeanspruchten. Elemente ebener Flächentragwerke sind neben anderen Platte und Scheibe, ebenflächige Bauelemente mit ausreichender Festigkeit und in der Regel rechteckigem Zuschnitt. Sie finden bevorzugt bei Decken- und Wandkonstruktionen Verwendung.

Die Schale ist ein gekrümmtes Flächentragwerk, das aufgrund seiner Dünnwandigkeit und der sich daraus ergebenden geringen punktförmigen Belastbarkeit hauptsächlich als Raumhülle oder Dachform dient (Abb. 23).

Ein zugbeanspruchtes Bauelement ist die einem engmaschigen und luftundurchlässigen Netz vergleichbare Haut (Membran). Neben stabilisierenden Elementen wie Rippen, Druckstäben und Zugseilen bestimmt der Druck der eingeschlossenen Luft die

Abbildung 21: Massenbau. Palazzo Pitti in Florenz, beg. 1458

äußeren Belastungen entgegenwirkende Form. Solche Tragwerke finden bevorzugt als schnell auf- und abbaubare Überdachung Verwendung, z. B. an mobilen Bauten oder Sportstätten, deren Dach in der wärmeren Jahreszeit demontiert werden soll.

Abbildung 22:
Gliederbau.
Fachwerkhaus
in Neudenau

Abbildung 23:
Flächenbau.
Gebäude des
Kennedy Airport
in New York

Plastisches Gestalten: Modellieren

Werkstoff Ton

Tone sind wichtiger Bestandteil der Böden. Sie vermögen Wasser und Mineralstoffe zu absorbieren, was für einen fruchtbaren Boden unerlässlich ist. Die Natur verfügt über reichliche Tonvorkommen, daher ist *Ton* auch ein billiger Werkstoff.
Tone sind ein Gemisch aus verschiedenen Tonmineralien, sie entstehen bei der Verwitterung einiger Silikate wie den Feldspäten und Glimmern. Die unterschiedliche Färbung der Tone ergibt sich aus den beigemengten Metalloxiden.
Feuchter Ton ist weich und bildsam, trockener Ton hingegen hart und fest. Diese Eigenschaft ließ Ton neben der des feuerfesten Aushärtens und der schlechten Wärmeleitung schon vor Tausenden von Jahren zu einem beliebten und auf der ganzen Erde gebräuchlichen Werkstoff werden, der die Menschen zum plastischen Gestalten anregte und ihnen zur Herstellung von Gebrauchskeramik und als Baustoff diente. Ton lässt sich leicht und schnell verarbeiten. Feinste Ausformungen sind ebenso möglich wie grobes oder skizzierendes Arbeiten.
Frisch der Erde entnommene Tone müssen zunächst modellierfähig gemacht werden, d.h. sie müssen von organischen Bestandteilen wie Humuserde, Holz- und Pflanzenresten, grobem Sand und Steinen gereinigt, mit der entsprechenden Menge Wasser vermengt und gründlich durchgeknetet werden.
Der Fachhandel bietet Fertigtone unter der Bezeichnung *„Modellierton"* an. Sie sind als Batzen zu je 10 kg luftfrei und homogenisiert in Plastiksäcken verpackt und können sofort verarbeitet werden. Das übliche, Lufteinschlüsse beseitigende Schlagen und Durchkneten ist nicht notwendig. Modellierton ist ein *„fetter"*, wenig Sand enthaltender *„langer"* und dadurch sehr geschmeidiger und bildsamer Ton. *„Magerer"* Ton, auch als *„kurzer"* Ton bezeichnet, enthält einen größeren Anteil an unplastischen *Magerungsmitteln* wie Sand und *Schamotte* (Ziegelmehl). Je nach Verwendung können dem Ton bis zu 30% solcher *Zuschlagstoffe* hinzugefügt werden. Durch das Trocknen verliert Ton an Volumen. Dieser Verlust an Volumen wird als *Schwindung* bezeichnet. Da fette Tone viel Wasser enthalten, schwinden sie stark, neigen zu Schwundrissen und zum Verziehen. Besonders betroffen hiervon sind dünn ausgebildete Teile und Außenbereiche von Werkstücken. Durch partielles zeitweises Abdecken mit Folie oder Benetzen mit Wasser (Blumensprüher) lässt sich dieser Gefahr begegnen. Sind Schwundrisse bereits vorhanden, so kann der Schaden behoben werden, indem die betreffende Stelle für einige Zeit mit einem feuchten Tuch bedeckt wird. Der Ton nimmt die Feuchtigkeit auf und wird wieder bildsam. Magere Tone enthalten mehr Magerungsmittel, sind dadurch weniger bildsam, aber auch nicht so anfällig für Schwundrisse und ein Verziehen, da sie gleichmäßiger durchtrocknen.
Bevor der Ton in den Brennofen (Abb. 24) kommt, sollte er gut durchgetrocknet sein (= *„knochenhart"* im Gegensatz zu einem *„lederharten"* Zustand, der zwischen dem feuchtplastischen und *„knochenharten"* liegt). Die hierbei erfolgte Schwindung wird als *Trockenschwindung* bezeichnet. Das physikalisch gebundene Wasser entweicht, was eine Verringerung des Volumens von etwa 10% bewirkt. Auch beim anschließenden

Abbildung 24: Blick in einen bestückten Brennofen

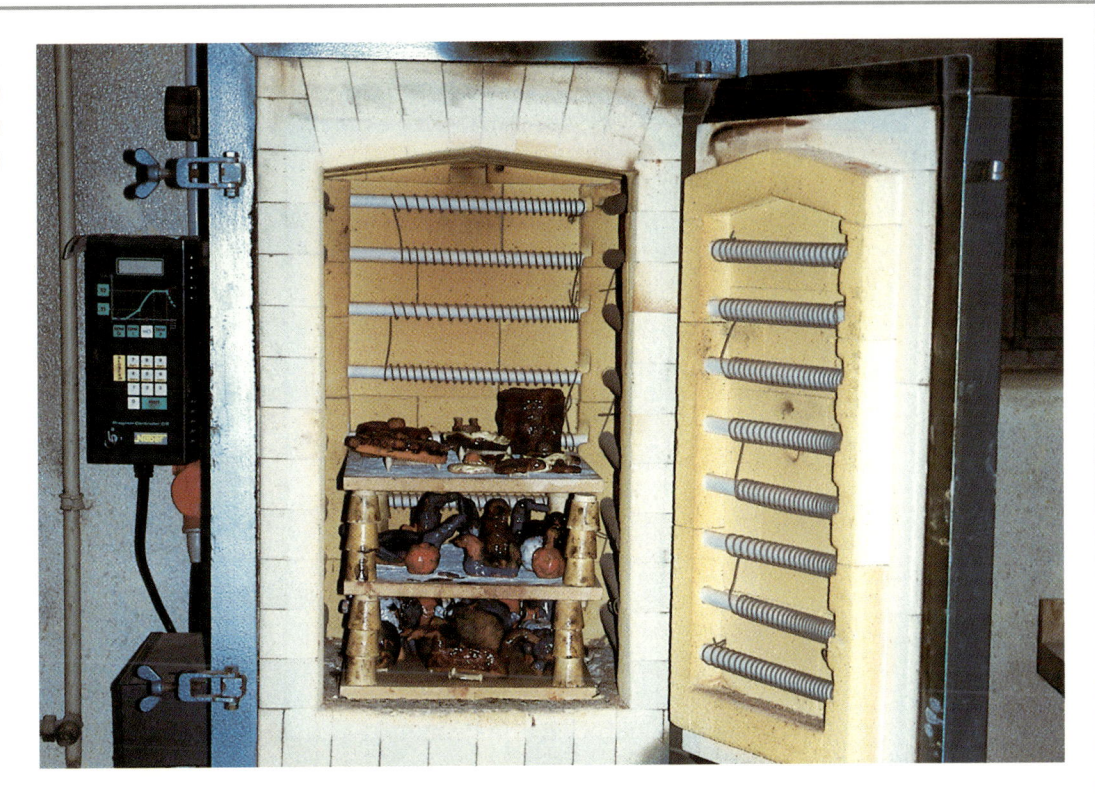

Brennen schwindet das Volumen nochmals, man spricht dann von der *Brennschwindung*. Hier entweichen Reste des physikalisch gebundenen Wassers sowie das chemisch gebundene Wasser (= Kristallwasser), organische Einlagerungen verflüchtigen sich und die im Ton enthaltenen Flussmittel beginnen zu verglasen *(= sintern)*. Der Ton verdichtet sich, was die erneute Schwindung bewirkt. Je nach Ton und *Brenntemperatur* liegt die Gesamtschwindung bei etwa 15%. Dieser erste Brand wird *Schrühbrand (Glüh-, Roh-, Erdbrand)* genannt. Er erfolgt bei einer Temperatur von etwa 800–900° C.

Während sich luftgetrockneter Ton innerhalb weniger Stunden in Wasser aufschwemmen lässt, sintert geschrühter Ton ab 650° C zu so genannten *„Scherben"* (Bezeichnung für gebrannte Ton-Werkstücke) zusammen, die zwar mehr oder weniger zerbrechlich, aber nicht mehr wasserlöslich sind.

Für das Modellieren eignet sich am besten ein gut bildsamer, nicht zu magerer Ton. Er begünstigt die Homogenität des entstehenden plastischen Gebildes, was die Gefahr des Reißens beim Trocknen oder Sprengens beim anschließenden Brand einschränkt.

Im lederharten Zustand lässt sich Ton mit einer scharfkantigen *Modellierschlinge* oder einem Messer fast skulptierend bearbeiten. Während ein bildsamer Ton die Entstehung weicherer Formen fördert, ergeben sich hier eher harte, kantige Formen.

Ist der Ton knochenhart ausgetrocknet, so können nur noch geringfügige Änderungen vorgenommen werden; er kann nur noch geschabt oder geschliffen werden.

Das Brennen verändert das Aussehen des Tones. So ergibt z.B. graugelber Ton leuchtend rote Scherben, da sich das im Ton enthaltene Eisenhydroxid durch Verdampfen der Wasserbestandteile zum roten Eisen-III-Oxid wandelt. Der Eisen- und/oder Mangangehalt des Tones beeinflusst die *Brennfarbe*. Neben weißbrennenden Tonen, denen Eisen bzw. Mangan fehlt, gibt es Tone, die gelb, rot, braun, oder schwarz brennen.

Beim Schrühbrand darf der *Brennofen* zunächst nur sehr langsam aufgeheizt werden (in 3 Stunden auf 450° C). Auch im knochenharten Werkstück ist neben dem chemisch gebundenen Wasser eine Restfeuchtigkeit vorhanden, die verdunsten muss. Zudem besteht insbesondere bei dickwandigen oder aus fetten Tonen gefertigten Stücken die Gefahr des Zersprengens. Dasselbe gilt für von Kinderhand gefertigte, mit technischen Mängeln behaftete Tongegenstände.

Beim Schrühbrand können die Werkstücke in- und aufeinander gestapelt werden. Lediglich ein Mindestabstand von ca. 1 cm zu den Brennstäben ist zu wahren.

Das Abkühlen der Scherben sollte gleichmäßig und nicht zu rasch erfolgen. Erst ab 200° C darf der Ofen geöffnet werden, da die Werkstücke bei zu schnell absinkender Temperatur Sprünge bekommen würden.

Soll die Oberfläche der geschrühten Scherben ein anderes Aussehen bekommen, so kann sie gewachst werden (Steinpflegemittel). Sie erhält dadurch einen zarten Glanz und nimmt nicht mehr so sehr den Staub an.

Diese Oberflächenbehandlung empfiehlt sich insbesondere bei Reliefs und Plastiken, die keinen Witterungseinflüssen ausgesetzt sind und die Färbung des geschrühten Tones bewahren sollen. Auch ein Bemalen mit Deck-, Öl- oder Dispersionsfarben ist möglich, ebenso das Lackieren.

Typische keramische Oberflächenbehandlungen sind jedoch das Engobieren und Glasieren. Die Natur bietet eine breite Palette unterschiedlich gefärbter Tone, die sich zum Bemalen und Dekorieren von Tonwaren eignen. *Engobe* ist eine mit Wasser verdünnte, der Konsistenz von Sahne vergleichbare Tonmasse, die auf das aus einem anders gefärbten Ton gefertigte Werkstück aufgetragen wird. Da Engoben vor dem Schrühbrand auf das lederharte Werkstück aufgebracht werden, entfällt ein zweiter Brand; man spricht daher auch von einem *Einbrandverfahren.* Wichtig ist allerdings, dass sich Schwindung der Engobe und des damit dekorierten Tones entsprechen. Unterschiede haben Risse im Engobeauftrag oder sein Abplatzen oder Abblättern zur Folge.

Am besten benutzt man zur Herstellung der Engobe den für das Werkstück verwendeten Ton, indem man ihm Wasser und die den gewünschten Farbton ergebenden Metalloxide zuführt.

Engobiert werden kann durch Tauchen, Begießen, Spritzen oder Malen. Letzteres lässt sich mit dem Pinsel, Malhorn oder Gummibällchen (Klistierspritze aus der Apotheke) durchführen. Eine reizvolle Alternative bietet auch die Sgraffito-Technik (vgl. Bd. 2, S. 50 ff).

Die gebräuchlichste Art Tonwaren zu dekorieren ist das Glasieren. *Glasuren* sind glasartige Überzüge, die aus technischen und/oder ästhetischen Gesichtspunkten auf einen Scherben aufgebracht werden. Sie bestehen aus Glasbildnern (Quarz, Borsäurehydrat), Flussmitteln (Bleioxid, Pottasche, Borsäure, Bortrioxid) sowie Farb- und Trübungsmitteln (Metalloxide, schwer schmelzende Stoffe). Glasuren können farblos, farbig, transparent, deckend, glänzend, matt oder stumpf sein. Der Fachhandel bietet darüber hinaus eine große Zahl interessanter *Effektglasuren* an.

Glasuren machen einen zweiten Brand, den so genannten *Glasur- oder Glattbrand,* notwendig. Im Gegensatz zum Schrühbrand dürfen sich die glasierten Gegenstände dabei gegenseitig nicht berühren, auch die Böden der Werkstücke müssen frei von Glasur sein bzw. die als Ablage dienenden Einbauplatten müssen mit Schamottesand bedeckt sein und die Gegenstände sollten auf Dreifüßen, Dreikantleisten oder Tonkügelchen lagern um ein Laufen oder Anbacken der Glasur zu verhindern. Die Brenntemperatur richtet sich nach dem Schmelzbereich der verwendeten Glasuren. Der Ofen darf nur mit Scherben beschickt werden, auf die Glasuren eines Schmelzbereiches aufgetragen wurden.

In der Schule ist unbedingt darauf zu achten, dass nur ungiftige Glasuren verwendet werden.

1 Terrakotta

1.1 Sachanalyse Vgl. S. 22 ff

Als *Terrakotta* bezeichnet man gebrannte Tonfiguren (Abb. 25). Wird *Ton* bei 650° C oder höher gebrannt, so verdampft das chemisch gebundene Wasser und der Ton verändert seinen Zustand derart, dass er sich nicht mehr durch Zugabe von Wasser in einen bildsamen Zustand zurückversetzen lässt. Der Ton muss gut durchgetrocknet sein, bevor er gebrannt wird. Beim Modellieren ist ferner zu beachten, dass keine Lufteinschlüsse entstehen. Eingeschlossene Luft dehnt sich beim Brennen aus, sodass der Scherben buchstäblich explodiert. Massive Tonfiguren sollten ausgehöhlt werden. Sie trocknen dann besser durch, die Spannungen im Material sind geringer und die Gefahr des Zerreißens und Platzens beim Brennen ist kleiner. Damit die plastische Arbeit nicht verformt wird, sollte dies im *lederharten* Zustand erfolgen. Bei kleineren Figuren kann die Wandstärke ca. 1 cm, bei größeren Terrakotten bis zu 3 cm betragen (vgl. Abb. 4, S. 31).

Knochenharter Ton reagiert auf Erschütterungen empfindlich. Insbesondere filigrane und dünne Ausformungen gehen leicht zu Bruch. Blockhafte Figuren sind weniger gefährdet.

Der typische Terrakottaton brennt rot. Es gibt aber auch gelb- oder braunbrennende Terrakottatone. Weißbrennende Tone eignen sich besonders gut zum anschließenden Bemalen. Unbemalt oder *unglasiert* bzw. *-engobiert* wirken sie kalt und leblos.

Abbildung 25: Hellenistische Terrakotta-Gruppe mit knöchelspielenden Mädchen, aus Capua. Höhe (mit Basis) 14 cm. Um 300 v. Chr.

1.2 Unterrichtsbeispiel (Klasse 5-7)

Drachen

Medien:

1. Anschauungsmittel: Folie S. 29 f, Papier zum partiellen Abdecken der Folie, Tageslichtprojektor, Projektionswand, Legende vom Hl. Georg S. 30, Tafel, Kreide, (Ton, Modellierwerkzeuge), Arbeitsblatt S. 31

2. Arbeitsmittel: Arbeitsblatt S. 31, Modellierwerkzeuge (vgl. S. 31), Arbeitsunterlage, Brennofen, (Engobe, Glasur oder Deckfarben)

Lernziele: Die Schülerinnen und Schüler sollen

- die Legende vom Hl. Georg kennen lernen.
- das Aussehen von Drachen beschreiben können.
- Informationen über den Werkstoff Ton und seine Verarbeitung erhalten.
- erfahren, dass sich beim plastischen Gestalten des Drachens ein modellierend-skulptierendes Vorgehen empfiehlt.
- einen Drachen modellieren können.

Verlaufsplanung

1. Hinführung

Unterrichtsgespräch/Präsentation:

➤ Abbildung S. 29 oder S. 30 als Folie, der Drachen ist abgedeckt.

Die Schüler/innen äußern sich zur Darstellung und stellen Vermutungen an, welches Motiv sich unter der abgedeckten Stelle befinden könnte. Sie vermuten, dass es sich um eine Darstellung der Legende vom Hl. Georg, dem Drachentöter, handelt.

Lehrer-/Schülervortrag:

➤ Vorstellung des Künstlers (je nach präsentiertem Werk)

> Paolo Uccello (* um 1397, † 1475 in Florenz),
> Der Drachenkampf des Hl. Georg
>
> Mischtechnik auf Leinwand 57 x 73 cm, um 1450
>
> ---
>
> Lukas Cranach d. Ä. (* 1472, † 1553)
> Der Heilige Georg zu Pferde
>
> Lindenholz, 41 x 28 cm, um 1520 bis 1525

Legende vom Heiligen Georg (➤ Hilfen: s. S. 30)

Unterrichtsgespräch:

➤ „Uns interessiert heute insbesondere die Darstellung des Drachens. Beschreibt, wie er aussehen könnte!"

2. Erarbeitung

Die Schüler/innen beschreiben das Aussehen des Drachens.

▸ Tafelanschrieb, z.B.:

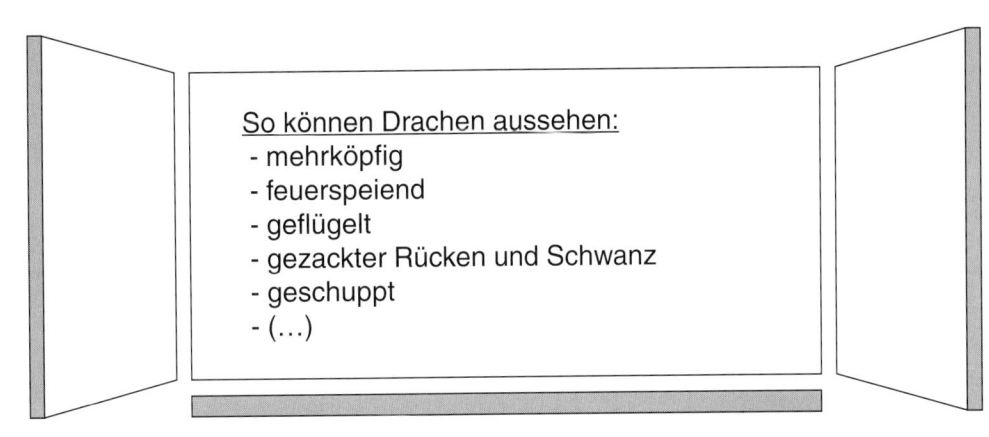

> So können Drachen aussehen:
> - mehrköpfig
> - feuerspeiend
> - geflügelt
> - gezackter Rücken und Schwanz
> - geschuppt
> - (…)

Unterrichts-
gespräch/
Präsentation:

▸ „Lasst uns sehen, wie Uccello/Cranach den Drachen dargestellt hat!"

Vergleich mit den an der Tafel notierten Merkmalen

Unterrichts-
gespräch:

▸ „Wie ihr bemerkt habt, geht es heute um die Darstellung eines Drachens, wir werden ihn aber nicht malen."

Die Schüler/innen nennen zunächst grafische Techniken, dann das plastische Gestalten.

▸ „Unsere Drachen sollen aus Ton modelliert werden. Macht Vorschläge zur Gestaltung und zum Vorgehen!"

Die Schüler/innen nennen u.a. das Zusammenfügen von separat modellierten Teilen des Drachens. Sie weisen darauf hin, dass dünne Beine zu vermeiden sind.

▸ Verweis auf die Gefahr des Abplatzens der angefügten Teile beim Brand

Diese Demonstration kann auch unterbleiben.

Unterrichts-
gespräch/
Demonstration:

▸ Demonstration eines modellierend-skulptierenden Vorgehens (vgl. S. 31)

Unterrichts-
gespräch/

▸ Ausgabe und Besprechung des Arbeitsblattes S. 31

3. Anwendung

Unterrichts-
gespräch:
Einzelarbeit:

▸ Ausgabe der Arbeitsmittel

Richten der Arbeitsplätze
Arbeit gemäß den Arbeitsschritten

1.3 Didaktischer Kommentar

Der Einstieg in diese Unterrichtseinheit erfolgt über eine Bildbetrachtung. Beim präsentierten Bild, einer Darstellung des Kampfes des Hl. Georg mit dem Drachen, ist das Motiv des Drachens mit Papier abgedeckt und somit den Schülerinnen und Schülern verborgen. Über das Unterrichtsgespräch und ggf. auch einen kurzen Lehrervortrag (vgl. Textvorlage S. 30) wird das Motiv des Drachens benannt und sein mögliches Aussehen näher beschrieben. Die genannten Merkmale werden in einem Tafelanschrieb gesammelt. Ist dies geschehen, wird die Abdeckung vom Bild entfernt und das Motiv mit den an der Tafel festgehaltenen Merkmalen verglichen. Merkmale, die nicht aufgeführt sind, werden ergänzt. Die Schülerinnen und Schüler erfahren nun, dass das Motiv als Tonplastik realisiert werden soll. Sofern sie bereits über Erfahrungen mit dem Werkstoff *Ton* verfügen, werden sie u.a. folgende Hinweise zur Form und Ausgestaltung des Motivs geben können: Die Beine dürfen nicht zu schwach ausgebildet sein, da sie unter der auf ihnen ruhenden Last zusammenbrechen würden. Durch Stützen (Tonklumpen u.a.) kann dieser Gefahr begegnet werden. Ist der Ton *knochenhart*, so kann die Stütze entfernt werden. Eine erhöhte Gefahr des Abbrechens dünner Formen besteht weiterhin, bis die Arbeit *geschrüht* ist. Dünne Ausformungen wie Hals und Schwanz können aber auch so geführt werden, dass sie ganz oder teilweise am Rumpf anliegen und Halt finden.

Das *Modellieren* mit Ton kann ganz ohne Werkzeuge geschehen. Hilfreich sind jedoch *Modellierhölzer* und *Modellierschlingen*. Mit diesen Hilfsmitteln lassen sich Details besser ausformen und Oberflächenstrukturen (z.B. Schuppen) aufbringen. Als Arbeitsunterlage empfehlen sich Holzbretter bzw. unbeschichtete Hartfaser- oder Pressspanplatten. Kunststoffbeschichtete oder lackierte Flächen sind ungeeignet, auf ihnen klebt bildsamer Ton an.

Damit die plastische Form das Brennen unbeschadet übersteht, sollte sie mit der Modellierschlinge ausgehöhlt werden (Abb. 4, S. 31), sodass sie besser durchtrocknen kann. Am besten geschieht dies im *lederharten* Zustand der Arbeit, da sie sich dann nicht mehr verformt.

Muss die Modellierarbeit für längere Zeit unterbrochen werden, bedeckt man das plastische Gebilde mit einem feuchten Tuch und verpackt es luftdicht in Plastikfolie. So bleibt der Ton bildsam und die Modellierarbeit kann auch nach mehreren Tagen problemlos wieder aufgenommen und fortgesetzt werden. Auch während des Modellierens empfiehlt es sich, den Tonvorrat mit einem feuchten Tuch oder mit Plastikfolie abzudecken, damit der Ton geschmeidig bleibt.

Bevor das Werkstück geschrüht werden kann, muss es knochenhart sein. Bei kleineren *Terrakotten* dauert das Durchtrocknen ca. zwei Wochen. Erst dann kann das Werkstück geschrüht werden. Kleine Unebenheiten können auch noch am bereits geschrühten *Scherben* mit Schleifpapier oder Feile entfernt werden.

Ist der *Scherben* geschrüht, so kann er glasiert werden. Die *Glasur* lässt sich durch Begießen (Schöpfkelle), Tauchen oder mit dem Pinsel auf den Scherben aufbringen. Es können mehrere Glasuren auf ein Werkstück aufgetragen werden, sie sollten allerdings demselben Brenn-

Abbildung 26: Schülerarbeit

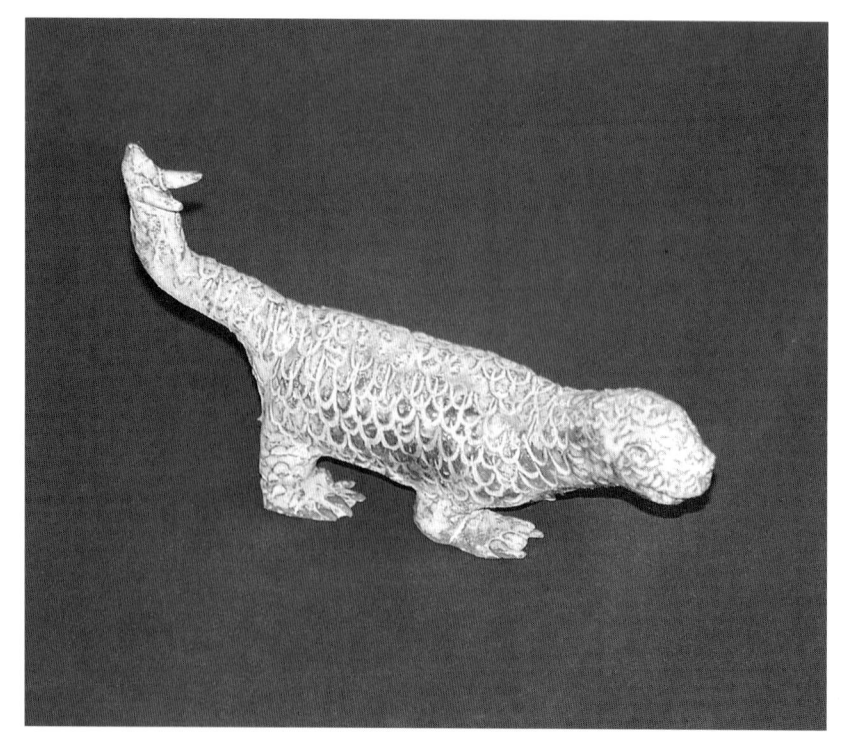

bereich angehören. *Effektglasuren* schließen mehrere Farbnuancen ein. So lässt sich bereits mit einer Glasur eine farbige Wirkung erzielen.

Die Glasuren sollten von der Lehrerin/vom Lehrer angesetzt werden (Sicherheitshinweise der Hersteller beachten!). Die Zugabe von Glasur-Stellmittel verhindert ein schnelles Absinken angesetzter Glasuren. Es empfiehlt sich, jeder Glasur einen Pinsel zuzuordnen und die Glasuren räumlich zu trennen, damit ein Vertauschen der Pinsel und Vermischen der Glasuren vermieden wird.

Am besten erfolgt das Glasieren parallel zur Bearbeitung einer anderen bildnerischen Aufgabe. Im Verlauf einer Unterrichtsstunde können so alle Schülerinnen und Schüler ihre Scherben glasieren.

Beim *Glasurbrand* sollten die *Einbauplatten* des *Brennofens* mit *Schamottemehl,* Sand oder Gipspulver bestreut oder mit Trennhilfsmittel bestrichen werden, damit sich nach erfolgtem Brand Glasurtropfen entfernen lassen. Darüber hinaus sollte darauf geachtet werden, dass die Standflächen der Terrakotten von Glasur frei bleiben und diese auf *Dreikantleisten*, *Dreifüßen* oder Tonkügelchen lagern.

Im Gegensatz zum Schrühbrand dürfen sich die Scherben beim Glasurbrand gegenseitig nicht berühren, da sie sonst aneinander anbacken.

Um den *Brennofen* auszulasten kann beim Glasurbrand auch geschrüht werden. Allerdings sollte der Ofen höchstens mit 150° C pro Stunde aufgeheizt werden. Umgekehrt kann nicht verfahren werden, da die Schrühtemperatur nicht hoch genug ist.

Folien zur Hinführung und Erarbeitung

1. Paolo Uccello, Der Drachenkampf des Heiligen Georg. Um 1450

2. Lukas Cranach d. Ä., Der Heilige Georg zu Pferde. Um 1520/1525

Text zur Hinführung

Legende vom Heiligen Georg
(Inhaltsangabe nach Jacobus de Voragine, Vom Heiligen Georg)

Diese von Jacobus de Voragine aufgeschriebene Legende handelt vom Hl. Georg und seinem Sieg über einen menschenverschlingenden Drachen.

In einem See nahe einer Stadt haust ein gefährlicher, die Luft verseuchender Drachen. Um ihn zu besänftigen füttern ihm die Stadtbewohner täglich zwei Schafe und, als die Schafe knapp werden, anstelle des einen Schafes einen Menschen, der im Losverfahren ermittelt wird.

Eines Tages fällt das Los auf die Prinzessin des Landes. Alle Versuche des Königs sein Kind freizukaufen schlagen fehl. Das Volk lässt keine Ausnahme zu.

Auf ihrem Weg zum Drachensee begegnet die Prinzessin dem Hl. Georg und teilt ihm ihr Schicksal mit. Er verspricht ihr zu helfen und nimmt den Kampf mit dem aus dem See auftauchenden Drachen auf. Getroffen von der Lanze des Hl. Georgs sinkt der Drachen zu Boden. Auf Geheiß ihres Retters schlingt ihm die Prinzessin ihren Gürtel um den Hals, worauf ihr die Bestie wie ein zahmer Hund in die Stadt folgt.

König und Volk befürchten das Schlimmste, doch der Hl. Georg beruhigt sie und empfiehlt ihnen an Christus zu glauben und sich taufen zu lassen, dann werde er den Drachen töten. So geschieht es auch. Der König überschüttet den Heiligen mit Reichtümern, die dieser unter die Armen verteilt.

Arbeitsblatt — Plastik

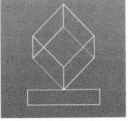

1. Ton

Tone sind wichtiger Bestandteil der Böden. Sie vermögen Wasser und Mineralstoffe zu speichern, was für die Fruchtbarkeit der Böden wichtig ist. Da sie in der Natur reichlich vorhanden sind, dienten sie dem Menschen schon seit jeher als billiges Material zum plastischen Gestalten, zur Herstellung von Gefäßen und als Baustoff.

Tone kommen in der Natur in unterschiedlichen Färbungen vor. Grund hierfür sind die verschiedenen im Ton enthaltenen Metalloxide. Wird Ton mit 650° C oder höher (bis 900° C) gebrannt, so verändert er nicht nur seine Farbe, sondern auch seine Beschaffenheit. Er härtet feuerfest aus und ist nicht mehr wasserlöslich.

2. Terrakotta

Gebrannte Tonfiguren bezeichnet man als Terrakotta (it.: gebrannte Erde). Der typische Terrakottaton brennt rot. Es gibt aber auch gelb- oder braunbrennende Terrakottatone.

Wird Ton bei einer Temperatur zwischen 650° C und 900° C gebrannt, so sintert er, d.h., auch das chemisch gebundene Wasser des Tones verdampft und der Ton verändert seinen Zustand. Diesen Brand bezeichnet man als Schrühbrand. Die gebrannten, je nach Temperatur mehr oder weniger harten Werkstücke nennt man Scherben.

3. Werkzeuge

4. Herstellung einer Terrakotta

◄ 1. Ton vom Batzen abtrennen

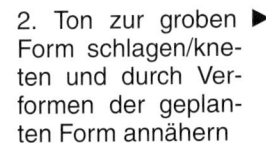

2. Ton zur groben ► Form schlagen/kneten und durch Verformen der geplanten Form annähern

3. Ausarbeitung zur ► endgültigen Form, Gestaltung der Oberfläche

4. Figur aushöhlen, ► damit sie besser trocknen kann

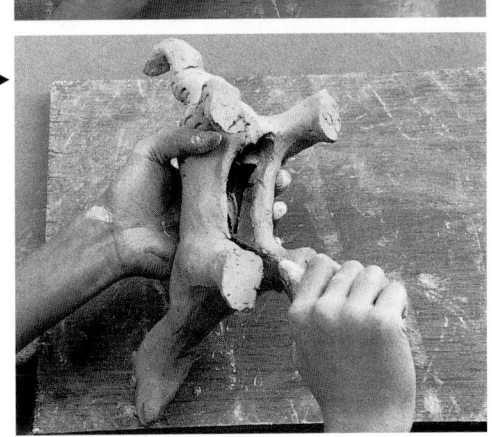

◄ 5. Ist die Figur gut durchgetrocknet (= knochenhart), erfolgt der Schrühbrand.

2 Tonrelief

2.1 Sachanalyse (vgl. S. 22 ff)

Ein *Relief* ist eine an eine Fläche gebundene plastische Arbeit, die wie ein Bild nur eine Hauptansicht hat (Abb. S. 36). Das plastische Bild kann aus einer Reliefplatte bestehen oder sich aus mehreren Teilen zusammensetzen. Dem Format der Reliefplatten sind Grenzen gesetzt. Es richtet sich nach der Größe des vorhandenen *Brennofens,* zudem neigen zu große Platten zum Verziehen und Reißen.

Der plastischen Arbeit sollte eine zeichnerische Skizze im Verhältnis 1:1 zum zu fertigenden Relief vorausgehen. Am Beginn der plastischen Arbeit steht die Fertigung der Grundplatte. Sie sollte, sofern sie nicht an der Rückseite später ausgehöhlt wird, eine Stärke von 2–3 cm nicht überschreiten um der Gefahr des Sprengens beim *Schrühbrand* vorzubeugen. Als Arbeitsfläche empfiehlt sich eine unbeschichtete Pressspanplatte oder ein rohes Brett, da der Ton hierauf nicht festklebt und beim *Schwinden* somit nicht reißt. Diese Arbeitsfläche kann der Größe der geplanten Arbeit entsprechen oder auch etwas größer sein. Muss die Arbeit unterbrochen werden, so deckt man das Relief mit einem feuchten Tuch ab und verpackt es möglichst luftdicht mitsamt der Arbeitsplatte in einer Plastiktüte oder einem Müllsack aus Plastik. Versieht man die untere Kante der Arbeitsplatte mit einer Leiste, so kann sie schräg aufgestellt werden und die Arbeit lässt sich in der Lage bearbeiten, in der sie später betrachtet wird.

Um die Grundplatte des Reliefs herzustellen drückt man mit dem Handballen Tonklumpen im Format der zu fertigenden Arbeit flach. Mittels eines Wellholzes (auch Rundstab oder Rohr), das man über zwei Holzleisten von 2–3 cm Stärke führt, wird der sich zwischen diesen Leisten befindende Ton zu einer Platte mit gleichmäßiger Stärke ausgewellt (Abb. 27). Auf diese Tonplatte legt man nun die Skizze.

Mit einem Messer schneidet man das gewünschte Format zurecht; die Zeichnung drückt man mit einem Kugelschreiber o. Ä. auf den weichen Ton durch. Entsprechend dieser Zeichnung wird nun grob Ton angetragen und eingearbeitet. Wichtig hierbei ist, dass es zu keinen Lufteinschlüssen kommt. Die sich beim Brennen ausdehnende Luft würde zum Zersprengen der Arbeit führen. Um eine bessere Vorstellung von der plastischen Wirkung zu erhalten, empfiehlt es sich, bereits in dieser Phase des Arbeitsprozesses die Niveaus des Reliefs zu berücksichtigen. Die Arbeit wird erleichtert, wenn das Niveau der Grundplatte der Hauptebene des Reliefs entspricht.

Für Tonreliefs verwendet man ausreichend schamottierten, *gemagerten Ton,* damit die Reliefplatten beim Trocknen nicht so stark schwinden und sich damit weniger verziehen. Zudem kann im Ton enthaltene Luft leichter entweichen. *Modellierton* lässt sich entsprechend aufbereiten, indem man drei Teile Ton mit einem Teil *Schamottesand* oder Sand gründlich vermengt. Der Ton sollte hierzu ziemlich nass, der Sand etwas feucht sein. Zu berücksichtigen ist, dass stark gemagerte Tone höher gebrannt werden müssen um ausreichende Festigkeit zu erzielen.

Abbildung 27

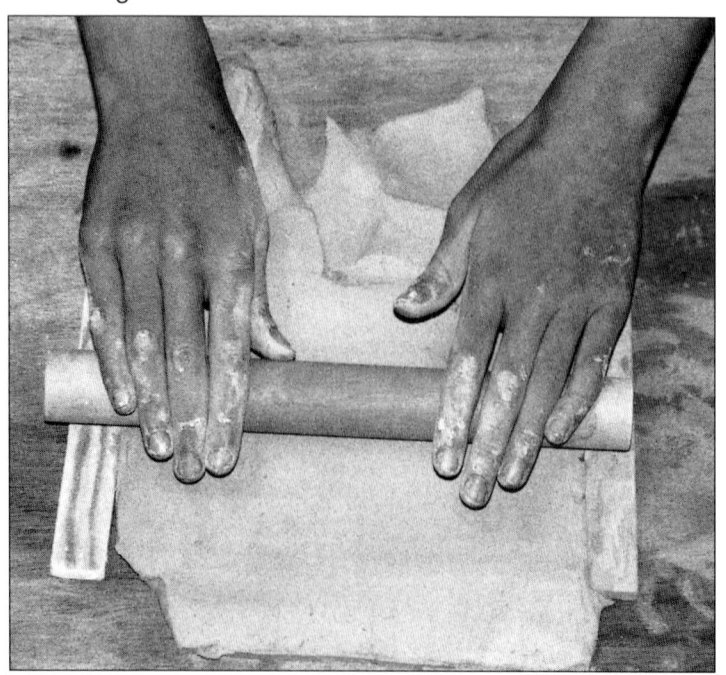

2.2 Unterrichtsbeispiel (Klasse 8-10)

„Szenen aus dem Schulalltag" (Gemeinschaftsarbeit)

Medien:
1. Anschauungsmittel: Folie S. 36, Tageslichtprojektor, Projektionswand, Tafel, Kreide, Arbeitsblatt S. 38, sowie die darauf abgebildeten Werkzeuge, Arbeitsblatt S. 38 als Folie, Folienstift

2. Arbeitsmittel: Arbeitsblatt S. 38, Bleistift, Zeichenblock DIN A3, Lineal mit Maßeinteilung, Modellierwerkzeuge, Modellierton, Brennofen, Glasur oder Wachs

Lernziele: Die Schülerinnen und Schüler sollen

– das Relief und seine verschiedenen Erscheinungsformen kennen lernen.
– erfahren, dass reliefplastische Darstellungen eine lange Tradition haben.
– die Arbeitsschritte zur Herstellung eines Hochreliefs aus Ton festlegen können.
– ein Hochrelief zum Thema „Szenen aus dem Schulalltag" herstellen können.

Verlaufsplanung

1. Hinführung

Präsentation/
Unterrichts-
gespräch:

▶ Folie 1, S. 36

Die Schüler/innen äußern sich zum Motiv und zur Technik.

Alternative Hinführung

Präsentation/
Unterrichts-
gespräch:

▶ Folie: Frottage einer Münze

Die Schüler/innen erkennen eine Münze.

▶ „Ich muss euch widersprechen, dies ist keine Münze."

Die Schüler/innen korrigieren sich: Abbildung einer Münze.

▶ Ihr kennt das Herstellungsverfahren derartiger Abbildungen."

Die Schüler/innen verweisen auf die Frottage.

Unterrichts-
gespräch:

▶ „Nicht jede Oberfläche lässt sich frottieren." (evtl. Demonstration)

Die Schüler/innen verweisen u.a. auf Niveauunterschiede.

---

2. Erarbeitung

Unterrichts-
gespräch/
Präsentation/
Einzelaktionen:

▶ „So (Verweis auf das Folienbild) zeigt sich die Darstellung von vorne. Von oben betrachtet sehen wir sie völlig anders."

Die Schüler/innen beschreiben diese Ansicht, nennen (▶ Hilfen) die Bezeichnung „Querschnitt" und skizzieren diesen an der Tafel.

Fortsetzung nach alternativer Hinführung:

▶ Einführung der Bezeichnung „Relief", Folie 2, S. 37

Die Schüler/innen ordnen den Abbildungen die entsprechenden Bezeichnungen zu (▶ Hilfen).

Unterrichts-gespräch:	▶	„Ihr werdet nun selbst Hochreliefs herstellen. Und wie im vorhin gezeigten Relief sollt auch ihr einen Bereich eures Lebens, nämlich das Schulleben, dokumentieren. Das Thema lautet daher

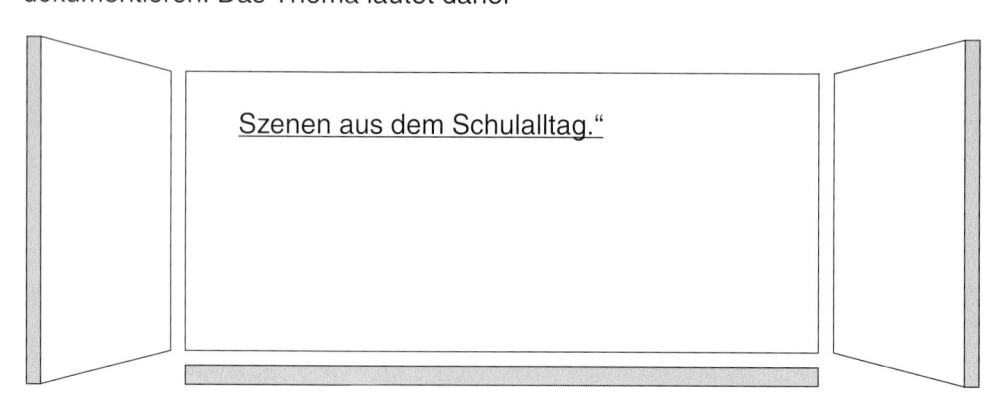

>   Szenen aus dem Schulalltag."

▶ „Nennt typische Bilder des Schulalltags!"

Die Schüler/innen nennen typische Bilder.

▶ Tafelanschrieb, z.B.

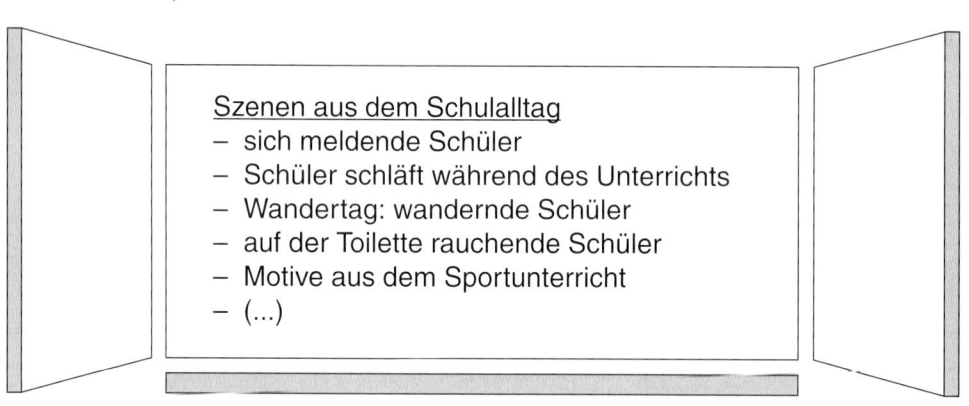

>   Szenen aus dem Schulalltag
>   – sich meldende Schüler
>   – Schüler schläft während des Unterrichts
>   – Wandertag: wandernde Schüler
>   – auf der Toilette rauchende Schüler
>   – Motive aus dem Sportunterricht
>   – (...)

▶ „Nun müssen wir noch die Arbeitsschritte festlegen; auch über den Werkstoff ‚Ton' solltet ihr Bescheid wissen. Dazu bekommt ihr ein Arbeitsblatt."

▶ Ausgabe des Arbeitsblattes S. 38

Lesen von Punkt 1 des Arbeitsblattes

Präsentation/ Unterrichts-gespräch:	▶	Besprechung von Punkt 2 des Arbeitsblattes, Vorstellung der einzelnen Werkzeuge Besprechung der Aufgabenstellung von Punkt 3
Partnerarbeit:		*Bearbeitung von Punkt 3*
Unterrichts-gespräch/ Präsentation/ Einzelaktionen:	▶	Besprechung der Ergebnisse der Partnerarbeit *Einzelne Schüler/innen präsentieren ihre Ergebnisse auf der Folie am Tageslichtprojektor.* (Lösung S. 37)

3. Anwendung

Einzelarbeit:	*Bearbeitung der bildnerischen Aufgabe gemäß den Arbeitsschritten*

2.3 Didaktischer Kommentar

Im *Relief* verbinden sich die Probleme von Fläche und Körper zu einem wechselvollen, gestalterisch anspruchsvollen Spiel. Daher erscheint es sinnvoll, der reliefplastischen Gestaltungsaufgabe eine vollplastische Aufgabe vorausgehen zu lassen. Schülerinnen und Schüler können so wertvolle Erfahrungen in der dreidimensionalen Formbeherrschung sammeln, die ihnen bei der Gestaltung des Reliefs von Nutzen sind.

Aus mehreren Gründen empfiehlt sich das *Hochrelief* als Gestaltungsaufgabe: Zum einen kommt es der *Vollplastik* am nächsten und die Schülerinnen und Schüler können an die vorausgehende Arbeit anknüpfen. Zum anderen gewährt es hinsichtlich der tiefenräumlichen Gestaltung einen größeren Spielraum als das *Flach- oder das Halbrelief.* Beim Flachrelief liegen die Bildpläne sehr eng zusammen und erfordern eine subtile und detaillierte Ausarbeitung, die die Schülerinnen und Schüler meist nicht leisten können. Erfahrungsgemäß tendieren die Ergebnisse zu etwas stärker ausgebauten Ritzzeichnungen. Beim Halbrelief neigen Schülerinnen und Schüler dazu, die Bildelemente zu sehr dem Hintergrund einzubinden. Die plastischen Formen werden oft nicht klar herausgearbeitet, das Relief wirkt flach, undifferenziert und teigig.

Das Hochrelief mit seinen untergriffigen Formen ist in seiner plastischen Wirkung bestimmter. Doch auch hier müssen die Schülerinnen und Schüler immer wieder auf eine klare Formgebung hingewiesen werden.

Ist geplant die gefertigten Reliefplatten zu einer größeren Einheit zu montieren und an einer Wand anzubringen, so ist es u.U. erforderlich, dass sie ein ganz bestimmtes Maß haben müssen. Dies lässt sich am besten gewährleisten, indem die Arbeitsunterlage, ein Brett oder eine unbeschichtete Pressspanplatte, dem Format des feuchten Tonreliefs entspricht. Auf diese Weise lassen sich bei Verwendung desselben Tones in der Abmessung aufeinander abgestimmte Platten herstellen. Infolge der *Schwindung* ist das Format des Reliefs jedoch kleiner als die Arbeitsunterlage. Um sie berücksichtigen zu können führt man am besten Brennproben durch.

Muss die Modellierarbeit für längere Zeit unterbrochen werden, so bedeckt man das Relief mit einem feuchten Tuch und schiebt es mitsamt der Arbeitsplatte in eine größere Plastiktüte, die man möglichst dicht schließt. Auf diese Weise bleibt der Ton bildsam und die Modellierarbeit kann auch Tage später fortgesetzt werden.

Abbildung 28:
Tonrelief
(Schülerarbeit)

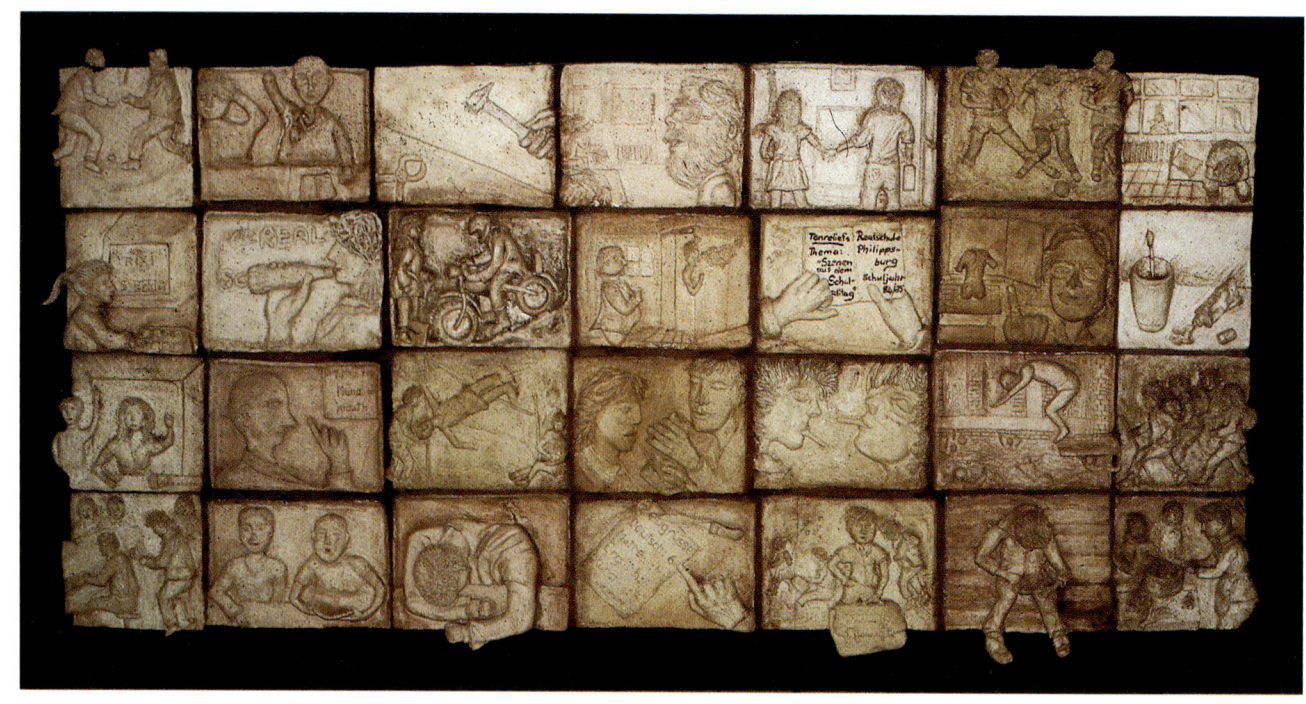

Abbildung 29: Reliefwand (Schülerarbeit)

Folien zur Hinführung und Erarbeitung

1. Bauer mit Kuh, 1. Jh. n. Chr., Marmorrelief, München, Glyptothek

2. Erscheinungsformen des Reliefs

Querschnitte:

Ordne zu: Hochrelief - Halbrelief - Flachrelief - Tiefrelief (versenktes Relief)

Lösung zum Arbeitsblatt, Punkt 3: Arbeitsschritte zur Herstellung eines Tonreliefs

Reihenfolge der Arbeitsschritte:

1.
2. Ton entsprechend der durchgedrückten Zeichnung auf der Grundplatte antragen
3. Motiv durch Wegnehmen und Antragen von Ton plastisch ausarbeiten
4. Anfertigen einer Skizze im Maßstab 1:1 zur Größe des Reliefs (evtl. ca. 15% Schwindung berücksichtigen)
5. Herstellung einer Grundplatte
6.
7. Oberfläche des Reliefs ausarbeiten: rau, glatt, strukturiert, …
8. Skizze mittels Durchdrücken auf die Grundplatte übertragen
9. Tonrelief trocknen lassen

Schrühbrand des Reliefs bei ca. 800° C

Glasieren mit anschließendem Glasurbrand oder Wachsen des geschrühten Reliefs

Arbeitsblatt — Plastik

1. Werkstoff Ton

Ton ist ein in der Natur reichlich und in unterschiedlicher Färbung vorkommender Werkstoff. Frisch der Erde entnommene Tone müssen zunächst modellierfähig gemacht werden. Sie werden von Humuserde, Holz- und Pflanzenresten, grobem Sand und Steinen befreit, mit Wasser vermengt und gründlich durchgeknetet.

Der Fachhandel bietet Fertigtone unter der Bezeichnung *Modellierton* an. Modellierton enthält wenig *unplastische Teile wie Sand oder Schamotte* (= Ziegelmehl). Er ist daher sehr *bildsam* (= gut formbar) und wird als *fetter Ton* bezeichnet. Bei einem größeren Anteil unplastischer Stoffe spricht man von einem *mageren Ton*.

Ton verliert beim Trocknen und Brennen an Volumen. Man bezeichnet dies als *Schwindung*. Beim Vorgang des Trocknens unterscheidet man folgende Zustände: Gut durchgetrockneten Ton bezeichnet man als *knochenhart*. Von *lederhartem* Ton spricht man bei einem Zustand, der zwischen dem feuchtplastischen und knochenharten liegt.

Luftgetrockneter Ton lässt sich in Wasser wieder aufschwemmen. Wird Ton gebrannt, so nennt man den ersten Brand *Schrühbrand*. Er erfolgt bei einer Temperatur von 800–900° C. Das Schrühen verändert Aussehen und Beschaffenheit des Tones. Es gibt gelb-, rot-, braun- und schwarzbrennende Tone und ab 650° C *sintert* (= verglast) Ton zu wasserfesten *Scherben* (= Bezeichnung für gebrannte Ton-Werkstücke) zusammen. Scherben können *glasiert (Glasur = glasartiger Überzug)* werden. Dazu ist ein zweiter Brand, der so genannte *Glasurbrand,* notwendig. Die Brenntemperatur ist höher als beim Schrühbrand; sie richtet sich nach dem Schmelzbereich der aufgetragenen Glasur.

2. Modellierwerkzeuge/Werkzeuge zur Bearbeitung von Ton

3. Arbeitsschritte zur Herstellung eines Tonreliefs

Lege die Reihenfolge der Arbeitsschritte fest!

Motiv durch Wegnehmen und Antragen von Ton plastisch ausarbeiten

Herstellung einer Grundplatte

Schrühbrand des Reliefs bei ca. 800° C

Skizze mittels Durchdrücken auf die Grundplatte übertragen

Glasieren mit anschließendem Glasurbrand oder Wachsen des geschrühten Reliefs

1. Ton entsprechend der durchgedrückten Zeichnung auf der Grundplatte antragen
2.
3.
4. Anfertigen einer Skizze im Maßstab 1:1 zur Größe des Reliefs (evtl. ca. 15% Schwindung berücksichtigen)
5.
6.
7. Oberfläche des Reliefs ausarbeiten: rau, glatt, strukturiert, …
8. Tonrelief trocknen lassen
9.

3 Trompe-l'œil

3.1 Sachanalyse (vgl. S. 22 ff)

Als *trompe-l'œil* oder *Augentäuschung* bezeichnet man Darstellungen in der Bildenden Kunst, die dem Anspruch vollständiger *Illusion* gerecht werden wollen. Folgende bildnerische Bedingungen müssen hierbei erfüllt werden: Das Sujet muss alltäglich sein und der Größe der wirklichen Gegenstände entsprechen. Die Farbgebung hat sich an der Realität zu orientieren, eine sichtbare malerische Handschrift muss unterbleiben. Stofflichkeit und Oberflächendetails der dargestellten Objekte müssen perfekt nachempfunden werden, soll die Illusion gelingen. In der Malerei ist zudem eine räumliche Darstellung notwendig, die mögliche Standorte des Betrachters berücksichtigt (Abb. 30). Beim Tafelbild, das in der Regel auf keine bestimmte Raumsituation hin konzipiert ist, wird daher ein flacher Bildraum mit enger Tiefenschichtung und einem hinteren Abschluss, z.B. einer Wand, notwendig (Abb. 31, S. 40). Eine wichtige Rolle kommt hierbei auch der Beleuchtung der dargestellten Gegenstände zu. Sie muss neutral gehalten sein, sodass sie jedem Raum gerecht wird. Die Darstellung extremer Licht- und Schattenwirkungen ist nur bei Kenntnis des Ortes der Präsentation der Augentäuschung möglich, so z.B. bei Wandgemälden, insbesondere im Innenraum (Abb. 32, S. 40).

Bei plastischen Augentäuschungen, z.B. Keramiken, Gips- oder Kunststoff-Objekten, entfällt dieser Gesichtspunkt. Sie unterliegen in ihrer Dreidimensionalität den jeweils gegebenen Lichtverhältnissen. Hier besteht jedoch die Schwierigkeit, die materialen Eigenschaften des Sujets in einem anderen Material so echt nachzubilden, dass der optische Sinn des Betrachters getäuscht wird (Abb. 33/34, S. 41).

Keramische trompe-l'œil waren im 16. Jahrhundert recht beliebt. Die Imitation ist meist so gelungen, dass der Betrachter die Gegenstände als echt ansieht und verblüfft ist, wenn er bemerkt, dass Sein und Schein nicht übereinstimmen. Ebenso wie im Bereich der Malerei (trompe-l'œil der Niederländer im 17. Jahrhundert, s. Abb. 31, S. 40, oder die der Amerikaner im 19./20. Jahrhundert, s. Abb. 34, S. 41) tendieren diese Augentäuschungen meist zum Stillleben hin.

Abbildung 30: Wandmalerei: Fassade, Schloss Bruchsal

Abbildung 31: Samuel van Hoogstraten, Augenbetrüger-Stillleben, um 1660

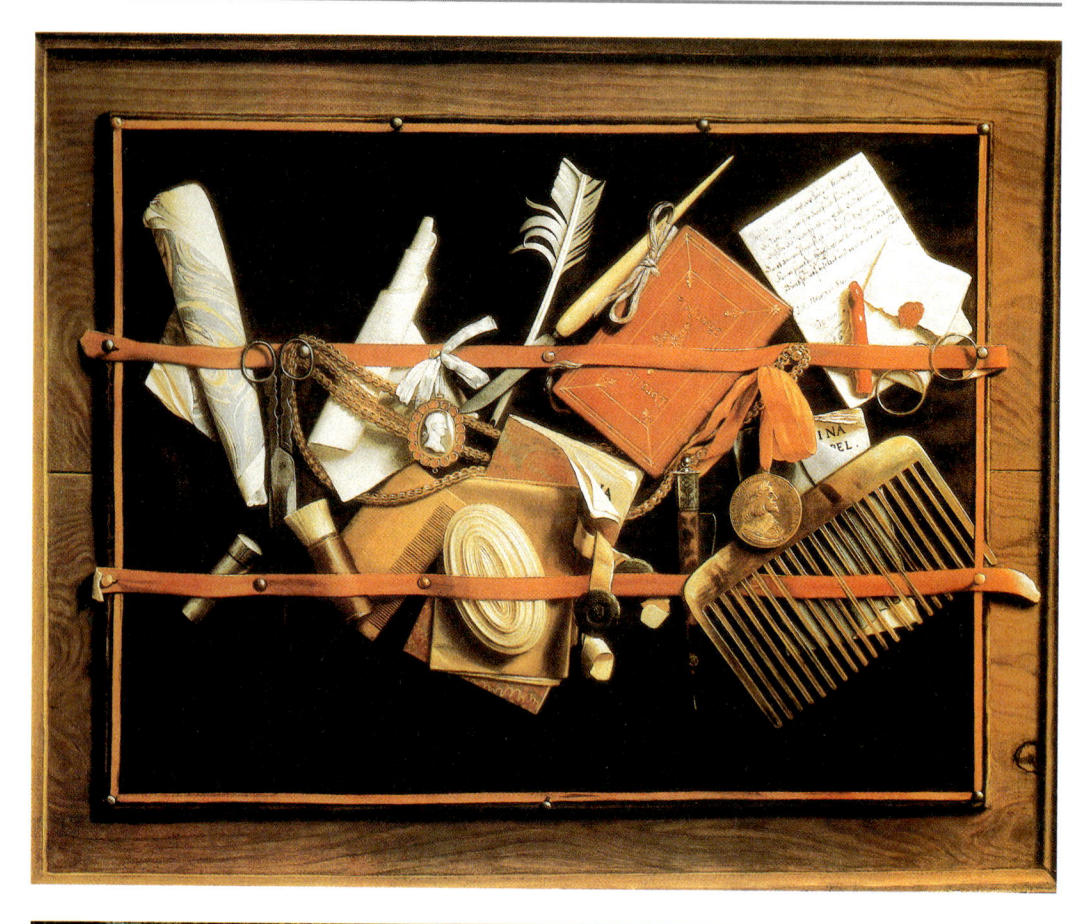

Abbildung 32: Römische Wandmalerei, pompejanisch, um 2. Jh. v. Chr. – Architekturmalerei. Aus der Villa dei Misteri in Pompeji

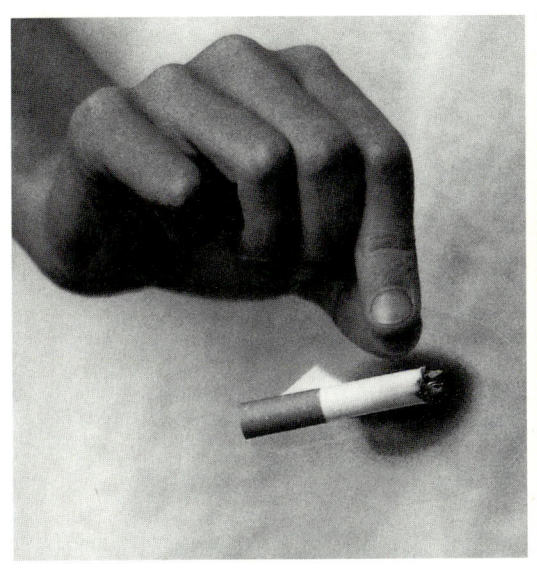

Abbildung 33: Scherzartikel   Abbildung 34: Claes Oldenburg, Fleischauslage. 1964

3.2 Unterrichtsbeispiel (Klasse 7-10)

„Kaltes Buffet"

Selbsthärtende Modelliermasse (oder weißbrennender Ton)

Medien:
1. Anschauungsmittel: Tafel, Kreide, Arbeitsblatt S. 45

2. Arbeitsmittel: Arbeitsblatt S. 45, Bleistift, Deckfarben, Deckweiß, Malutensilien, Zeichenblock DIN A 3, Modelliermasse (Ton), (evtl. Brennofen), Modellierwerkzeuge, Teller oder Platten zum Arrangieren der „Augentäuschungen"

Lernziele: Die Schülerinnen und Schüler sollen

– Beispiele für „Augentäuschungen" nennen können.
– Gründe für das Entstehen und Wirken von „Augentäuschungen" nennen können.
– sich in Gruppen auf die Darstellung von Teilen eines „Kalten Buffets" einigen können.
– in der Gruppe einen Teil der ausgewählten Gegenstände als „Augentäuschung" realisieren können.
– in der Gruppe/Großgruppe die fertiggestellten „Augentäuschungen" zu einem „Kalten Buffet" arrangieren können.

Verlaufsplanung

1. Hinführung

Präsentation/
Unterrichts-
gespräch:

⟹ Folie 1, S. 44

Die Schüler/innen erkennen in der Abbildung einen Scherzartikel und erzählen von entsprechenden Situationen.

Alternative

⟹ Mitbringen eines geeigneten Scherzartikels

⏵ „Gegenstände, die durch Malerei oder Plastiken täuschend echt nachgestellt werden, fasst man unter der Bezeichnung

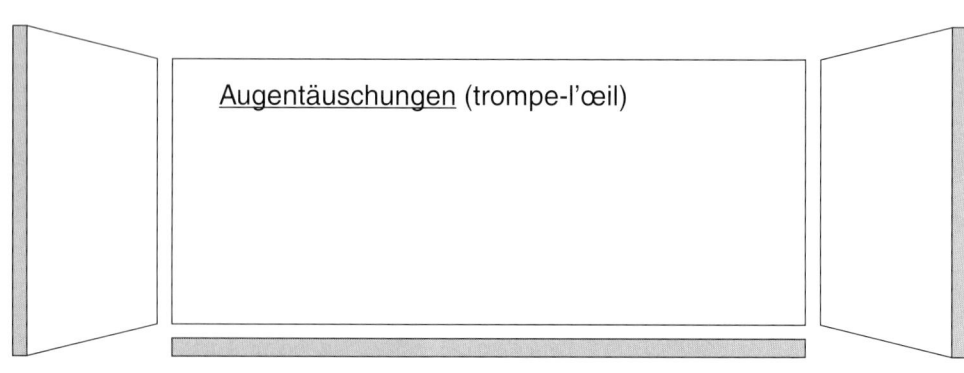

<u>Augentäuschungen</u> (trompe-l'œil)

zusammen."

Unterrichtsgespräch: ⏵ „Sollen ‚Augentäuschungen' gelingen, müssen bestimmte Bedingungen erfüllt sein."

2. Erarbeitung

Die Schüler/innen nennen die gezielte Platzierung des Objektes und dessen echtes Aussehen.

⏵ Ergänzung des Tafelanschriebs:

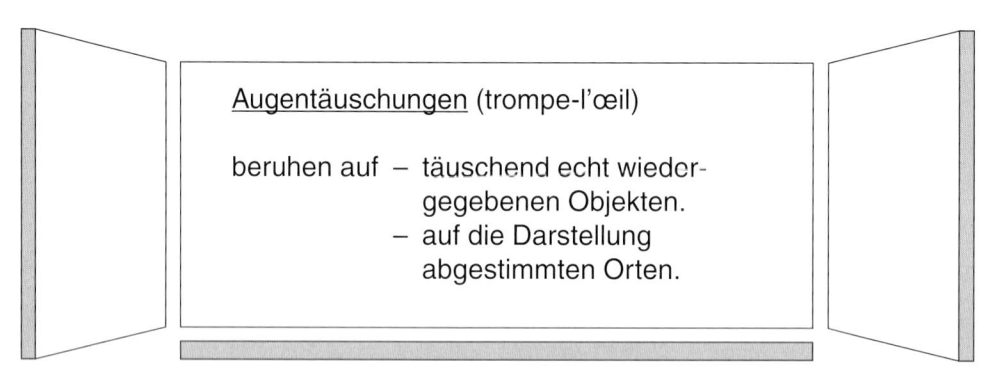

<u>Augentäuschungen</u> (trompe-l'œil)

beruhen auf – täuschend echt wiedergegebenen Objekten.
            – auf die Darstellung abgestimmten Orten.

Unterrichtsgespräch: ⏵ Ausgabe des Arbeitsblattes S. 45
Besprechung der Aufgabenstellung von Aufgabe 1

Partnerarbeit: *Die Schüler/innen bearbeiten Aufgabe 1 des Arbeitsblattes S. 45.*

Unterrichtsgespräch: ⏵ Besprechung der Ergebnisse der Partnerarbeit

3. Anwendung

Unterrichtsgespräch:
Gruppenarbeit: ⏵ Besprechung der Aufgabenstellung von Aufgabe 2 des Arbeitsblattes S. 45

Auswahl der darzustellenden Gegenstände, Absprachen

Einzelarbeit: *Fertigung der ‚Augentäuschungen'*

Gruppenarbeit/
Gemeinschaftsarbeit: *Arrangement der gefertigten ‚Augentäuschungen'*

3.3 Didaktischer Kommentar

Der Reiz von *Augentäuschungen* basiert auf der gelungenen Täuschung. Voraussetzung hierfür ist eine detaillierte Nachbildung der ausgesuchten Gegenstände. Soll die Täuschung gelingen, so hat sich die Wahl der zu imitierenden Gegenstände am Alter und Gestaltungsvermögen der Schülerinnen und Schüler zu orientieren. Kleine und filigran ausgeformte Gegenstände erschweren eine Nachbildung oder machen sie unmöglich. Ähnliches gilt für die malerische Oberflächengestaltung und Imitation der Stofflichkeit. Kleinteilige, nuancenreiche Farbstrukturen erfordern ein gutes Auge, ein äußerst konzentriertes Arbeiten und eine im Umgang mit Pinsel und Farbe geübte Hand. Je nach Wahl der darzustellenden Objekte müssen die Schülerinnen und Schüler zur erfolgreichen Bearbeitung der bildnerischen Aufgabe über die verschiedenen malerischen Verfahren wie Nass-in-Nass, Stupsen oder dem Malen mit halbtrockenem Pinsel verfügen (vgl. Bd. 1, S. 129 ff).

Da die Gestaltungsaufgabe in arbeitsteiliger Gruppenarbeit gelöst werden soll, besteht hier die Möglichkeit zur inneren Differenzierung.

Das Ergebnis der bildnerischen Arbeit steht in Abhängigkeit zu den im Unterricht verfügbaren Anschauungs- und Arbeitsmitteln. Eine Abbildung der nachzubildenden Gegenstände ersetzt in keinem Falle deren wirkliches Vorhandensein. Doch nicht alle nachzubildenden Gegenstände und Dinge werden mitgebracht werden können. Dann stellen Farbabbildungen aus Illustrierten, Kochbüchern u.Ä. eine brauchbare Hilfe dar.

Ebenso wichtig wie gute Vorlagen sind die Qualität der Modelliermasse und geeignete Werkzeuge. Findet weißbrennender Ton Verwendung, so sollte er fett und gut bildsam sein. Spröde, zu trockene Modelliermassen sind untauglich.

Neben Wellhölzern oder Gummirollen zum Auswellen der Modelliermasse sollten Modellierwerkzeuge (Abb. 2, S. 38) bereitgestellt werden. Auch Haushaltsgeräte wie Spritztüllen oder Fleischwölfe können zur Formgebung eingesetzt werden.

Abbildung 35: Kaltes Buffet, Augentäuschung. Bemalte Keramik (Schülerarbeit)

Sollen Käsehappen und Ähnliches nachgebildet werden, so müssen die das Gebilde zusammenhaltenden Zahnstocher in feuchtem Zustand angebracht, wieder entfernt und erst endgültig nach (dem Schrühbrand und) der Bemalung hinzugefügt werden.
Sofern die zu imitierenden Objekte eine charakteristische Oberflächenstruktur aufweisen und sich zum Abdrücken auf der bildsamen Modelliermasse eignen, kann dieser Teilbereich des bildnerischen Problems auf diese Weise zeitsparend und überzeugend gelöst werden.
Das Bemalen erfolgt am besten mit Deckfarben. Je nach beabsichtigter Wirkung wird abschließend ein matter oder glänzender Klarlack aufgetragen.
Entscheidenden Anteil am Gelingen der Täuschung hat das Arrangieren der Objekte. Auf Platten ansprechend „angerichtet" und mit gefalteten Papierservietten u.a. dekoriert wird die Täuschung perfekt.

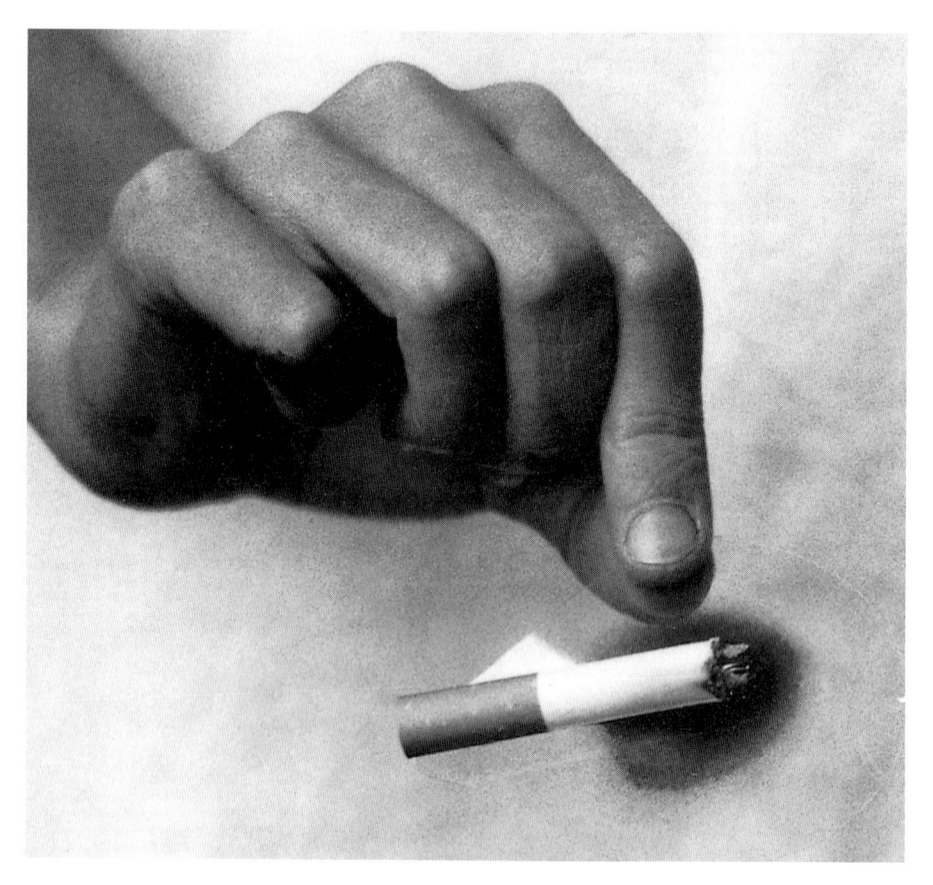

||||➤

Folie zur Hinführung

Arbeitsblatt — Plastik

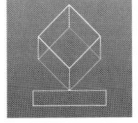

1. Augentäuschungen (trompe-l'œil)

Augentäuschungen sind schon seit Jahrhunderten Gegenstand künstlerischer Darstellung. Bereits die Römer gliederten Wände ihrer Architektur durch trompe-l'œil und lösten sie optisch auf.

Im 16. Jh. erfreute sich das keramische trompe-l'œil besonderer Beliebtheit und im 17. Jh. entdeckten die Niederländer das trompe-l'œil für die Tafelmalerei (Abb. 2). Augentäuschungen haben bis in die heutige Zeit ihren Reiz nicht eingebüßt (Abb. 3).

1. Schloss Bruchsal, Gemaltes Mauerwerk

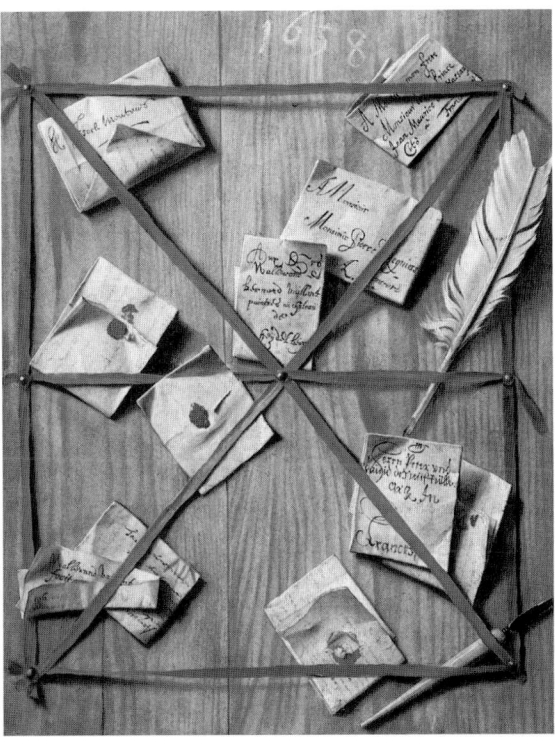

2. Wallerant Vaillant, Brett mit Briefen, Federmesser und Schreibfeder hinter roten Bändern, 1658

3. Gert Neuhaus, Reißverschluss. Bemalte Hausfassade in Berlin, 1979

Wo sind dir schon ‚Augentäuschungen' begegnet?

2. „Kaltes Buffet"

a) Wähle aus dieser Abbildung eines *Kalten Buffets* 2–3 Leckerbissen aus.

b) Zeichne sie in ihrer wirklichen Größe.

c) Male die gezeichneten Gegenstände mit Deckfarben an. Bemühe dich um eine realistische Farbgebung und die Wiedergabe von Strukturen!

d) Stelle *Augentäuschungen* her, indem du die ausgesuchten und skizzierten Gegenstände mehrfach in Modelliermasse nachbildest.

e) Sind die von dir gefertigten Objekte durchgetrocknet (je nach Werkstoff auch gebrannt), malst du sie entsprechend der Vorübung (c) auf Papier an. Abschließend kannst du sie noch lackieren oder wachsen, sodass sie glänzen.

f) Nun kannst du deine *Augentäuschungen* zusammen mit den von deinen Mitschülerinnen und Mitschülern gefertigten zu einem Kalten Buffet anordnen und die Wirkung testen.

Werkstoff Pappmaché

Pappmaché (frz.: Papierbrei, gekautes Papier) ist ein plastischer Werkstoff, dessen Entstehung an die Erfindung und Verbreitung des Papiers gebunden ist (vgl. S. 108 ff). Das *Papier,* das um 1100 über den Orient nach Europa gelangte, war in seiner Herstellung für den einmaligen Gebrauch zu teuer. Sowohl bei der Papierherstellung und -verarbeitung anfallende Abfälle als auch beschriebenes Papier diente daher schon bald als Grundmaterial zur Herstellung von Pappmaché. Die universalen Verwendungsmöglichkeiten dieses Werkstoffes wurden schnell erkannt und Pappmaché wurde preiswerter Ersatz für kostspielige Materialien wie Marmor, Edelhölzer, Metalle oder keramische Werkstoffe.

Pappmaché lässt sich in Europa seit dem 15. Jahrhundert als Werkstoff nachweisen. Es diente zunächst als Material zur Herstellung von *Reliefs* mit religiösen Motiven. Im 16. Jahrhundert wurden aus Pappmaché vorzugsweise Fastnachtsrequisiten gefertigt. Ab dem 17. Jahrhundert entstanden und wurden bereits die unterschiedlichsten Gegenstände aus Pappmaché nachgebildet, wie z. B. Geschirr, Tabaksdosen, Perücken, Puppen, Hirschgeweihe, Möbel, Marmorstatuen, Stuckornamente und Dekorationen aller Art (Abb. 36). Entsprechend gestaltet und bemalt ließ sich Pappmaché als Imitat für nahezu jedes Material verwenden. Einher mit dieser Entwicklung ging die Verfeinerung und Anpassung des Werkstoffes an die verschiedenen Bedürfnisse und Verwendungszwecke. Durch Beimengung von Zuschlagstoffen versuchte man dem Aussehen und den Eigenschaften der imitierten Materialien möglichst nahe zu kommen und die Festigkeit und Haltbarkeit der Produkte zu erhöhen. Die Zu-

Abbildung 36: Dekoration aus Pappmaché: Herzogenloge in der Schlosskirche Ludwigslust

sammensetzung des Papierbreis richtete sich auch nach der beabsichtigten weiteren Verarbeitung. Neben dem freien halbplastischen oder plastischen *Modellieren* wurde Pappmaché auch in Modeln gepresst oder wie Porzellan in *Gipsformen* gegossen. Oft war die Täuschung so perfekt, dass niemand an ein Objekt aus Pappe dachte, zumal häufig eingearbeitete Ballaststoffe das Gewicht des imitierten Materials vortäuschten.

Die Vorteile der Pappmaché-Produktion liegen auf der Hand: Die Herstellung und Verarbeitung des Pappmachés erforderte weder große Maschinen noch Lagerhallen oder teure Werkzeuge, die Materialkosten waren gering, bislang spezialisierten Betrieben vorbehaltene Waren ließen sich herstellen, das geringe Gewicht und die Bruchfestigkeit begünstigten den Transport. Ersteres wirkte sich darüber hinaus positiv auf die vielen für den Export bestimmter Erzeugnisse auferlegten Gewichtszölle aus, Holzimitate wurden weder von Holzwürmern befallen noch verzogen sie sich und Metallimitate rosteten nicht.

Pappmaché wurde der „Kunststoff" des 19. Jahrhunderts. Aus Pappmaché gefertigte Waren waren in nahezu allen Lebensbereichen aufzufinden.

Die Grundmaterialien zur *Herstellung von Pappmaché* sind Wasser, Papier und Kleister. Altpapier (Zeitungen, Eierkartons usw.) werden in fünfmarkstückgroße Schnipsel gerissen und in einem mit Wasser gefüllten Eimer eingeweicht. Nach einigen Tagen ist das Papier in einzelne Fasern zerfallen. Durch Kochen lässt sich dieser Vorgang beschleunigen. Hat sich das Papier zu einem sämigen Brei zersetzt, so wird das Wasser abgegossen. Am besten geschieht dies durch ein größeres Tuch, das die Papierfasern zurückhält und anschließend zum Auswringen des im Papierbrei enthaltenen überschüssigen Wassers dienen kann. Dem Papierbrei wird nun angerührter Tapetenkleister zugemischt, sodass eine gut formbare Pappmachémasse entsteht (vgl. S. 59). Pappmaché-Objekte müssen gut durchtrocknen, damit sie nicht schimmeln. Zu großer Hitze (max. 50° C) sollten sie jedoch nicht ausgesetzt werden, da sich sonst Risse bilden oder Verformungen ergeben. Angemischtes Pappmaché verwahrt man am besten in verschließbaren Behältern, damit sich keine Bakterienkulturen bilden können.

Die Oberfläche trockener Pappmaché-Objekte kann mit Schmirgelpapier geglättet werden.

Für eine Bemalung eignen sich Deck-, Acryl-, Öl- oder Dispersionsfarben. Es empfiehlt sich, vor der malerischen Ausgestaltung eine auf die anschließend vorgesehene Farbe abgestimmte Grundierung aufzubringen. Sie verdeckt mögliche Reste von im Pappmaché noch sichtbarer Druckfarbe des verwendeten Altpapiers und verhindert ein Verlaufen der später gezielt aufgetragenen Farben.

Pappmaché-Objekte, die der Witterung ausgesetzt werden, müssen mehrmals mit geeigneten Lacken gestrichen werden.

Eine Variante der Pappmaché-Technik ist das *Papierkaschee*. Eine Form (z. B. eine *Mater aus Ton* oder *Gips* oder ein Gerüst aus feinem Maschendraht) wird mit einer Schicht kreuz und quer übereinander geklebter Papierschnipsel bedeckt. Nach dem Trocknen bildet sie eine stabile Haut. Diese Technik war bereits den alten Ägyptern bekannt. Sie fertigten auf diese Weise Totenmasken, indem sie die Gesichter der Toten mit mit Weizenkleister bestrichenen Papyrusstreifen bedeckten.

Die Papierkaschee-Technik eignet sich vor allem für größere Objekte. Bei der Verwendung einer Mater ist darauf zu achten, dass sich die mit Kleister bestrichenen Papierschnipsel der Form der Mater gut anpassen. Damit sich die auf diese Weise entstandene trockene Papierhaut gut von der Mater lösen lässt, darf diese keine Hinterschneidungen aufweisen und muss vor dem Kaschieren mit einem Trennmittel, z.B. Öl, bestrichen werden. Der Vorteil dieses Verfahrens liegt in seiner Wiederholbarkeit (Abb. 37, S. 48).

Eine weitere Möglichkeit bietet das Kaschieren von Hohlkörpern wie Luftballons, Plastikbehältern (z. B. leere Joghurtbecher oder Shampooflaschen), Pappschachteln oder Pappröhren. Auch Styroporkörper eignen sich für das Papierkaschee und ein sich daran anschließendes aufbauendes Modellieren zur endgültigen Form mit Pappmaché.

Abbildung 37:
a) Mater aus Ton und abgenommenes Kaschee (Schülerarbeit)

b) Von Ton-Matern abgenommene Papier-Kaschee-Formen (Schülerarbeiten)

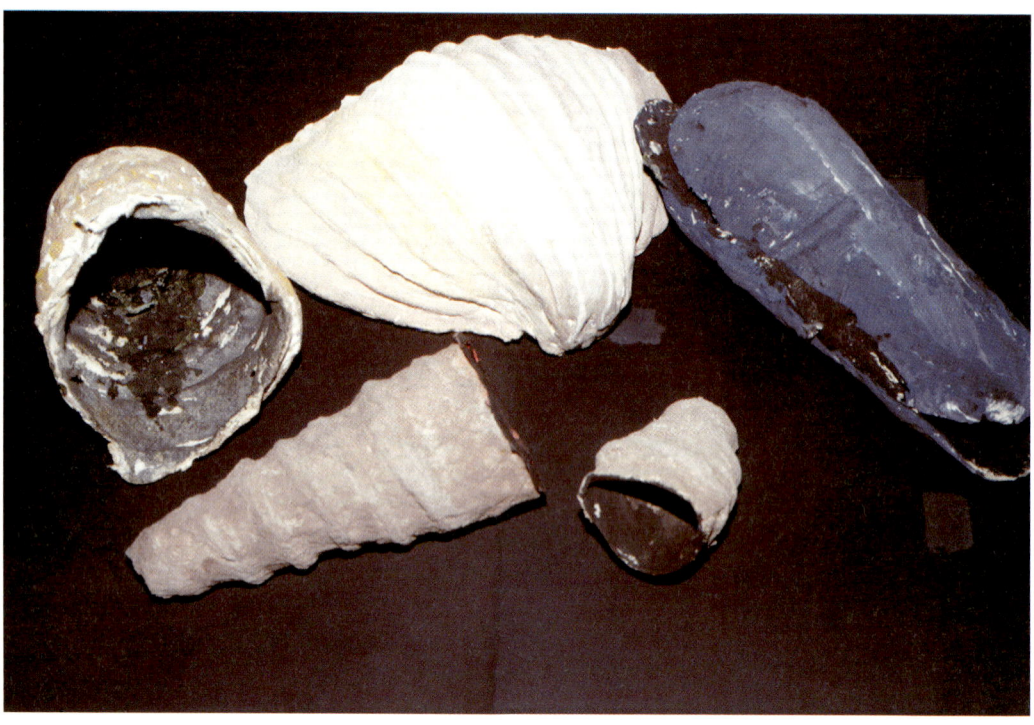

Im Gegensatz zur Mater bleibt das Gerüst Bestandteil der Plastik (vgl. Abb. 38, S. 49). Für besonders große Plastiken fertigt man ein solches Gerüst aus Latten und Hühnerdraht (Abb. 39, S. 49). Kleine plastische Arbeiten können massiv aufgebaut sein. Wichtig ist, dass sie gut durchtrocknen können.

Pappmaché eignet sich auch zum *Drücken* in Model. Um 1900 entstanden in dieser Technik viele der in Massenfabrikation gefertigten Pappmaché-Waren. Zwei Verfahren sind zu unterscheiden: das Volldrücken und das Fleckdrücken. Während beim Volldrücken die Hohlform des Models mit Pappmaché ausgefüllt wird und ein massives Objekt entsteht, wird beim Fleckdrücken die Form des Models mit einer Lage Papierbrei ausgedrückt, sodass sich ein Hohlkörper entwickeln lässt.

Besonders feiner und flüssiger Papierbrei eignet sich auch zum *Gießen*. Als Gießform verwendet man analog zur Herstellung von Porzellanwaren eine Hohlform aus Gips.

Diese Form wird mit Papierbrei aufgefüllt. Da Gips der Papiermasse Wasser entzieht, bildet sich an der Gipswand eine Pappschicht, die um so stärker wird, je länger der Papierbrei in der Gießform bleibt. Soll ein dünnwandiges Objekt entstehen, so kann das Pappmaché bereits nach wenigen Minuten abgegossen werden (vgl. Abb. 8, S. 10).

Abbildung 38: Kaschieren von auf die Grundform geklebten Hohlkörpern (Schülerarbeiten)

Abbildung 39: Kaschieren eines Gerüstes aus Latten und Hühnerdraht (Schülerarbeit)

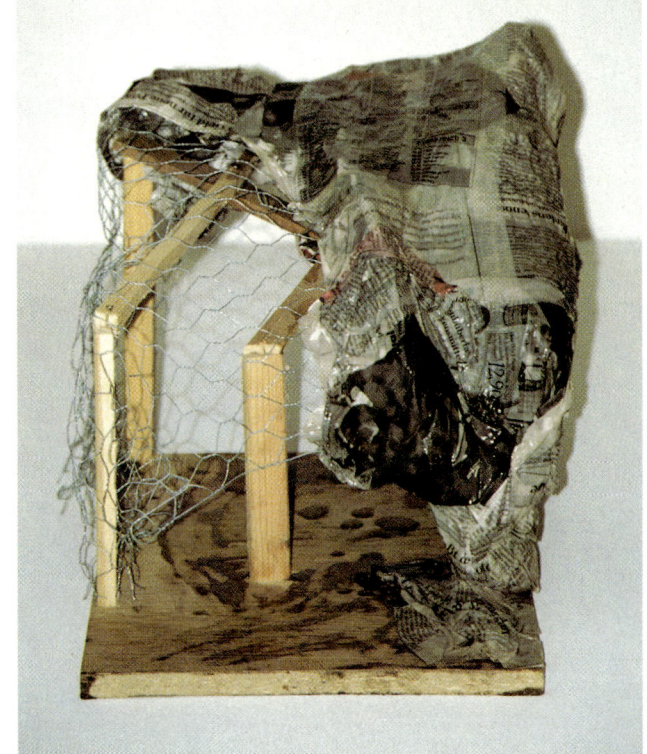

1 Masken

1.1 Sachanalyse Vgl. S. 46 ff

Die Herstellung und Gestaltung von Masken hat eine jahrtausendealte Tradition und ist in jeder Kultur vorzufinden. Masken dienen nicht nur zum Verbergen des wahren Aussehens ihrer Träger, meist ahmen sie auch andere Wesen nach oder verfremden gewohnte Formen und Farben. Je nach ihrer plastischen Gestalt oder Bemalung vermögen Masken die Betrachter zu erheitern oder zu ängstigen (Abb. 40).

Abbildung 40:
Alemannische Fastnachtsmasken

Katze aus Meßkirch

Bock aus Stetten

Dorausschreier aus Saulgau

Teufel aus Hornberg

Vogel aus Baienfurth

Neben Schminkmasken dienen zur Verhüllung des Gesichtes abnehmbare Masken, die aus den verschiedensten Materialien gefertigt sein können.

Während Teilmasken das Gesicht, wie die Bezeichnung verrät, nur teilweise bedecken, wird es von der Gesichtsmaske vollständig verhüllt. Masken, die den ganzen Kopf umschließen, werden als Vollmasken bezeichnet. Die Grenzen zwischen Maske und Kostüm sind fließend (Abb. 43).

Eine Maske, die das Gesicht ganz oder teilweise verhüllen soll, hat sich an der Anatomie des menschlichen Kopfes zu orientieren. Dies trifft vor allem auf die Innenform der Maske zu. Sie darf, soll sie getragen werden können, nicht zu schwer sein und muss so gestaltet sein, dass sie das Gesicht des Maskenträgers aufzunehmen vermag. So hat sich auch die Position der Augenöffnungen nach dem Träger zu richten. Ferner ist bei Gesichts- und Vollmasken auf ausreichende Luftzufuhr zu achten. Dies kann bei aus luftundurchlässigen Materialien gefertigten Masken z. B. über Öffnungen an Mund und Nase geschehen.

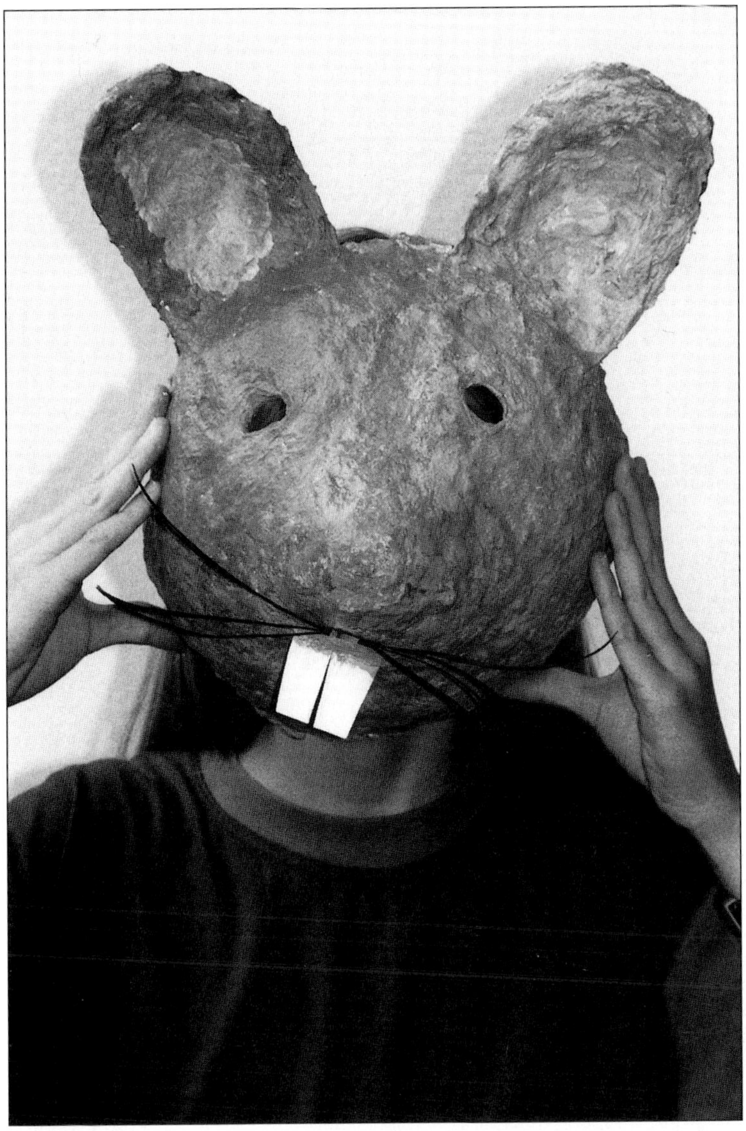

Für die Unterrichtsarbeit bieten sich bei der Gestaltung von Masken aus bildsamen Materialien wie Ton oder Pappmaché zwei Verfahrensweisen an. Die eine bedient sich einer *Mater,* die andere baut auf einer Grundform auf, die das menschliche Gesicht aufzunehmen vermag. Sowohl Mater als auch Grundform müssen als Erstes geschaffen werden.

Pappmaché ist ein plastisches Material, das sich hervorragend für Unterrichtszwecke und zur Herstellung von Masken eignet. Es kann mit geringem Kostenaufwand von den Schülerinnen und Schülern selbst hergestellt werden (vgl. S. 47, 59).

Bei der Verwendung einer *Mater* steht die plastische Gestaltung am Anfang der Arbeit. Aus *Ton,* Styropor o. Ä. entsteht in *modellierendem* oder *skulptierendem Verfahren* ein Körper, der der plastischen Form der Maske entspricht (Abb. 37, S. 48). Hieran schließt sich, von einer Bemalung abgesehen, ein rein handwerklicher Prozess an: Die Mater wird mit einer ca. achtlagigen Papierschicht bedeckt, die aus kleinen, sich überlappenden, zuvor in Tapetenkleister getauchten Schnipseln besteht, die sich der plastischen Form der Mater exakt anpassen. Nach drei bis vier Tagen ist diese „Papierhaut" so trocken, dass sie vorsichtig von der Mater abgezogen werden kann, sofern keine Hinterschneidungen vorkommen. Die Formgebung der Maske erfordert evtl. beim Abziehen ein Zerschneiden der Kartonageform in zwei Teile. Sie lassen sich anschließend wieder zu einer Form zusammenfügen, indem sie entlang der Schnittkante mit in Kleister getauchtem Papier überklebt werden.

Dient Styropor zur Herstellung der Mater, so sollte diese vor dem Kaschieren mit Schmierseife oder Öl eingestrichen werden, damit sich das Kaschee später besser löst. Wichtig ist auch der Zeitpunkt des Ablösens. Das Kaschee sollte angetrocknet, aber noch nicht durchgetrocknet sein. Dies ist insbesondere beim Kaschieren von Tonkernen zu berücksichtigen.

Matern bieten den Vorteil des wiederholten *Abformens.*

Abbildung 41:
Maske
(Schülerarbeit)

Baut die Maske auf einer *Grundform* auf, so steht die plastische Arbeit zeitlich an zweiter Stelle. Zunächst muss die Grundform entstehen. Luftballons sind hierzu hervorragend geeignet (Abb. 42). Mit Zeitungs- oder Toilettenpapier kaschiert, erhält man nach ca. einwöchigem Trocknen entlang der Längsachse aufgeschnitten zwei Grundformen zur weiteren Ausgestaltung als Masken (Abb. S. 59).

Nachdem die Position der Augen, evtl. auch die von Mund und Nase, bestimmt wurde, kann die plastische Arbeit beginnen. Hierzu dient Pappmaché. Sollen voluminöse plastische Formen entstehen, so kann man mit Packband Joghurtbecher, kleine Schachteln u. Ä. auf die Grundform kleben und anschließend Pappmaché antragen (Abb. 42). Man benötigt dadurch weniger Pappmaché und die Maske wird nicht so schwer. Zum Bemalen der Maske eignet sich Plakafarbe oder die preiswertere Abtönfarbe.

Abbildung 42:
Mitkaschieren von am Ballon befestigten Hohlkörpern

1.2 Unterrichtsbeispiel (Klasse 6-8)

„Gute und böse Masken"

Medien: **1. Anschauungsmittel:** Folie S. 58 (oder Maske), Tageslichtprojektor, Projektionswand, Folienstift, Arbeitsblatt 1 S. 59 als Folie, Tafel, Kreide, Papierschablonen (vgl. S. 54) und Wasser

2. Arbeitsmittel: Arbeitsblätter S. 59 f, Bleistift, (evtl. Buntstifte), für je 2 Schüler/innen einen Luftballon und eine Rolle WC-Papier, pro Gruppentisch ein größeres Gefäß mit angerührtem Tapetenkleister

Zu beachten/zu empfehlen: Gruppentische, Kleister rechtzeitig anrühren, ausreichend Platz zum Lagern der kaschierten Luftballons, Tische mit Zeitungspapier abdecken

Lernziele: Die Schülerinnen und Schüler sollen

- die Funktionen von Masken benennen können.
- erkennen, dass Größe, Form und Position von Augen, Nase und Mund eine Maske *gut* und *böse* aussehen lassen.
- die Reihenfolge der Arbeitsschritte zur Herstellung einer Maske aus Pappmaché erarbeiten können.
- von der von ihnen geplanten Maske eine Zeichnung anfertigen können.
- gemäß den festgelegten Arbeitsschritten ihre Masken herstellen können.

Verlaufsplanung

1. Hinführung

Präsentation/
Unterrichtsgespräch:

→ Folie S. 58

Die Schüler/innen erkennen Masken.

Alternative Hinführung

→ Die Lehrerin/der Lehrer tritt maskiert vor die Klasse.

2. Erarbeitung

Unterrichtsgespräch:

→ „Nennt die Aufgaben von Masken!"

Die Schüler/innen nennen verschiedene Funktionen, z. B.

→ Tafelanschrieb

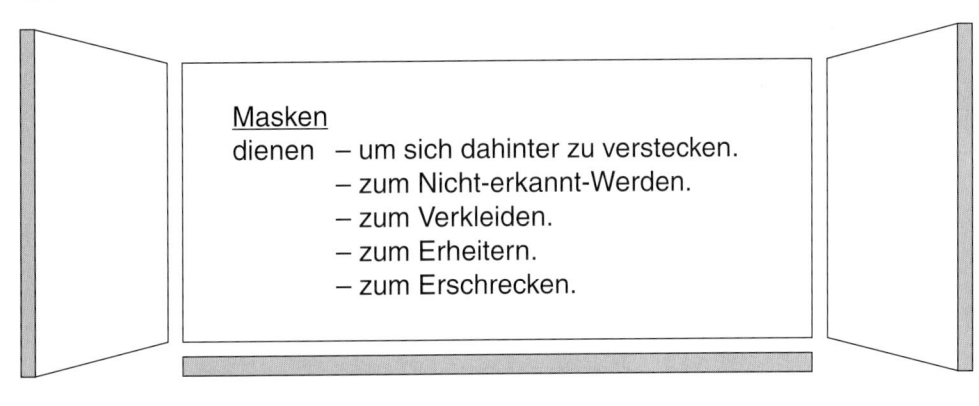

<u>Masken</u>
dienen – um sich dahinter zu verstecken.
– zum Nicht-erkannt-Werden.
– zum Verkleiden.
– zum Erheitern.
– zum Erschrecken.

Präsentation/
Demonstration/
Einzelaktionen:

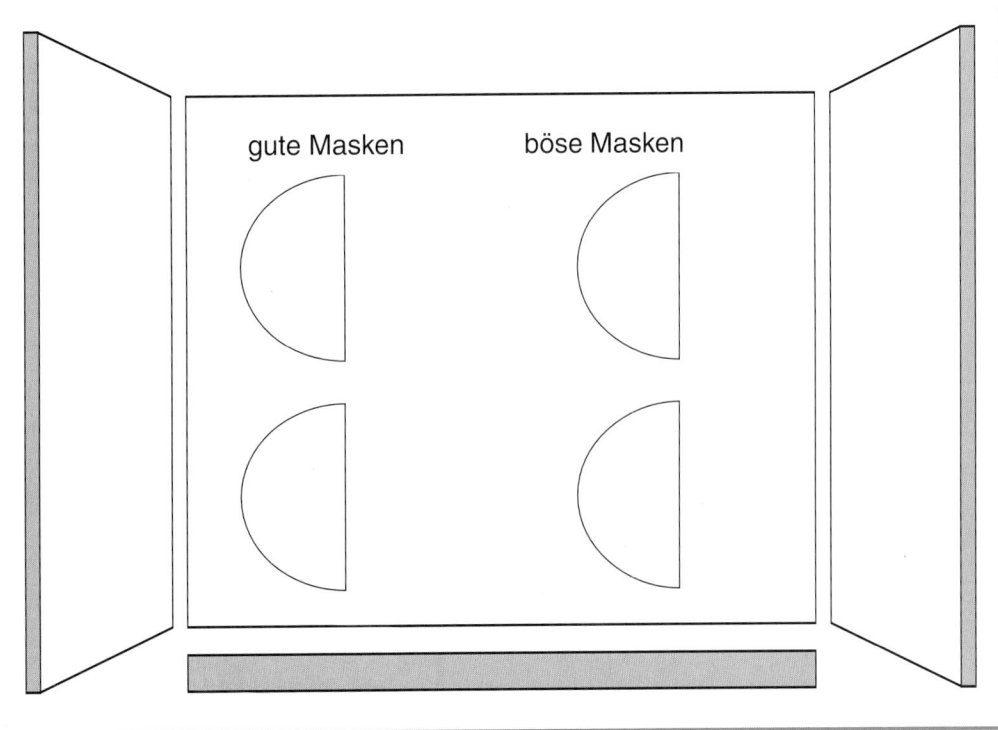

→ Tafelbild

gute Masken   böse Masken

Unterrichts-   ▶ „Diese halbkreisförmigen Gebilde sollen Masken in Seitenansicht darstellen.
gespräch: Ich klebe nun noch vier verschiedene Formen von Nasen darunter und ihr sollt
                   sie den Masken zuordnen."

▶ Ankleben von mit Wasser befeuchteten Papierformen

Einzelne Schüler/innen ordnen die ‚Nasen' den Masken zu, z. B.

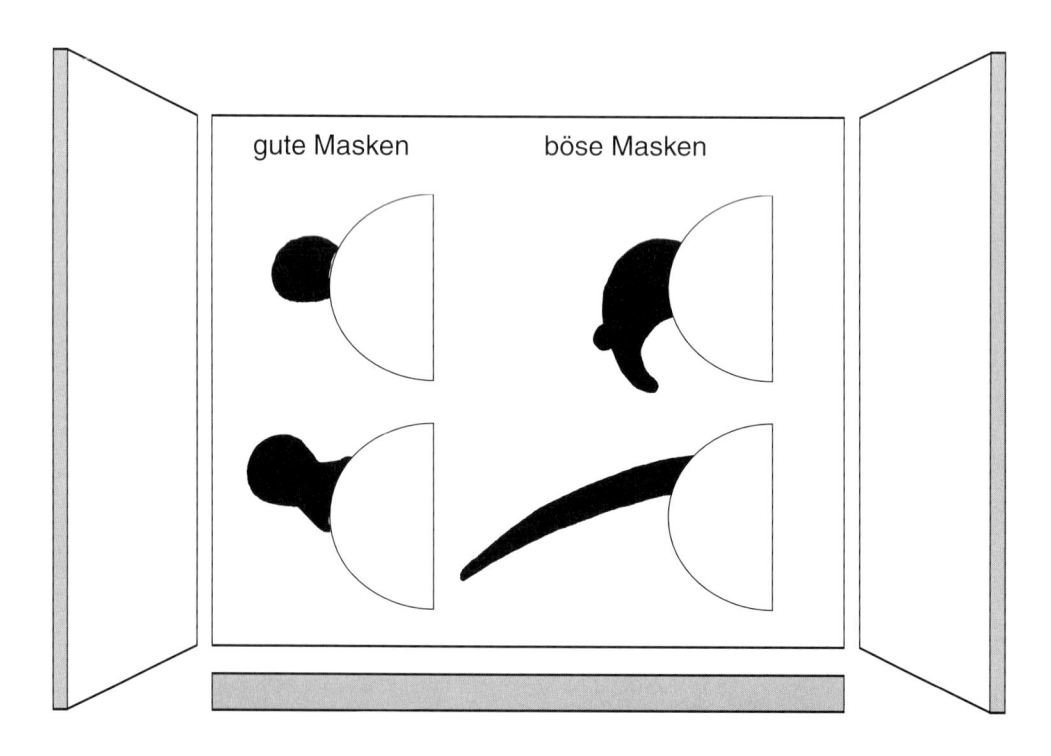

gute Masken   böse Masken

▶ „Vielleicht könnt ihr durch Mund und Augen die Wirkung von ‚gut' und ‚böse'
   verstärken."

Einzelne Schüler/innen ergänzen die Masken durch Aufzeichnen von Mund und Augen, z. B.

gute Masken   böse Masken

Unterrichts- gespräch:	⮕ „Anscheinend gibt es Merkmale, die Masken *gut* oder *böse* wirken lassen."
	Die Schüler/innen verweisen auf Form, Größe und Position der Gesichtsteile und deren Stellung zueinander.
	⮕ „Bevor eine Maske ein *gutes* oder *böses* Aussehen erhält, muss eine Grundform entstehen, die das Gesicht verdeckt. Zur Herstellung dieser Grundform dienen uns Luftballons, die wir mit mit Tapetenkleister bestrichenem Toilettenpapier ummanteln."
	Die Schüler/innen berichten über evtl. mit dieser Technik gemachte Erfahrungen.
	⮕ „Zum Festlegen der Arbeitsschritte und zum Skizzieren eurer Maske erhaltet ihr nun ein Arbeitsblatt."
	⮕ Ausgabe des Arbeitsblattes 1 S. 59 Besprechung der Aufgabenstellungen
Partnerarbeit:	*Die Schüler/innen bearbeiten Aufgabe 1 des Arbeitsblattes 1.*
Präsentation/ Unterrichts- gespräch/ Einzelaktionen:	⮕ Arbeitsblatt 1 als Folie *Übernahme der Ergebnisse der Partnerarbeit auf die Folie*

3. Anwendung

Partner-/ Einzelarbeit:	⮕ Besprechung der Aufgabenstellung von Arbeitsblatt 1, Aufgabe 2 Ausgabe von Arbeitsblatt 2, S. 60
	Die Schüler/innen arbeiten gemäß den weiteren Arbeitsschritten (S. 59).

1.3 Didaktischer Kommentar

Von *Masken* ging schon immer eine große Faszination aus. Besonders Kinder und Jugendliche unterliegen dem Reiz des Sich-hinter-einer-Larve-Verbergens, In-eine-andere-Rolle-Schlüpfens und Nicht-erkannt-Werdens. Daher begegnen sie diesem Unterrichtsinhalt grundsätzlich motiviert. Der plastischen Ausgestaltung der Maske liegt die über einen mit Papier kaschierten Luftballon gewonnene Grundform zugrunde, über der sich die Aussehen und Wirkung der Maske bestimmende Form aufbaut. Diese Grundform kann, wie auf S. 52 vorgeschlagen, aus der schalenförmigen Hälfte des kaschierten Körpers bestehen (Abb. S. 59); sie kann aber auch den Kopf des Maskenträgers stärker umschließen. In diesem Fall sollte die Grundform über einen etwas größeren Luftballon gewonnen werden, damit die den Kopf aufnehmende Öffnung so groß gewählt werden kann, dass ein bequemes Aufsetzen der Maske möglich ist. Im Gegensatz zur erstgenannten Möglichkeit, bei der sich zwei Schülerinnen und Schüler einen kaschierten Luftballon teilen, benötigt hier jede Schülerin und jeder Schüler einen kaschierten Ballon. Erfolgt das Kaschieren nicht in Partnerarbeit, kann der Ballon in die Öffnung eines größeren runden Gefäßes gelegt werden, sodass beide Hände frei sind. Die beim Anbringen der Schlupföffnung abfallende flache Pappschale kann z.B. zur Herstellung von Ohren dienen. Die plastische Form der Maske kann auf zwei Arten zustande kommen, die sich miteinander verbinden lassen:

1. Größere Ausformungen wie Nase, Kinn oder Wangen können bereits beim Kaschieren des Luftballons entstehen. Geeignete Körper (Papprühren, Styropor-

Abbildung 43: Bayerischer Volksbrauch

Abbildung 44: Schülerarbeiten

stücke, geknülltes Papier, Joghurtbecher u. Ä.) werden mit Packband an dem auf entsprechende Größe aufgeblasenen Ballon befestigt und zusammen mit diesem kaschiert.

2. Die o.g. Formen für Nase, Kinn usw. werden auf der trockenen Kascheeform befestigt, mit Pappmaché verkleidet und zur endgültigen plastischen Form ausgebaut. Das Einbeziehen leichter Körper bei der Gestaltung des Reliefs der Maske schafft Volumen, ohne dass zusätzliches Pappmaché benötigt wird. Dies wirkt sich abgesehen von der damit verbundenen Zeitersparnis auch positiv auf das Gewicht der Maske aus.

Um eine stabile Form zu erhalten, auf der noch Pappmaché angetragen werden kann, sind etwa fünf bis acht Kascheelagen notwendig.

Etwas größere Luftballons erleichtern die Arbeit, da sie nicht so prall aufgeblasen werden müssen um das notwendige Volumen zu erreichen. Es fällt den Schülerinnen und Schülern leichter, sie mit einem Knoten zu verschließen, und die Gefahr, dass sie zerplatzen, ist kleiner. Auf ein sorgfältiges Abbinden der aufgeblasenen Ballons ist unbedingt zu achten. Es ist ärgerlich, wenn der Ballon zu schrumpfen beginnt, bevor die Kaschur trocken ist und die Form hält.

Die Bemalung der Masken kann mit Deck- oder Dispersionsfarben erfolgen. Werden Deckfarben verwendet, so muss eine Grundierung mit weißer oder einer hellen Dispersionsfarbe vorausgehen. Anschließend kann die Maske mit Klarlack oder farblosem flüssigem Bodenwachs überzogen werden. Alternativ zu einer Bemalung ist auch eine Dekoration mit Daunen, Textilflocken u. Ä. möglich. Hierzu wird die Maske mit Holzleim bestrichen und das aufzubringende Material aufgestreut.

Nun kann die weitere Ausgestaltung erfolgen. Soll die Maske getragen werden können, so muss sie mit einem Gummiband (z.B. Hosengummi) versehen werden. Dieses wird durch zwei Löcher geführt, die mit einem Handbohrer mittig am linken und rechten Rand gebohrt werden.

⇒ Folie zur Hinführung

Waldkircher Jokeli

Arbeitsblatt 1 — **Plastik**

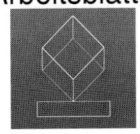

1. Arbeitsschritte zur Herstellung einer Maske aus Pappmaché
Lege die Reihenfolge fest!

Ist das mit Kleister aufgeklebte Papier durchgetrocknet, kann die Grundform in Längsrichtung halbiert werden.

Zeichnerischer Entwurf der Maske (vgl. Aufgabe 2)

Luftballon mit in Tapetenkleister getauchtem WC-Papier kaschieren (= ummanteln)

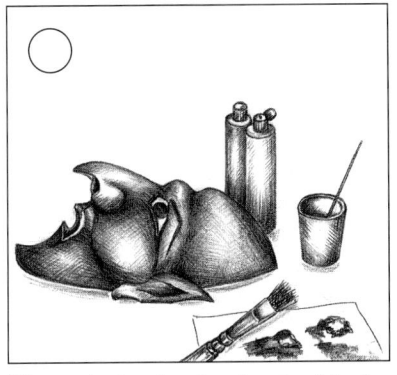

Die gut durchgetrocknete Maske kann nun grundiert und anschließend bemalt werden.

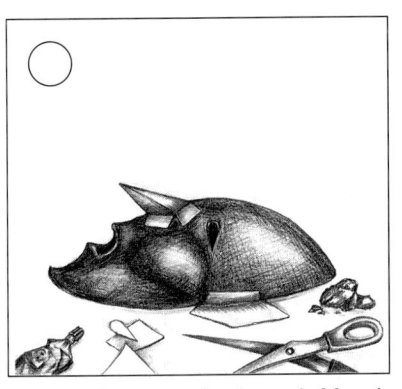

Augenöffnungen (evtl. auch Mundöffnung) festlegen und Nase, Lippen, Stirn, Wangen, Kinn ... mit Pappmaché modellieren.

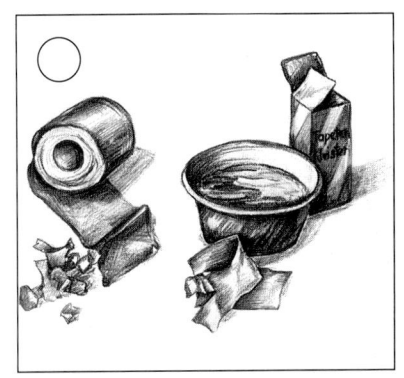

Pappmaché herstellen: WC-Papier in fünfmarkstückgroße Stücke reißen und durch Zugabe von Tapetenkleister zu einer teigartigen Masse kneten.

2. So soll meine Maske aussehen!
a) Ergänze Augen, Nase und Mund.
b) Durch Antragen von Pappmaché lassen sich weitere charakteristische Merkmale wie Kinn, Wangen, faltige Stirn usw. ausarbeiten. Halte auch diese Details zeichnerisch fest!

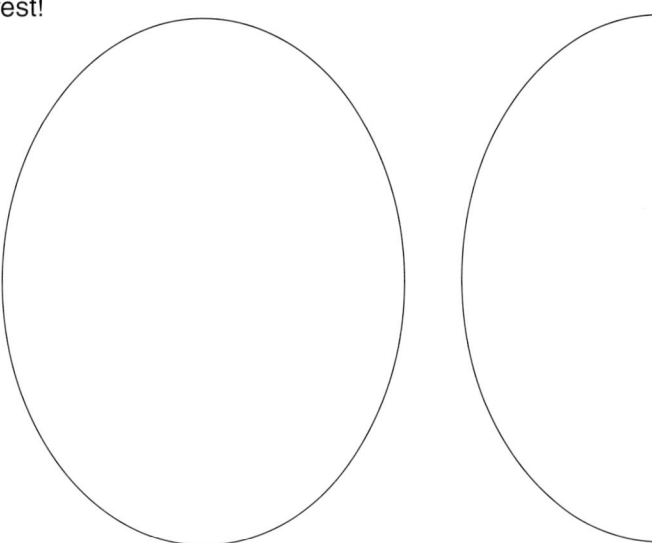

Vorderansicht   Seitenansicht (Profil)

Arbeitsblatt 2 — Plastik

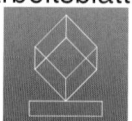

1. Form der Maske: Veränderung durch Ankleben von Verpackungsmaterialien (z.B. Joghurtbecher, kleine Pappschachteln, …) und Antragen von Pappmaché

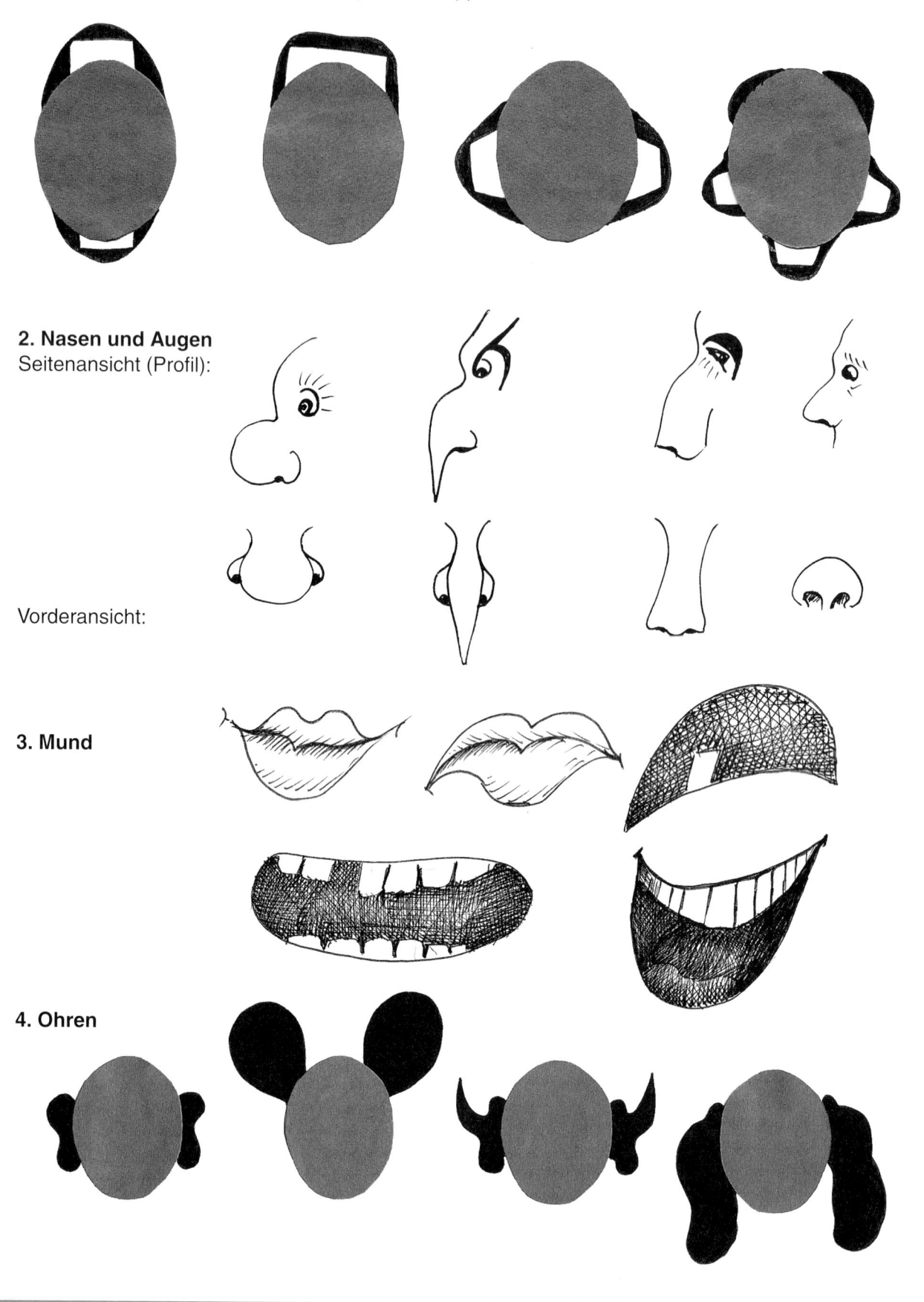

2. Nasen und Augen
Seitenansicht (Profil):

Vorderansicht:

3. Mund

4. Ohren

2 Handpuppe

2.1 Sachanalyse (vgl. S. 46 ff)

Das Puppenspiel ist sehr alt. Bereits im 5. Jahrhundert v. Chr. war es in Griechenland bekannt. Mitte des 15. Jahrhunderts lassen sich Puppenspiele auch in Deutschland nachweisen. Die dramatische Handlung orientierte sich an den damals üblichen Stegreifspielen mit der derben Figur des Hanswursts und seinen Possenreißereien. Das Puppenspiel verflachte immer mehr, bis es schließlich Franz von Pocci und Josef Schmidt um die Mitte des 19. Jahrhunderts gelang, mit Marionettenspielen das Puppenspiel neu zu beleben. Die Verbreitung und Erneuerung des Puppenspiels setzte aber erst mit der nach dem Ersten Weltkrieg einsetzenden Laienspielbewegung ein. Außerhalb Europas hat das Puppenspiel vor allem im Orient, in China, Japan sowie in Burma und auf den Südseeinseln eine jahrhundertealte Tradition.

Pappmaché ist ein tradierter Werkstoff zur Herstellung von Puppenköpfen. Dabei sind zwei Vorgehensweisen möglich:

1. die Fertigung einer *Grundform in Kascheetechnik* mit sich daran anschließender Modellierarbeit mit angetragenem Pappmaché, und
2. ein *Aufbau mit Pappmaché* zur Vollform.

Bei der Wahl der ersten Möglichkeit benötigt man einen Körper in Form und Größe des zu fertigenden Puppenkopfes, der sich zum Kaschieren eignet. Aus *Ton* oder *Plastilin* lassen sich brauchbare Formen herstellen; eine einfache und zugleich praktikable Form ergibt ein kleiner auf Puppenkopfgröße aufgeblasener Luftballon, der auf Höhe der Position der Augen mit einem Gummiring etwas eingeschnürt wird (Abb. 45). Mit Packband befestigt man am abgebundenen Ende des Ballons eine auf Fingergröße gerollte Papprohre. Sie ergibt den Hals der Puppe (Abb. 46). Die so vorbereitete Form wird nun in Kascheetechnik mit mehreren Lagen in Kleister getauchtem Zeitungspapier- oder Toilettenpapierschnipseln bedeckt, sodass sich nach dem Trocknen eine feste Form ergibt. Ist die Papierhülle gut durchgetrocknet, so kann der Luftballon aufgestochen und durch die Papprohre entfernt werden. Auf diese Grundform wird nun Pappmaché an-

Abbildung 45: Kaschieren eines mit einem Gummiband eingeschnürten Luftballons

Abbildung 46: Gestaltung des Puppenhalses mittels einer am Luftballon befestigten Papprohre

getragen und die Physiognomie des Puppenkopfes modelliert. Der Hals sollte am unteren Ende mit einem kleinen Wulst versehen werden, damit sich das hemdartige Gewand besser befestigen lässt (Abb. 4, S. 68).

Bei der zweiten Möglichkeit bedient man sich einer größeren Flasche als Hilfsmittel, die man der besseren Standfestigkeit wegen etwa zur Hälfte mit Wasser füllt. In diese steckt man einen Stab, der etwa 5 cm aus dem Flaschenhals ragen sollte. Das herausragende Ende muss nun gepolstert werden. Dazu umwickelt man es mit Zeitungspapier, Wolle oder Stoffresten, die man mit Klebeband am Stab befestigt (Abb. 1, S. 67). An dieses Gerüst wird nun Pappmaché angetragen und die Kopfform modelliert. Die Polsterung verhindert zum einen, dass der dünne Stab das weiche Pappmaché durchstößt, zum andern wird weniger Pappmaché notwendig, was das Gewicht des Puppenkopfes reduziert. Der Puppenhals folgt der Form des Flaschenhalses, wobei auch hier ein kleiner Wulst den Abschluss bilden sollte (Abb. 4, S. 68). Nach zwei bis drei Tagen, wenn das Pappmaché schon etwas angetrocknet, aber noch nicht durchgetrocknet ist, empfiehlt es sich, Hals und Kopf vorsichtig in der Flasche zu drehen, da sich der Hals nach völliger Trocknung nur mühevoll von der Flasche lösen lässt. Bei der Gestaltung von Nase, Ohren oder auch Kopfbedeckungen können auch Teile von Eierkartons oder Verschlusskappen von Shampooflaschen u. Ä. eingearbeitet werden.

Sowohl in Kascheetechnik entstandene als auch mehr oder weniger massiv aufgebaute Puppenköpfe können, nachdem sie gut trocken sind, mit feinem Sandpapier geschliffen werden. Die Grundierung erfolgt am zweckmäßigsten mit weißer Dispersionsfarbe. Für die detaillierte Bemalung eignen sich Deckfarben. Anschließend wird der Puppenkopf mit Mattlack überzogen. Daran kann sich die weitere Ausgestaltung wie das Anbringen von Haaren, eines Bartes, einer Brille, von Ohrringen oder auch das Einsetzen von Glasaugen anschließen.

2.2 Unterrichtsbeispiel (Klasse 5-6)

„Schräge Typen"
Handpuppe aus Pappmaché

Medien: **1. Anschauungsmittel:** Folie zur Hinführung S. 65 oder Handpuppe, Arbeitsblätter 1–3, S. 67–69

2. Arbeitsmittel: Arbeitsblätter 1–3, S. 67–69, Schreibzeug, 1 leere 1-Liter-Flasche, Wasser, Stab (ca. 5 cm länger als die Flasche hoch ist), etwas Wellpappe oder einige Stoffreste sowie Packband, für je 2 Schüler/innen 1 Rolle WC-Papier, 2–3 Päckchen Tapetenkleister, Eimer zum Anrühren des Kleisters, pro Gruppentisch 1 größeres flaches Gefäß (Wanne) für den angerührten Kleister, alte Zeitungen oder Folie zum Abdecken der Tische, (Modellierhölzer), Stoffreste zur Fertigung der Kleider, Hanf oder Wolle für das Haar, Faden, Nadel, Schere, Klebstoff

Lernziele: Die Schülerinnen und Schüler sollen

– erfahren, dass sich Handpuppen leicht selbst herstellen lassen.
– Pappmaché als geeigneten Werkstoff zur Herstellung von Köpfen für Handpuppen kennen lernen.
– die Arbeitsschritte zur Herstellung einer Handpuppe kennen lernen.
– eine Handpuppe fertigen können.
– die fertig gestellten Handpuppen in Stegreifspielen einsetzen können.

Zu beachten: Es empfehlen sich Gruppentische mit je einem Gefäß für den Kleister.
Liegen bereits Spielhandlungen vor, so kann sich die Gruppenbildung an diesen orientieren (vgl. Did. Kommentar S. 64f.).

Verlaufsplanung	**1. Hinführung**
Demonstration/ Unterrichtsgespräch:	➤ Vorführung einer Handpuppe, die sich beklagt, nicht ihresgleichen zum Unterhalten zu haben. ➤ „Diesem Notstand können wir leicht abhelfen!" *Die Schüler/innen nennen das Herstellen von Handpuppen.*
	Alternative Hinführung
Präsentation/ Unterrichtsgespräch:	➤ Folie 1 S. 65 *Die Schüler/innen erkennen in der Abbildung eine Puppenbühne und vermissen die Puppen.* ➤ Klärung des Unterschiedes Handpuppe – Marionette (Folie 2 S. 66) ➤ „Handpuppen können wir leicht selbst herstellen."
	2. Erarbeitung
Unterrichtsgespräch:	➤ „Macht Vorschläge zur Herstellung und Gestaltung der Puppen!" *Die Schüler/innen nennen* *– unterschiedliche Materialien zur Herstellung der Puppenköpfe (Ton, Pappmaché, Stoff, …).* *– das Befestigen eines kittelartigen Gewandes am Hals der Puppe.* ➤ „Wir werden den Puppenkopf aus Pappmaché fertigen." *Ausgabe und Besprechung der Arbeitsblätter 1 und 2, S. 67f*
	3. Anwendung
Einzel-/Partner-/ Gruppenarbeit:	*Arbeit gemäß den Arbeitsschritten von Aufgabe 3 der Arbeitsblätter 1 und 2, S. 67*
Unterrichtsgespräch (evtl. in Kleingruppen: Möglichkeiten zur inneren Differenzierung):	➤ Ausgabe und Besprechung der Aufgabenstellungen von Arbeitsblatt 3, S. 69 Besprechung der Möglichkeiten der weiteren Ausgestaltung der Puppen und der Fertigung der Kleidung
Schülerdarbietung (vgl. Did. Kommentar, S. 64 f):	*Stegreifszenen: Einsatz der fertig gestellten Handpuppen im Spiel*

2.3 Didaktischer Kommentar

Die Verwendung einer Flasche (Abb. 1, S. 67) ermöglicht nicht nur beidhändiges Modellieren, der Flaschenhals erfüllt auch die Aufgabe einer *Mater* und die Flasche dient zudem als Trockenvorrichtung für den Puppenkopf. Nach drei Tagen ist der Puppenkopf außen schon abgetrocknet; er sollte dann auf der Flasche vorsichtig gedreht werden, damit er sich nach etwa einer Woche gut von der Flasche entfernen lässt. Da nasses Pappmaché recht schwer ist, sollte die Flasche des besseren Standes wegen mit Sand oder Wasser gefüllt werden. Damit der aus der Flasche ragende Stab während des Modellierens nicht die weiche Papiermasse durchstößt, muss er gepolstert werden.

Das Pappmaché muss von fester, aber gut formbarer Konsistenz sein. Ist die Masse zu flüssig, fällt sie vom Modelliergerüst ab und klebt an den Fingern, ist sie zu trocken und klumpig, lässt sie sich nicht mehr modellieren.

Pappmaché ist ein idealer Werkstoff zum Modellieren: Es braucht nicht gebrannt zu werden und erlaubt im Gegensatz zu den meisten anderen Modelliermassen jederzeit ein weiteres Antragen, selbst auf völlig durchgetrockneten Formen. Ist die Modellierarbeit am Stundenende nicht abgeschlossen, so kann das luftdichte Verpacken wie bei Tonarbeiten entfallen, die Arbeit kann zu einem späteren Zeitpunkt fortgeführt wer-

Abbildung 47: Handpuppen aus Pappmaché (Schülerarbeiten)

den, indem auf die bestehende Form aufgebaut wird. Ein Verformen der getrockneten Papiermasse ist allerdings nicht mehr möglich.

Zur Herstellung des Pappmachés eignen sich sowohl alte Zeitungen als auch Toilettenpapier. Letzteres ergibt eine besonders feine Modelliermasse. Zur Herstellung eines Puppenkopfes benötigt man etwa eine halbe Rolle Toilettenpapier.

Bei der Herstellung des Pappmachés ist das Reißen des Papiers besonders zeitintensiv. Es empfiehlt sich daher, die Schülerinnen und Schüler das in Fünfmarkstückgröße zerrissene Papier mitbringen zu lassen. Verfügt die Schule über einen Aktenvernichter, so kann auch er zu diesem Zweck dienen.

Sofern notwendig, können die getrockneten Puppenköpfe vor der Bemalung mit Sandpapier geglättet werden. Die Bemalung kann mit Deckfarben erfolgen. Eine Grundierung in weißer Dispersionsfarbe (Wandfarbe) sollte vorausgehen. Abschließend erhalten die Köpfe einen schützenden Überzug aus Klarlack (Spraydose) oder flüssigem Bodenwachs. Zum Auftragen des Wachses verwendet man einen Pinsel. Grobe Borstenpinsel sind weniger geeignet, sie beschädigen den Farbauftrag. Es empfiehlt sich eine vorsichtige, stupsende Pinselführung.

Arbeitsblatt 3, S. 69 verweist auf weitere Möglichkeiten der Ausgestaltung der Handpuppe. Hier wird innere Differenzierung möglich.

Zur Gestaltung von Frisuren oder Bärten eignen sich Wolle, Hanf, Sisal u.Ä. … Derartige Details sollten erst nach der Bemalung und dem Lackieren am Puppenkopf angebracht werden. Besonders ausdrucksstark wirken Puppenköpfe, wenn ihnen Glasaugen eingesetzt werden. Diese sind recht preiswert in Spiel- und Bastelwarengeschäften erhältlich. Auch sie sollten erst ganz zum Schluss eingeklebt werden.

Nach ihrer Fertigstellung sollten die Handpuppen im Spiel erprobt werden. Kurze Stegreifszenen sind ebenso angebracht wie im Deutsch- oder Fremdsprachenunterricht entwickelte in Spielhandlungen umgesetzte Dialoge.

Folien zur Hinführung

1. Puppenbühne

2. Handpuppe und Marionette (Schülerarbeiten)

Arbeitsblatt 1 — Plastik

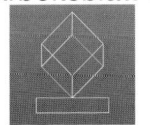

1. Handpuppen und Puppentheater

Das Puppenspiel ist sehr alt. Es war bereits im 5. Jahrhundert v. Chr. in Griechenland bekannt. Die verbreitetsten Puppenspiel-Puppen sind heute Fingerpuppen, Stabpuppen, Marionetten und Handpuppen. Da Letztere viele Ausdrucksmöglichkeiten bieten und auch von weniger Geübten leicht geführt werden können, erfreuen sie sich großer Beliebtheit.

Die Köpfe von Handpuppen können aus ganz unterschiedlichen Materialien gefertigt sein (z. B. Holz, Pappmaché, Stoff, Wolle, Kunststoff). Wichtig ist, dass sie nicht zu groß und schwer sind. Die Spielhand ist in der Regel unter einem kittelartigen Gewand aus Stoff verborgen, das am Hals der Puppe befestigt ist. Während der Zeigefinger durch den hohl aufgebauten Hals in den Puppenkopf ragt und diesen führt, übernehmen der abgespreizte Daumen und der Mittelfinger die Funktion der Arme.

2. Pappmaché – ein idealer Werkstoff zur Fertigung von Puppenköpfen

Pappmaché ist in Europa seit dem 15. Jahrhundert als Werkstoff bekannt. Ab dem 17. Jahrhundert wurden bereits die unterschiedlichsten Gegenstände in Pappmaché nachgebildet und hergestellt, u.a. auch Puppen.

Pappmaché lässt sich einfach herstellen: Papier wird in fünfmarkstückgroße Schnipsel gerissen und mit Wasser und Kleister zu einer formbaren Masse vermengt.

Aus dieser Masse können nun Puppenköpfe modelliert werden. Sind sie trocken, so wird ihre Oberfläche mit Schmirgelpapier geglättet und anschließend bemalt.

3. Arbeitsschritte: Fertigung eines Handpuppenkopfes

1. Eine Flasche zur Hälfte mit Wasser füllen, das ca. 5 cm aus der Flasche ragende Ende eines Stabes mit Wellpappe oder Stoff umwickeln und mit Packband ankleben.

2. Tapetenkleister anrühren

3. Das Papier in etwa fünfmarkstückgroße Stücke reißen und mit dem angerührten Tapetenkleister zu einer gut formbaren Pappmachémasse verkneten.

Arbeitsblatt 2 — Plastik

4. Die Grundform des Kopfes formen und über das gepolsterte Ende des Stockes stülpen. Zusätzliches Pappmaché für den Hals antragen. Den Hals mit einem Wulst versehen.

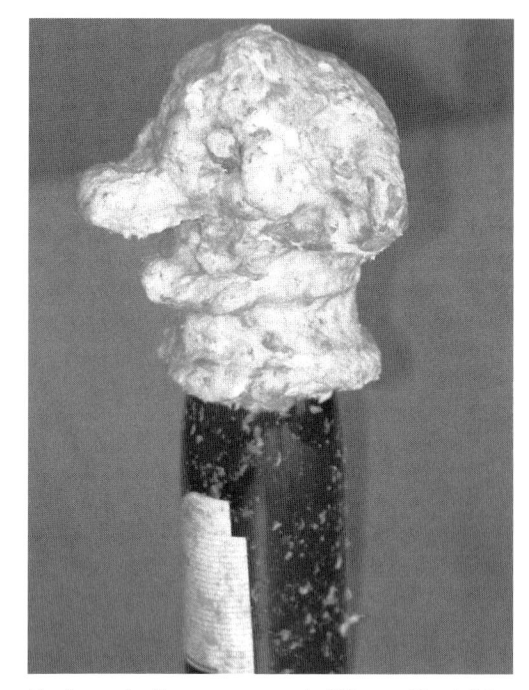

5. Ausarbeitung zur endgültigen Gesichtsform

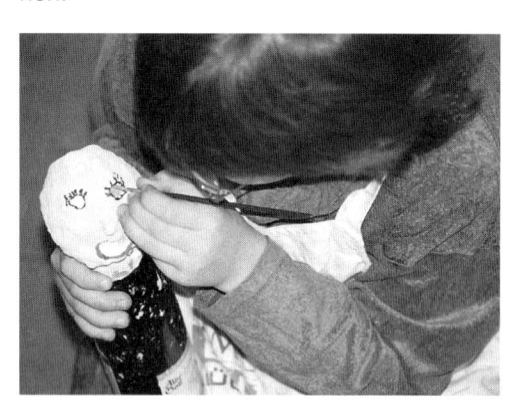

6. Bemalen des Puppenkopfes
Grundieren mit weißer Dispersionsfarbe, Bemalung mit Deckfarben, Aufbringen der Details

4. Kopf- und Gesichtsformen

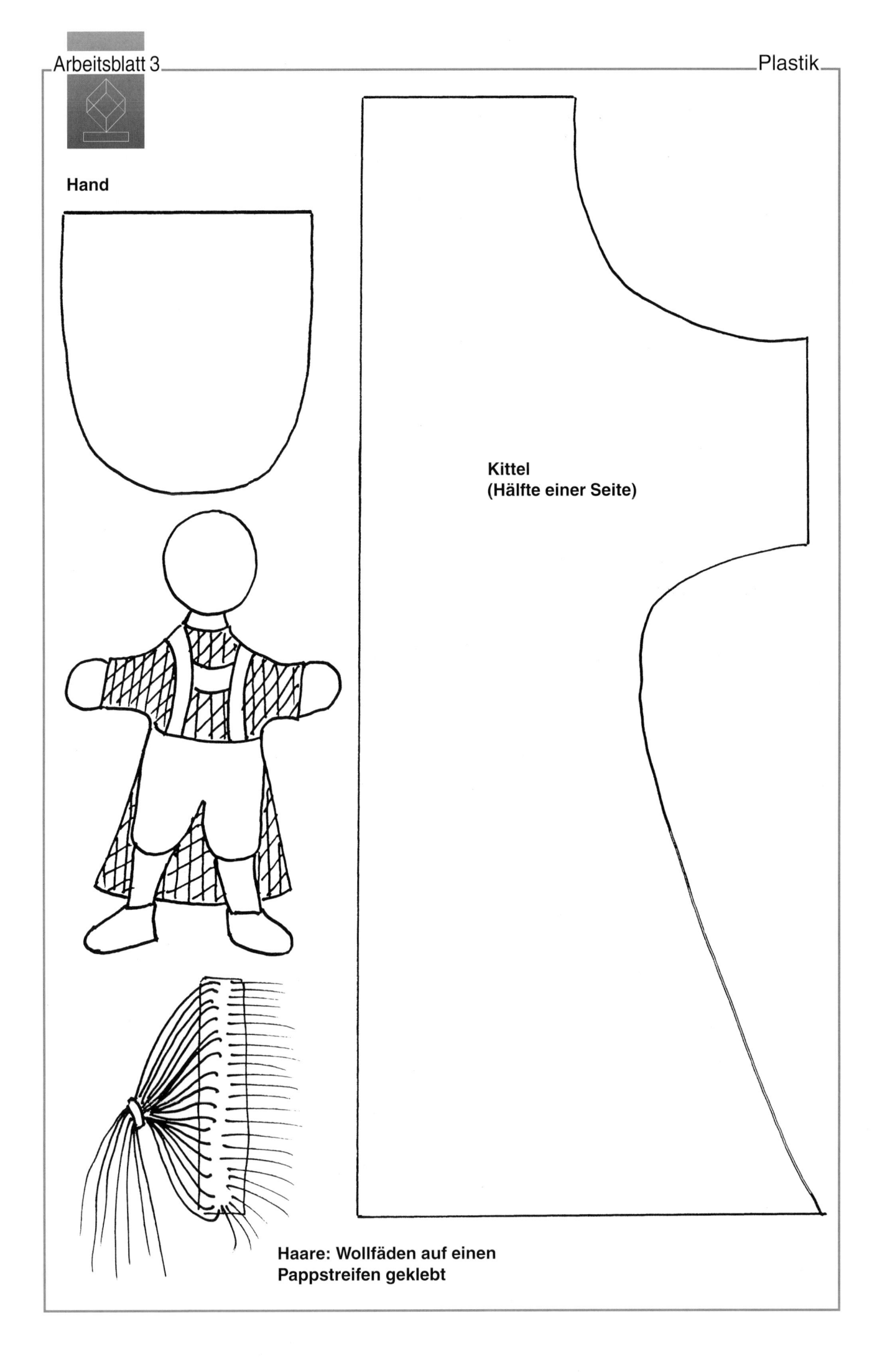

Arbeitsblatt 3 — Plastik

Hand

Kittel (Hälfte einer Seite)

Haare: Wollfäden auf einen Pappstreifen geklebt

Plastisches Gestalten: Skulptieren

1 Specksteinplastik

1.1 Sachanalyse

Speckstein (Seifenstein, Steatit) ist ein Sedimentgestein. In Deutschland gibt es geringe Specksteinvorkommen im Fichtelgebirge. Bedeutende Abbaugebiete liegen in Ägypten, Australien, Brasilien, China, Kanada, Ostafrika und auf dem Gebiet der ehemaligen Sowjetunion. Speckstein ist ein weicher, sich fettig anfühlender Stein. Er ist grob- bis feinkörnig, kantendurchscheinend, von schuppiger Struktur und aufgrund des losen Verbunds dieser Schuppen stoßempfindlich. Sein spezifisches Gewicht entspricht dem von Granit.

Abbildung 48: Specksteinplastik: Steatitscheibe mit farbigem Alabaster als Einlage. Hunde jagen Gazellen. Ägypten, 1. Dynastie. Kairo, Museum

Nach der Mohs'schen Härteskala, nach der die Härte von Mineralien in Stufen von 1 bis 10 erfasst wird, zählt Speckstein mit dem Härtegrad 1 zu den weichsten Gesteinen. Speckstein wird in unterschiedlichen Färbungen abgebaut: Die Farbtöne reichen von Grau, Graurosa, Graugrün, Beige, Braun, Weiß, Dunkeloliv bis zu anthrazitfarben. Speckstein kann mit allen für die Holzbearbeitung geeigneten Werkzeugen bearbeitet werden. Er lässt sich sägen, raspeln, schleifen, schnitzen, bohren (vgl. S. 77). Aufgrund seiner schuppigen Struktur darf Speckstein im Gegensatz zu härteren Gesteinen nicht schlagend bearbeitet werden, er bricht sehr leicht. Bei der Bearbeitung entsteht ein feines, fettiges Pulver.

Wird Speckstein poliert oder lackiert, so wirkt er wie echter Marmor. Der durch den Abbau bedingte Bruchsteincharakter und die leichte Bearbeitbarkeit machen Speckstein insbesondere für Kleinplastiken interessant. Schon vor Jahrtausenden übte daher dieses Material auf den Menschen seinen Reiz aus und war beliebter Werkstoff zur Herstellung von plastischen Bildwerken, Gefäßen unterschiedlicher Art und Schmuckgegenständen (Abb. 48, S. 70).

Die Qualität des in Deutschland abgebauten Specksteins ist für plastisches Gestalten nicht ausreichend; er wird industriell verarbeitet, z.B. als Füllstoff in Thermoplasten und Lacken, zu Isoliermaterial oder als Körperpuder (Talkum). Das für plastisches Arbeiten geeignete Material muss importiert werden.

1.2 Unterrichtsbeispiel (Klasse 7-10)

„Tier"

Medien: **1. Anschauungsmittel:** Folie zur Hinführung und Erarbeitung S. 76, Tageslichtprojektor, Projektionswand, Specksteinbrocken, Werkzeuge (vgl. S. 77), Tafel, Kreide

2. Arbeitsmittel: Zeichenblock DIN A 3, Bleistift, Werkzeuge und Materialien (vgl. S. 74ff), Speckstein, BK-Ordner, Arbeitsblatt S. 77, Schreibzeug

Lernziele: Die Schülerinnen und Schüler sollen

– sich zur präsentierten Abbildung einer Specksteinplastik äußern können.
– erkennen, dass sie sich durch eine blockhafte Form auszeichnet.
– Möglichkeiten der Bearbeitung des Materials „Speckstein" erproben und benennen können.
– erfahren, weshalb dieses Gestein die Bezeichnung „Speckstein" erhielt.
– Tiere nennen können, die eine blockhafte Darstellung zulassen.
– gemäß den festgelegten Arbeitsschritten eine Specksteinplastik herstellen können.

Zu beachten: Gefährdung der Gesundheit durch Schleifstaub: Im Freien arbeiten und/oder Atemschutz verwenden.
Der Schleifstaub legt sich als weißer, schmieriger Film auf Möbel, Fußboden usw. nieder. Entsprechende Vorsorge treffen!

| Verlaufsplanung | **1. Hinführung** |

Präsentation/
Unterrichts-
gespräch:

▶ Folie S. 76

Die Schüler/innen äußern sich zur Darstellung, zur Technik und zum Material.

▶ „Beschreibt die Figur!"

Die Schüler/innen beschreiben die Figur und verweisen (▶ Hilfen) u. a. auf die blockhafte Darstellung.

2. Erarbeitung

Präsentation/
Unterrichts-
gespräch:

▶ „Am besten, ihr untersucht zunächst einmal das Material, aus dem diese Plastik hergestellt wurde."

▶ Ausgabe einiger Specksteinbrocken und Werkzeuge zur Bearbeitung (vgl. S. 77)

Die Schüler/innen befühlen das Gestein und stellen Versuche zur Bearbeitung an.

Unterrichts-
gespräch:

▶ Sammeln der Ergebnisse: Tafelanschrieb, z.B.:

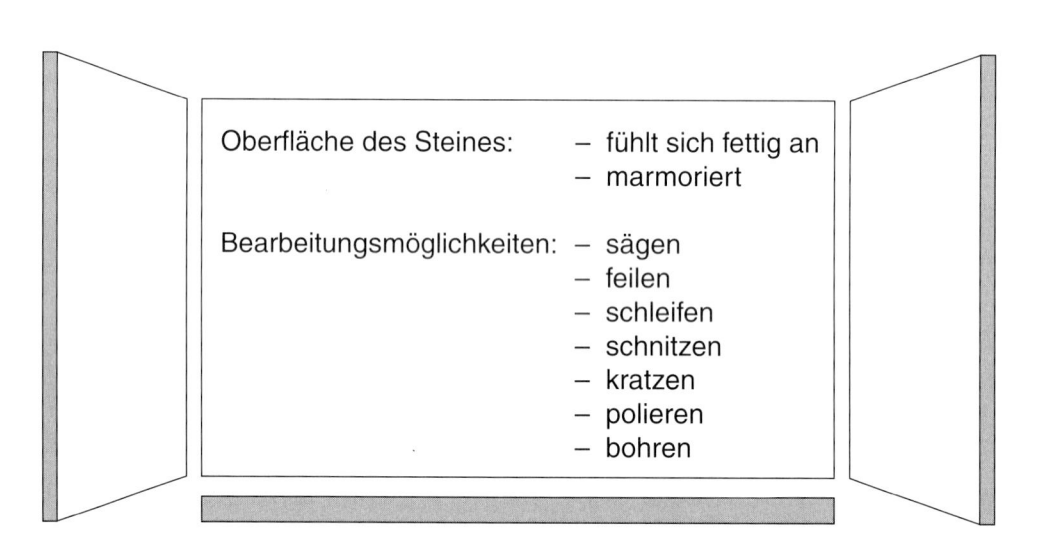

```
Oberfläche des Steines:      – fühlt sich fettig an
                             – marmoriert

Bearbeitungsmöglichkeiten:   – sägen
                             – feilen
                             – schleifen
                             – schnitzen
                             – kratzen
                             – polieren
                             – bohren
```

▶ „Die fettig wirkende Oberfläche gab diesem Stein seinen Namen."

▶ Tafelanschrieb: Ergänzung der Überschrift

```
Speckstein (Seifenstein, Steatit)
```

Präsentation/ Unterrichts- gespräch:	➧ Folie S. 76

"Betrachtet die Darstellung unter dem Gesichtspunkt der Möglichkeiten und Grenzen der Bearbeitung des Materials ‚Speckstein'."

Die Schüler/innen erkennen, dass ein Grund für die blockhafte Darstellung in der Bruchgefahr des Gesteins zu suchen ist. |
| Unterrichts- gespräch: | ➧ Ergänzung des Tafelanschriebes, z. B.: |

> Speckstein (Seifenstein, Steatit)
>
> Oberfläche des Steines: – fühlt sich fettig an
> – marmoriert
>
> Bearbeitungsmöglichkeiten: – sägen
> – feilen
> – schleifen
> – schnitzen
> – kratzen
> – polieren
> – bohren
>
> Beschaffenheit: – „weiches" Gestein
> – schuppige Struktur (Bruchgefahr → Blockhaftigkeit)
> – unterschiedliche Farbabstufungen: weißlich, gelblich, grünlich-grau, rötlich

3. Anwendung

Unterrichts- gespräch:	➧ „Wir werden aus diesen Specksteinbrocken Tierplastiken herstellen. Nennt Tiere, die sich als Motiv eignen!"

Die Schüler/innen nennen Tiere, die eine blockhafte Darstellung zulassen.

➧ Tafelanschrieb, z. B. |

> Tiere, die sich als Motiv für eine Specksteinplastik eignen:
>
> Bär, Elefant, Nashorn, Pinguin, ...
> sitzende oder liegende Tiere wie Hase, Eichhörnchen, ...

▸ „Bei der Wahl des darzustellenden Tieres lasst ihr euch am besten von der Form des Steines leiten. Dabei geht ihr folgendermaßen vor."

▸ Tafelanschrieb, z.B.:

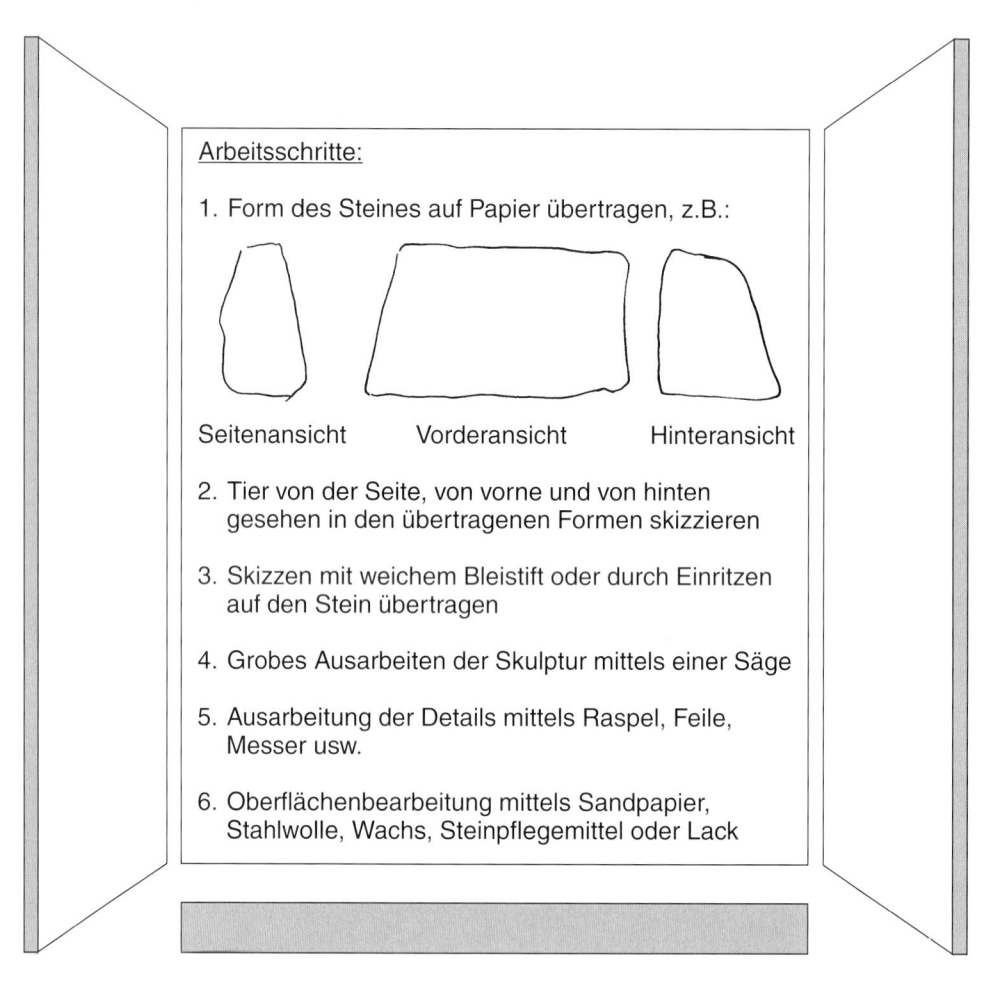

> Arbeitsschritte:
>
> 1. Form des Steines auf Papier übertragen, z.B.:
>
> Seitenansicht   Vorderansicht   Hinteransicht
>
> 2. Tier von der Seite, von vorne und von hinten gesehen in den übertragenen Formen skizzieren
>
> 3. Skizzen mit weichem Bleistift oder durch Einritzen auf den Stein übertragen
>
> 4. Grobes Ausarbeiten der Skulptur mittels einer Säge
>
> 5. Ausarbeitung der Details mittels Raspel, Feile, Messer usw.
>
> 6. Oberflächenbearbeitung mittels Sandpapier, Stahlwolle, Wachs, Steinpflegemittel oder Lack

▸ Ausgabe des Arbeitsblattes S. 77

Einzelarbeit: *Ergebnissicherung: Die Schüler/innen übernehmen den Tafelanschrieb in den BK-Ordner und arbeiten gemäß den Arbeitsschritten.*

▸ Ausgabe der Arbeitsmaterialien und Werkzeuge

1.3 Didaktischer Kommentar

Schülerinnen und Schüler arbeiten gerne mit *Speckstein.* Das marmorähnliche Aussehen des Steines, seine geringe Härte und der damit verbundene geringe Materialwiderstand bei der Bearbeitung machen Speckstein zu einem idealen Werkstoff für die Schule. Neben all dem ist es aber auch der haptische Eindruck, der die Schülerinnen und Schüler dem Arbeiten mit Speckstein positiv gegenübertreten lässt. Abgesehen von der sich sukzessive entwickelnden plastischen Form bieten die alternativ zu Speckstein im Kunstunterricht verwendeten Materialien Ytong oder *Gipsblöcke* dem Tastsinn weniger angenehme Reize: Die Oberfläche von Ytong wirkt bröslig-stumpf, die des Gipses entzieht der bearbeitenden Hand Feuchtigkeit, was ein unangenehmes Gefühl bewirkt. Im Gegensatz hierzu wird der bloße Umgang mit Speckstein bereits zum haptischen Erlebnis.

Die weiche Beschaffenheit des Steines erfordert bei der Gestaltung eine Reduzierung auf die wesentliche Form bei blockhafter Ausbildung. Die erste Phase der Unterrichtsstunde greift diesen Gesichtspunkt auf. In praktischen Versuchen erkennen die Schülerinnen und Schüler schnell die gestalterischen Grenzen und Möglichkeiten des Materials und verbalisieren sie.

Die bildnerische Aufgabe „Tier" eröffnet einen breiten gestalterischen Spielraum, der jedoch die blockhafte reduzierte Form nicht außer Acht lassen darf. In Form einer gemeinsamen Stoffsammlung werden geeignete Motive zusammengetragen.

Das Material Speckstein hat in der Regel Bruchsteincharakter, wobei jeder Stein eine andere Form aufweist. Über Assoziationen lassen sich durch die Betrachtung der einzelnen Steine von verschiedenen Seiten mögliche Tierformen erschließen. Dies kann im Klassenverbund oder in Gruppen geschehen.

Neben dem vom Bruchsteincharakter ausgehenden Motivanreiz und dem Ausdeuten der im Stein verborgenen Tiergestalten zielt diese Unterrichtsphase auch auf einen ökonomischen Umgang mit dem Material Speckstein ab. Der Form des Steines soll, soweit möglich, das Motiv entsprechen. Dabei soll den Schülerinnen und Schülern auch bewusst werden, dass sich größere Formen auch leichter bearbeiten lassen (vgl. Arbeitsblatt S. 77).

Manche Schülerinnen und Schüler neigen gerne zu einer schlagenden Bearbeitung des Steines, da sie vermeintlich schneller zum Ziel führt. Das Gestein ist jedoch hierfür zu weich und brüchig. Absplitterungen und Brüche sind häufige Folge. Größere Abtrennungen sollten daher immer mit der Säge vorgenommen werden. Ist die Figur in der groben Form festgelegt, kann die Feinarbeit mit Raspel und Feile erfolgen. Eine gute Alternative hierzu bietet das Schnitzen. Im Vergleich zum beim Feilen frei werdenden feinen Staub fallen hierbei Späne an, die nicht nur die Atemwege und Augen weniger belasten als der feine Schleifstaub, sondern auch das Säubern des Arbeitsplatzes wesentlich erleichtern. Doch das Schleifen lässt sich nicht vermeiden, soll eine glatte Oberfläche entstehen. Die Staubentwicklung bleibt in einem erträglichen Rahmen, wenn der sich am Arbeitsplatz ansammelnde Schleifstaub hin und wieder beseitigt und darauf geachtet wird, dass durch Unachtsamkeit nicht unnötig Staub aufgewirbelt wird. Neben dem Schutz durch Staubmasken (Abb. 49) und Schutzbrillen kann der Staubentwicklung durch Nassschleifen begegnet werden.

Auf das Schleifen mit zunehmend feinkörnigerem Sandpapier folgt eine Überarbeitung mit Stahlwolle (Stärke 000). Ein Steinpflegemittel eignet sich zum Polieren. Manche Specksteinplastiken wirken mit Sockel besser. Dieser lässt sich aus Holz fertigen, wobei Fische oder im Flug dargestellte Vögel auf Metallstützen ruhen können, die im Sockel verankert sind.

Abbildung 49:
Schüler mit Staubmaske

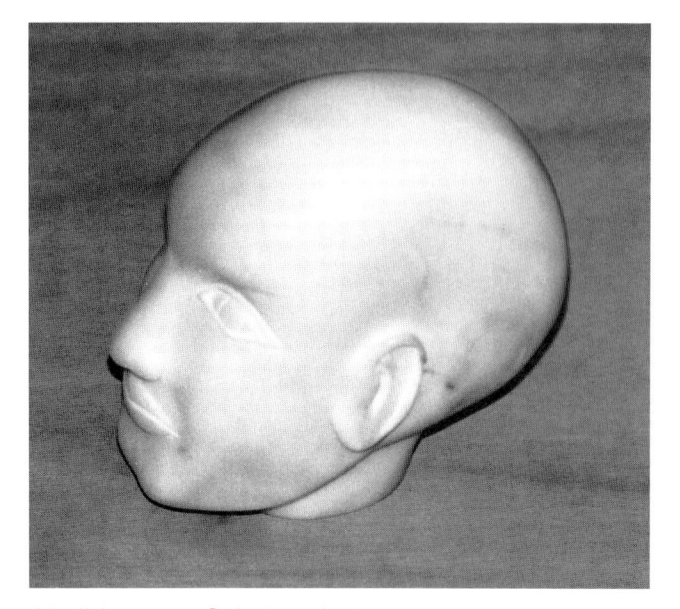

Abbildung 50: Schülerarbeiten

▸ **Folie zur Hinführung und Erarbeitung**

Inuit-Plastik „Eule" von Ipillie Oshoweetok

Arbeitsblatt — Plastik

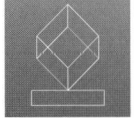

1. Speckstein (Seifenstein, Steatit) ist ein weicher, sich fettig anfühlender Stein. Er ist grob- bis feinkörnig und von schuppiger Struktur. Sein spezifisches Gewicht entspricht dem von Granit. Speckstein kommt in unterschiedlichen Färbungen vor (grau, graurosa, graugrün, beige, braun, weiß, dunkeloliv, anthrazitfarben).

Zur Bearbeitung von Speckstein eignen sich alle zur Holzbearbeitung dienenden Werkzeuge. Der weiche Stein lässt sich sägen, raspeln, schleifen, schnitzen, bohren. Aufgrund seiner schuppigen Struktur sollte er jedoch nicht schlagend bearbeitet werden; er bricht sehr leicht. Bei der Bearbeitung entsteht ein feines, fettiges Pulver, vor dem man sich am besten mit einer Staubmaske schützt.

Wird Speckstein poliert (Steinpflegemittel) oder lackiert, so wirkt er wie Marmor.

In Deutschland gibt es geringe Specksteinvorkommen im Fichtelgebirge.

2. Werkzeuge zur Bearbeitung von Speckstein:

3. Blockhafte Motive eignen sich besonders gut zur Darstellung, z.B.:

Zeichnung von Edvard Munch

4. Arbeitsschritte zur Herstellung einer Specksteinplastik:

a) Grobes Zurichten der Form durch Sägen

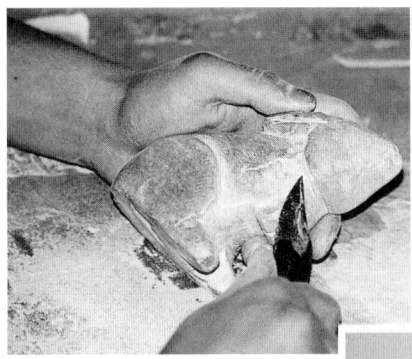

b) Detaillierte Ausarbeitung durch Schnitzen, Raspeln, Feilen

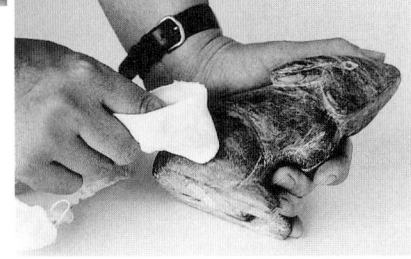

c) Polieren der ausgearbeiteten Kleinplastik

Werkstoff Gips

Gips ist ein Naturprodukt. Gipsgestein (= schwefelsaurer Kalk) ist häufig in der Natur anzutreffen. Es entstand beim Verdunsten der urzeitlichen Meere. Die deutschen Gipsvorkommen sind in Süddeutschland, im Harz und in Thüringen.

Durch Erhitzen zerfällt das zerkleinerte und gemahlene Gipsgestein zu einem feinen Pulver. Die im Handel erhältlichen verschiedenen Arten von Gips ergeben sich durch unterschiedliche Erhitzung des Gipsgesteins. Bei diesem so genannten „Brennen" wird dem Gipsgestein Wasser entzogen. Dieses Wasser nimmt das Gipspulver später beim Anrühren zum Gipsbrei wieder auf. Modell- oder Alabastergips wird bei ca. 80° C gebrannt, Stuck- oder Universalgips bei 120–180° C, Putzgips bei 300–900° C und Estrichgips bei 1000° C.

Je höher das Gipsgestein bei der Verarbeitung zu Gipspulver gebrannt wird, um so mehr Wasser gibt es ab und um so mehr Wasser vermag das später zum Gipsbrei vermengte Gipspulver beim *Abbinden* wieder aufzunehmen.

Beim Abbinden des Gipses bilden sich Gipskristalle. Diese verfilzen miteinander, sodass eine feste Masse entsteht. Je höher das Gipsgestein gebrannt wurde, um so mehr Wasser kann das daraus gewonnene Gipspulver aufnehmen und um so länger dauert auch das Abbinden. Während Modellgips bereits nach 10-20 Minuten abbindet, benötigt Estrichgips mehrere Stunden zum Festwerden.

Für den Plastiker sind vorzugsweise Alabaster- oder Stuckgips von Bedeutung. Gips lässt sich modellierend verarbeiten. Er kann als Gipsbrei schichtweise um einen Kern (z.B. zerknülltes Papier, Ton, Styropor,...) angetragen oder z.B. in Gips getauchter Stoff o.Ä. kann drapiert werden (Abb. 51). Alabastergipsblöcke sind ein geeignetes Ausgangsmaterial zum *Skulptieren* (Abb. S. 87). Abgebundener Alabastergips ist von fester Konsistenz und gut zu bearbeiten. Er ist von reinweißer Farbe. Da Gips beim Erhärten und Trocknen fast nicht schwindet, ist er ein ideales Material für *Abformtechniken* (z.B. *Gießen*) (Abb. 52). Hierfür empfiehlt sich die Verwendung von Stuckgips. Er hat eine etwas längere Abbindezeit als Alabastergips und ist etwas weicher

Abbildung 51: Antragen von Gipsbrei: Vorlage (C.D. Friedrich, Kreidefelsen auf Rügen) und Schülerarbeit „Kreidefelsen auf Rügen im Jahr 2010"

Abbildung 52:
Wachsform und bemalter Gipsabguss

und poröser. Für ein skulptierendes Bearbeiten ist er weniger geeignet. Seine Farbe ist grau-gelblich-weiß.

Beim Anrühren des Gipsbreies empfiehlt sich folgendes Vorgehen: Ein Gefäß mit flexibler Wandung (z.B. Gipsbecher, Plastikeimer) wird zu 2/3 der angestrebten Menge Gipsbrei mit kaltem Wasser gefüllt. Mit der Hand wird so lange Gipspulver locker eingestreut, bis sich über dem Wasserspiegel eine kleine Insel bildet, die sich allmählich mit Wasser vollsaugt. Nun ist das ideale Gips-Wasser-Verhältnis erreicht (Abb. 53). Mit der Hand zügig vermengt ergibt sich eine sahnig wirkende Masse, die umgehend verarbeitet werden muss, da bereits ab dem Zeitpunkt der Zugabe von Wasser das Abbinden einsetzt.

Je dickflüssiger der Gipsbrei angerührt wird, um so schneller geht das Abbinden. Durch Zumischen von Natriumborat (in Apotheken erhältlich) lässt sich das Abbinden verzögern. Gips ist nicht elastisch. Wird er beim Abbinden gestört, wird er bröckelig und unbrauchbar. Daher sollte weder in fest werdenden Gipsbrei Wasser eingerührt noch dürfen erhärtende Gipsteile verformt werden.

Zum Abformen, aber auch als Material für kleinere plastische Arbeiten eignen sich *Gipsbinden* (Abb. 54, S. 80). Die Gipsbinde wurde um 970 n. Chr. von einem arabischen Arzt zur Behandlung von Brüchen entwickelt. Um 1960 entdeckte George Segal

Abbildung 53: Anmischen von Gipsbrei

Abbildung 54: Arm durchstößt Wand. Beispiel für das Abformen von Gliedmaßen mit Gipsbinden (Schülerarbeit)

dieses Material für die Kunst (Abb. S. 101). Gipsbinden sind zwar verhältnismäßig teuer, doch erleichtert ihre Verwendung entsprechende Gestaltungsvorhaben erheblich, da das Anmischen des Gipses und die Berücksichtigung seiner eingeschränkten Verarbeitungsdauer entfallen. Im Gegensatz zur begrenzten Verarbeitungszeit angemischten Gipses und einem sich hieraus zwangsläufig ergebenden zügigen, häufig unter Zeitdruck leidenden Arbeiten ist die Gipsbinde stets verarbeitungsbereit. In schmale oder breitere Streifen geschnitten braucht sie entsprechend dem Arbeitsverlauf nur in Wasser getaucht, gemäß der Gestaltungsabsicht angeordnet und mit nassen Fingern übergestrichen zu werden.

Dienen Gipsbinden zum Abformen von Gesichtern, Händen oder anderen Körperteilen, so ist zu beachten, dass das abzuformende Modell für die Dauer des Abbindens des Gipses (ca. 15 Min.) möglichst bewegungslos verharrt. Damit sich die erstarrte Form später leicht und möglichst schmerzfrei entfernen lässt, müssen alle mit der Gipsbinde bedeckten Hautpartien zuvor gut mit Fettcreme eingerieben und die Haare mit einer Badehaube oder einer dünnen Haushaltsfolie abgedeckt werden (Abb. S. 106). Schmuck und Uhren sollten möglichst abgelegt werden, das Tragen von Arbeitskleidung ist ratsam. Beim Abformen von Gesichtern müssen die Augen besonders geschützt werden. Die geschlossenen Augen werden vor dem Auftragen der Gipsbinde mit feuchten, auf die abzudeckende Fläche zurechtgeschnittenen, sich eng der Gesichtsform anschmiegenden Papiertaschentüchern abgedeckt (Abb. S. 106).

Beim Abformen der Nase bleiben die Nasenlöcher unbedeckt, es genügt, zwischen ihnen einen schmalen Steg aufzulegen (Abb. S. 106). Das Abnehmen der Gesichtsmaske sollte am besten das Modell selbst übernehmen. Durch Bewegen der Gesichtsmuskeln lockert sich die Form und lässt sich leichter abheben.

Gliedmaßen werden zunächst vollständig mit Gipsbinden umhüllt, diese werden nach dem Abbinden des Gipses mit einer Schere in Längsrichtung aufgeschnitten, sodass sich zwei Schalen ergeben, die sich mit Gipsbinden zur Hohlform zusammenfügen lassen (Abb. S. 106).

2 Vom Gipsblock zur Skulptur

2.1 Sachanalyse Vgl. S. 78 ff

Gips ist ein Naturprodukt, das dem Plastiker vielerlei Möglichkeiten der Gestaltung eröffnet. Neben dem *antragenden, modellierenden* Verarbeiten, dem *Abformen* oder *Gießen* eignet sich Gips auch gut zum *abtragenden, skulptierenden* Vorgehen. Es empfiehlt sich hierzu die Verwendung von *Alabastergips*. Seine feste Beschaffenheit und reinweiße Farbe machen ihn zum geeigneten Ausgangsmaterial.

Der angemischte *Gipsbrei* (vgl. S. 89) wird in eine bereitgestellte Form gegossen, in der er abbinden und zum Block aushärten kann. Um einen brauchbaren Gipsblock zu erhalten sind folgende Punkte zu beachten: 1. Der angemischte Gipsbrei muss frei von Klumpen und Verunreinigungen sein. 2. Unmittelbar nach dem Gießen sollte die Gießform kurz gerüttelt werden, damit eingeschlossene Luftblasen entweichen können. 3. Während des Abbindens darf der Gips nicht gestört werden, er wird sonst bröcklig und damit unbrauchbar.

Die Form des zu gießenden Blockes richtet sich nach der Gestaltungsabsicht. Wichtig ist hierbei jedoch immer die blockhafte Ausbildung. Flache, plattenartige Formen sind für ein skulptierendes Vorgehen weniger geeignet; sie neigen zum Brechen.

Zur Herstellung kleinerer Blöcke bieten sich im Haushalt anfallende Verpackungsmaterialien wie leere Milch- oder Fruchtsafttüten oder Plastikflaschen als Gießform an (Abb. 55). Zum Gießen etwas größerer, säulenförmiger Blöcke eignen sich hervorragend entsprechend präparierte Kunststoffrohre (Abflussrohre) (Abb. 56, S. 82). Sie können ebenso wie Plastikflaschen nach Entfernen des abgebundenen Gipsblocks erneut als Gießform verwendet werden. Mit Brettern und Schraubzwingen lassen sich rasch auf- und abbaubare Gießformen vorbereiten (Abb. 57, S. 82). Ritzen dichtet man mit etwas Modellierton ab (Abb. 55b).

Abbildung 55: a) Leere Milch- oder Fruchtsafttüten als Gießformen

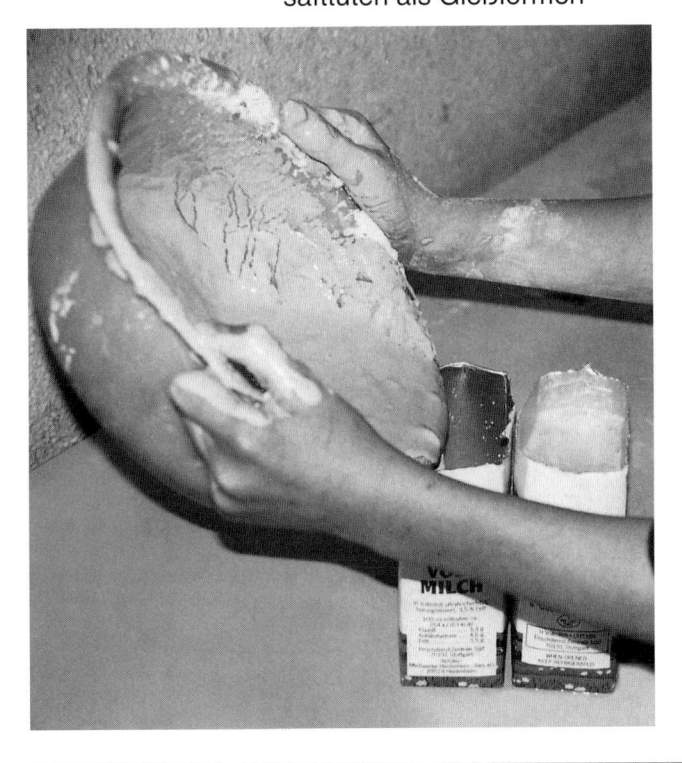

b) Leere Plastikflaschen und mit Modellierton abgedichtete Kunststoffrohre als Gießformen

Abbildung 56:
Kunststoffrohr als
Gießform
(vgl. Abb. 55 b)

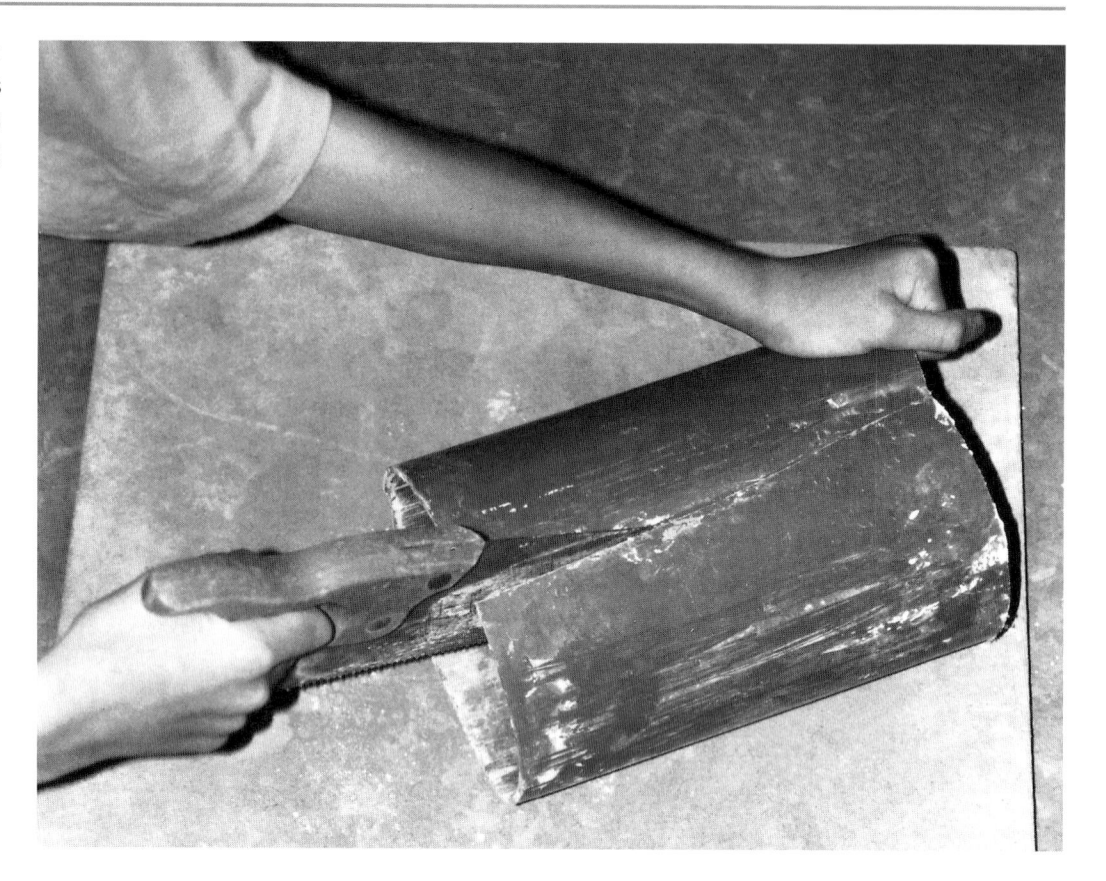

Abbildung 57:
Schalung aus von
Schraubzwingen
zusammengehaltenen Brettern

Der Form entnommene Gipsblöcke sind an den Schalungsflächen noch etwas feucht. Dieser Zustand kann ausgenutzt werden. Nachdem das Motiv auf den Block aufgezeichnet oder eingeritzt wurde (vgl. Abb. S. 89), lässt sich die Grobform leicht ausarbeiten. Scharfkantige *Modellierschlingen* eignen sich hierzu besonders gut. Bei durchgetrockneten Blöcken sind Raspel, Riffelraspel und Messer geeignete Werkzeuge zum groben Ausarbeiten. Ein behutsames schlagendes Bearbeiten mit Stechbeiteln ist möglich, aber immer mit dem Risiko ungewollter Absprengungen verbunden. Für größere Abtrennungen ist immer die Säge zu verwenden. Die Feinarbeit erfolgt mit dem Messer, der Feile und mit Schleifpapier.

2.2 Unterrichtsbeispiel (Klasse 8-10) Vgl. auch S. 78 ff

„Totempfahl" (Gruppen-/Gemeinschaftsarbeit)

Medien:

1. Anschauungsmittel: Arbeitsblätter 1 und 2 S. 88 f, Arbeitsblatt 1 als Folie, Folienstift, Tageslichtprojektor, Projektionswand, Tafel, Kreide

2. Arbeitsmittel: Arbeitsblatt 1 S. 88, Bleistift, Zeichenblock DIN A3, Alabastergips, Wasser, Gefäße und Stäbe zum Anmischen des Gipsbreis, Formen (vgl. S. 81 f) zum Gießen der Gipsblöcke, Werkzeuge zur Bearbeitung der Gipsblöcke (vgl. S. 89), Dispersionsfarbe (Abtönfarbe), Pinsel, Arbeitskittel, evtl. Staubmaske

Lernziele: Die Schülerinnen und Schüler sollen

- das Aussehen von Totempfählen beschreiben können.
- die Funktion von Totempfählen erfahren.
- Aufbau und Formgebung von Totempfählen untersuchen können.
- in der Gruppe die plastische Form eines Totempfahls planen können.
- in Absprache mit Partnern Skizzen zum Aussehen eines Abschnittes eines Totempfahles erstellen können.
- einen Abschnitt eines Totempfahls als Gipsskulptur ausarbeiten können.
- in der Gruppe ein Konzept zur farbigen Gestaltung des Totempfahls entwickeln können.
- ihre Skulptur farbig gestalten können.
- die von einer Gruppe gestalteten Skulpturen zu Totempfählen montieren können.

Zu beachten:
- Immer Gipspulver in Wasser einrühren, nie umgekehrt (Mischungsverhältnis: 2 Teile Wasser, 1 Teil Gipspulver)! (vgl. S. 89)
- Keinen Gips in den Ausguss gelangen lassen!
- Gipsreste im Gefäß abbinden lassen.
- Gießformen vor dem Anmischen des Gipsbreis richten.
- Das Gipspulver zügig, aber dennoch gründlich mit dem Wasser vermischen und sogleich in die vorbereitete Form gießen.
- Gegossenen Gips in Ruhe abbinden lassen.

Verlaufsplanung

1. Hinführung

Unterrichtsgespräch:

➡ „Sicherlich sagt euch der Begriff *Totempfahl* etwas."

Die Schüler/innen verweisen auf indianische Kulturen und äußern sich evtl. zur Form und Funktion von Totempfählen.

2. Erarbeitung

Unterrichtsgespräch:

➡ Ausgabe von Arbeitsblatt 1, S. 88

Lesen des Informationstextes „Totempfähle"

Die Schüler/innen äußern sich zum Text und den dazugehörenden Abbildungen.

➡ Besprechung der Aufgabenstellung von Aufgabe 2 des Arbeitsblattes

Partnerarbeit: *Die Schüler/innen bearbeiten Aufgabe 2 des Arbeitsblattes.*

Präsentation/ Unterrichts- gespräch:	▶ Arbeitsblatt 1, S. 88 als Folie *Ergebnissicherung: Die Schüler/innen übertragen die Ergebnisse der Partnerarbeit auf die Folie auf dem Tageslichtprojektor.*

3. Anwendung

Unterrichts- gespräch:	▶ „Die Indianer fertigten ihre Totempfähle aus Baumstämmen. Beschreibt das Vorgehen!" *Die Schüler/innen verweisen auf das Skulptieren. Die Bezeichnung ‚Skulptieren' wird vermutlich umschrieben werden.* ▶ Einführung und Klärung der Bezeichnungen *Skulptieren* und *Modellieren* ▶ Tafelanschrieb, z.B.:

> Bildhauerische Techniken
>
> Skulptieren: Aus einem Block (z.B. Holz, Stein, Gips,...) entsteht die plastische Form durch Wegschlagen und Abtragen von Material.
> Modellieren: Die plastische Form entsteht durch Aufbauen, Hinzufügen und Antragen von verform- und knetbaren Materialien (z.B. Ton, Plastilin, Wachs,...).

Unterrichts- gespräch:	▶ „Eure Aufgabe wird es sein, in Gruppen (5-7 Schüler/innen) kleine Totempfähle zu gestalten. Im Gegensatz zu den Indianern werdet ihr sie nicht aus Holz schlagen, sondern aus Gipsblöcken fertigen, die ihr zuvor herstellt." *Die Schüler/innen stellen Fragen.* ▶ „Ihr erhaltet nun ein weiteres Arbeitsblatt, auf dem die einzelnen Arbeitsschritte erklärt werden." Ausgabe von Arbeitsblatt 2, S. 89 – Besprechung der Arbeitsschritte ▶ Gruppenbildung
Gruppenarbeit:	*Die Schüler/innen einigen sich auf die darzustellenden Motive und deren Position innerhalb des Totempfahls.*
Partnerarbeit:	*Gießen der Gipsblöcke*
Einzelarbeit/ Partnerarbeit:	*zeichnerische Entwürfe im Maßstab 1:1 zur geplanten Skulptur* *Absprache bezüglich der Maße von im Totempfahl aneinander grenzenden Skulpturen*
Einzelarbeit:	*Bearbeitung des Gipsblocks*
Gruppenarbeit:	*Absprache der farbigen Gestaltung*
Einzelarbeit:	*Bemalen der Skulptur*
Gruppenarbeit:	*Montage der Skulpturen einer Gruppe zum Totempfahl*

2.3 Didaktischer Kommentar

Das *Skulptieren* ist seltener Unterrichtsgegenstand im Fach Bildende Kunst an den allgemeinbildenden Schulen und dies liegt nicht nur an mangelnden Inhalten im Bildungsplan. Nach Gründen hierfür braucht man nicht lange zu suchen: Die meisten in Frage kommenden Materialien sind für den Kunstunterricht zu kostspielig und machen teure Werkzeuge nötig. Sie erfordern ferner eine geübte Hand und die langwierige Bearbeitung lässt sich nur schwer mit dem 45-Minuten-Takt der Unterrichtsstunden vereinbaren. Häufig genannte Gründe sind auch das Fehlen geeigneter Unterrichtsräume und die Furcht vor dem bei der plastischen Arbeit anfallenden Schmutz.

Als preiswerte und für Unterrichtszwecke geeignete Werkstoffe haben sich Ytong, ein poröser, im Baugewerbe Verwendung findender Schaumstein, Gipsblöcke und *Speckstein* bewährt.

Ytongblöcke eignen sich ebenfalls gut zur Durchführung des vorgestellten Unterrichtsbeispiels. Ihre grobkörnige Beschaffenheit erfordert jedoch ein großformatigeres und großzügigeres Arbeiten als bei der Verwendung von Gipsblöcken.

Speckstein ist etwas kostspieliger, aufgrund seiner geringen Härte aber ein geeigneter Werkstoff für die Schule. Sein marmorähnliches Aussehen macht ihn als Material für Kleinplastiken besonders interessant. Für o.g. Unterrichtsbeispiel sind die preiswerten Bruchsteine jedoch meist zu flach, sodass die Ausführung nur in sehr kleinem Format möglich ist. Zudem lassen sich Fehler nur durch Veränderung der plastischen Form korrigieren.

Gipsblöcke hingegen können in gewünschter Größe gegossen werden, sodass bei der Ausarbeitung zur Figur nur wenig Material abzutragen ist (Abb. 58). Gestalterische Details sind möglich, Fehler können durch Antragen von frischem Gips und erneuter Überarbeitung korrigiert werden. Abgeschlagene Teile lassen sich mit Holzleim ankleben. Ein schlagendes Bearbeiten sollte aber auch bei Gipsblöcken nur mit großer Behutsamkeit erfolgen.

Es empfiehlt sich, während des Skulptierens *Staubmasken* zu tragen (Abb. 49, S. 75) oder die Gipsblöcke anzufeuchten, damit weniger Staub anfällt. Am besten arbeitet man gleich nach dem Entfernen der Gießform die grobe Form der Figur heraus, solange der Gipsblock noch nicht so hart ist. Im Anschluss daran sollten die Formen der später zum Pfahl zu montierenden aneinander grenzenden Figuren aufeinander abgestimmt werden. Dies sollte auch während des weiteren Arbeitsverlaufes in regelmäßigen Abständen geschehen. Sind die einzelnen Elemente der Gruppe fertig gestellt, so werden sie zum Pfahl montiert. Um den Elementen besseren Halt zu geben bohrt

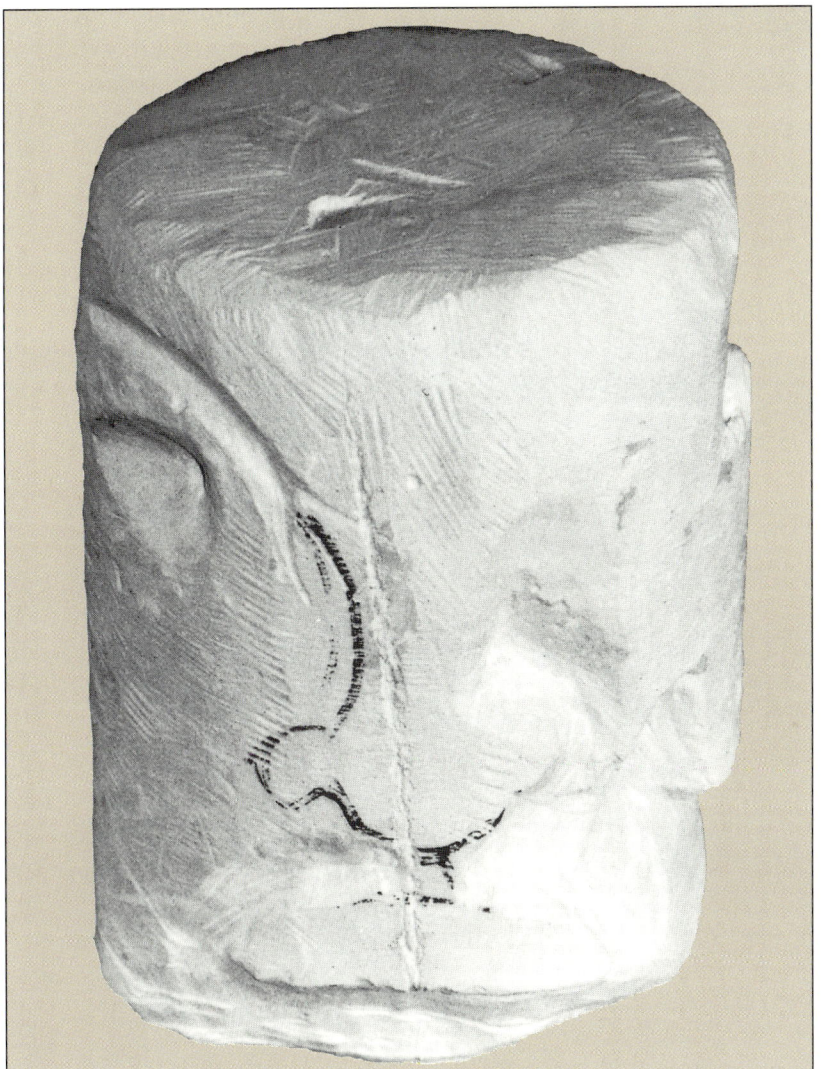

Abbildung 58: Bearbeitungszustand: Ausarbeitung der Grobform

man in die aufeinander liegenden Flächen Löcher, in die Rundstäbe eingesetzt werden können (Abb. 59).

Beim Skulptieren sollten die Schülerinnen und Schüler Arbeitskleidung tragen und der Unterricht sollte in geeigneten Räumen (kein Teppichboden!) oder im Freien stattfinden. Deckt man die Arbeitstische mit alten Zeitungen o. Ä. ab, so können diese am Unterrichtsende zur Mitte hin gefaltet werden und der grobe Schmutz lässt sich auf diese Weise bereits entfernen.

Die Ausarbeitung der plastischen Form kann mit einfachsten Werkzeugen erfolgen (Abb. S. 89). Zum Reinigen von Feilen und Raspeln dient eine Drahtbürste.

Zum Bemalen der Figur eignen sich Abtönfarben. Eine reizvolle Wirkung lässt sich auch durch das Auftragen von Schuhcreme erzielen. Eine Alternative hierzu bietet sich im Vermischen von Pulverfarben und farbloser Schuhcreme.

Das Motiv „Totempfahl" erscheint als Gestaltungsaufgabe geeignet. Zum einen lässt es sich arbeitsteilig als Gruppenarbeit durchführen, zum anderen kommen die maskenartigen Einzelmotive dem expressiven Gestaltungsvermögen entgegen.

Abbildung 59: Montage der Einzelplastiken zum Pfahl: Bohren von Löchern für Steckverbindungen

Abbildung 60: Gipsskulptur (Schülerarbeit)

Abbildung 61:
Montierter Totem-
pfahl
(Schülerarbeiten)

87

Arbeitsblatt 1 — Plastik

1. Totempfähle

Im „Totem" (indianisch: totam > Verwandtschaft) drückt sich die Beziehung zwischen Menschen und einem Tier (manchmal auch einer Pflanze oder einer Naturerscheinung) aus. Die einem Totem angehörenden Menschen glauben an die Abstammung von diesem Totemtier und eine von ihm ausgehende Schutzfunktion. Es genießt daher besondere Verehrung und ist Gegenstand künstlerischer Darstellung, z. B. in Totempfählen.

Totempfahl: Ausschnitt   Totempfahl

2. a) Welche Tiere kannst du im oben abgebildeten Ausschnitt eines Totempfahls entdecken?

_____

_____

_____

_____

b) Inwiefern orientieren sich die Tierdarstellungen am Vorbild der Natur, inwiefern weichen sie davon ab?

_____

_____

_____

_____

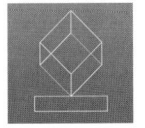

Arbeitsblatt 2 — Plastik

1. Skulptieren: Beim Skulptieren entsteht die plastische Figur (= Skulptur) aus einem Block, indem Material abgetragen, weggeschnitten oder weggeschlagen wird. Ein Verschlagen oder Verschneiden lässt sich nur schwer oder gar nicht mehr korrigieren.

2. Werkstoff Gips: Gips wird aus gemahlenem und gebranntem Gipsgestein gewonnen. Beim Anmischen zu Gipsbrei nimmt das Gipspulver das beim Brennen entzogene Wasser wieder auf und bindet zu einer festen Masse ab.
Für die skulptierende Bearbeitung eignet sich am besten Alabastergips. Er bindet nach ca 10-20 Min. ab. Soll ein fester, nicht bröckelnder Gipsblock entstehen, so darf der Gips beim Abbinden nicht gestört werden. Als Gießform eignen sich Gefäße mit entfernbarer oder flexibler Wandung. Für den einmaligen Gebrauch lassen sich auch stabilere Pappschachteln oder aufgeschnittene Getränkebeutel verwenden.

3. Werkzeuge zum skulptierenden Bearbeiten von Gipsblöcken

4. Arbeitsschritte zur Herstellung einer Gipsskulptur:

1. Gipsbrei anmischen (2 Teile Wasser, 1 Teil Gips). Merke: Immer das Gipsmehl in das Wasser geben, nie umgekehrt!

2. Den Gipsbrei in eine geeignete Form mit flexibler oder entfernbarer Wandung gießen und in Ruhe (nicht stören!) abbinden lassen.

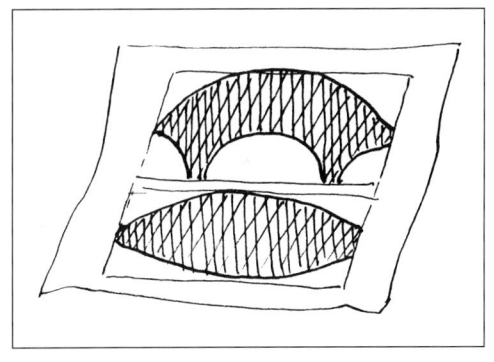

3. Die Maße der Vorder- und Seitenfläche des Gipsblockes auf Papier übertragen und die geplante Skulptur in Vorder- und Seitenansicht auf diesen Flächen skizzieren.

4. Sobald der Gips abgebunden hat, kann der Block der Form entnommen werden.

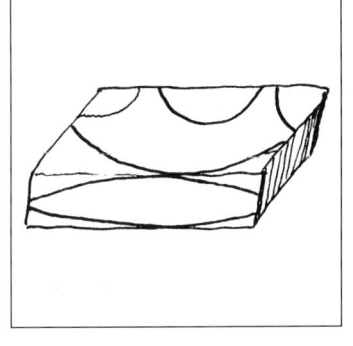

5. Die Skizzen auf die entsprechenden Flächen des Gipsblocks übertragen.

6. Der gut durchgetrocknete Gipsblock kann skulpierend bearbeitet werden (sägen, schnitzen, schaben, schlagen). (Die bemalten Skulpturen werden zum Totempfahl montiert.)

Plastisches Gestalten: Montieren

1 Gips-Draht-Plastik

1.1 Sachanalyse Vgl. S. 78ff

Abbildung 62:
Alexander Calder,
Circus Acrobat,
ca. 1930

Gips und *Draht* ergänzen sich hervorragend als Werkstoffe zum plastischen Gestalten. Aus dem biegsamen und doch genügend Festigkeit aufweisenden Draht lassen sich Gerüste herstellen, an die Gips angetragen werden kann oder die sich mit in Gipsbrei getauchten Stoffstreifen oder mit *Gipsbinden* umwickelt zu Plastiken aufbauen lassen (vgl. Abb. 62). Da Gips fast nicht schwindet, ergeben sich nur geringe Oberflächenspannungen. Dies macht Gips zu einem idealen Werkstoff, da er sich mit ganz unterschiedlichen Materialien verarbeiten und verbinden lässt. So lassen sich nicht nur filigrane und zart wirkende Gebilde herstellen, durch das Einarbeiten von Styropor- oder Holzteilen oder auch nur von zusammengeknülltem Zeitungspapier oder Pappe lassen sich voluminöse Plastiken gestalten. Neben dem Umwickeln des Drahtgerüstes (Abb. S. 96) ist auch das Verspannen von Drahtformen mit *Gipsbinden* oder in Gipsbrei getauchtem Stoff möglich, sodass sich ein abwechslungsreiches Spiel geschlossener und offener Flächen ergibt (Abb. 63). Gipsbinden oder mit Gipsbrei getränkte Stoffstücke lassen sich aber auch gut drapieren. So kann auf einfache Weise Kleidung bei figürlichen Kleinplastiken gestaltet werden (Abb. 64, S. 94).

Übersteigt das plastische Gebilde nicht die Höhe von 30 bis 40 cm, so ist eine Drahtstärke von 4-5 mm ausreichend. Gut eignen sich Kupferschweißdraht oder kunststoffummantelter Spanndraht für Zäune, da sie nicht rosten, sich noch – abgesehen vom Drahtende – von Hand biegen lassen und dem Gebilde dennoch genügend Halt geben.

Vor dem Zuschneiden des Drahtes empfiehlt es sich, das Gerüst zu skizzieren. So können die Proportionen festgelegt und die

Abbildung 63:
Mit Gipsbinden oder in Gipsbrei getauchtem Stoff verspannte Drahtformen

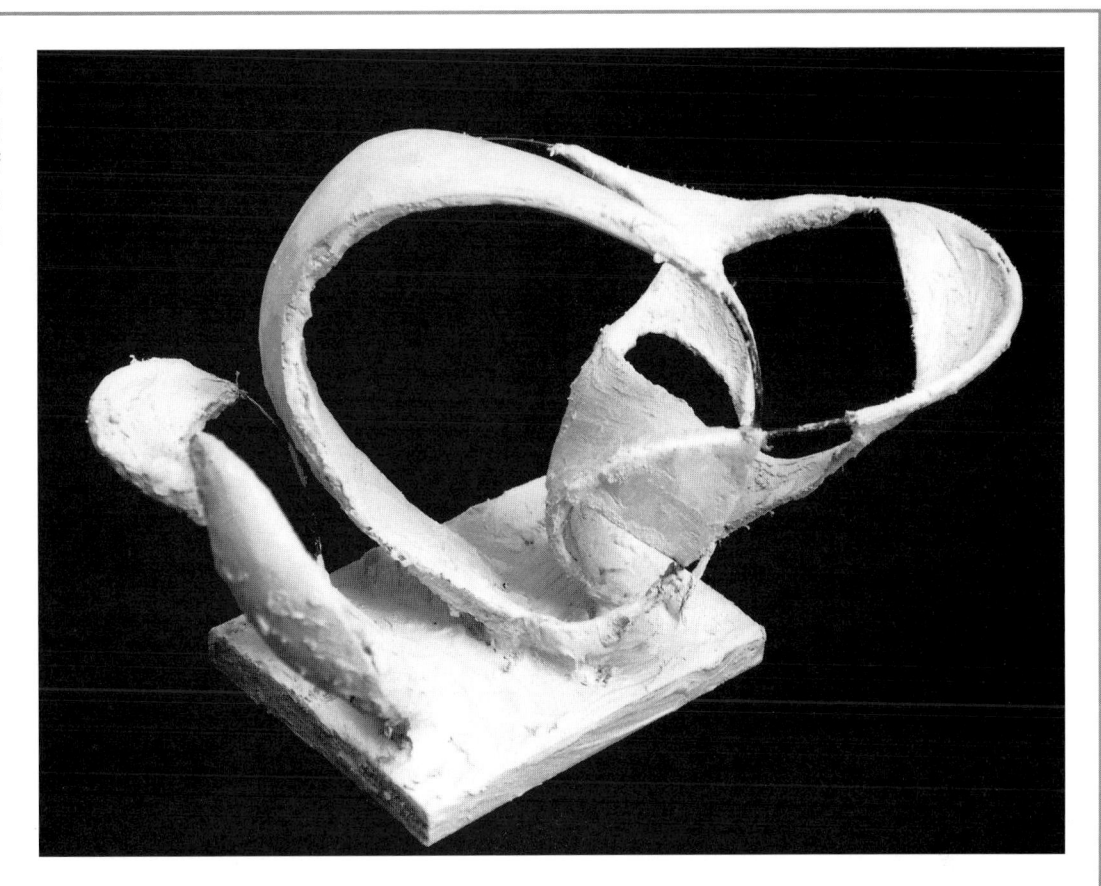

Führung des Drahtes bestimmt werden. Oft lassen sich Drahtverbindungen vermeiden, indem der Draht doppelt geführt wird. Wird eine Verbindung notwendig, so ist auf ihre Festigkeit zu achten. Die zu verbindenden Drahtenden werden parallel geführt und mit dünnem Blumendraht fest umwickelt (Abb. S. 96).

Das in Form gebogene Drahtgerüst wird nun mit Krampen (Rundnägeln) auf ein Brett genagelt (Abb. S. 96).

Das Gerüst kann jetzt mit ca. 5 cm breiten Gipsbindestreifen oder mit in Gipsbrei getauchten Stoffstreifen umwickelt werden. Bei der Verwendung von Gipsbinden empfiehlt es sich, zunächst die Binden in Streifen zu schneiden und diese dann entsprechend dem Arbeitsverlauf einzeln in Wasser zu tauchen, am Gerüst anzubringen und das auf dem Gewebe haftende Gipsmehl glattzustreichen. Bei der Verwendung von in Gipsbrei getauchten Stoffstreifen ist die kurze Verarbeitungszeit des angemischten Gipses zu berücksichtigen. Es sollten daher nur kleine Mengen angemischt werden. Durch Antragen von dickflüssigem Gipsbrei kann die endgültige Form modelliert werden. Am besten verwendet man hierzu einen schmalen Spachtel oder ein Modellierholz. Auch ein Borstenpinsel leistet beim Auftragen von Gipsbrei gute Dienste. Er sollte aber vor dem Festwerden des Gipses gesäubert werden.

Soll an eine trockene Gipsfigur Gipsbrei angetragen werden, so muss diese zuvor gut angefeuchtet, evtl. auch für etwa eine Stunde in Wasser gelegt werden. Damit wird verhindert, dass der trockene Gips dem angetragenen feuchten einen Teil des zum Abbinden nötigen Wassers entzieht. Glatte Flächen sollten der besseren Haftung wegen zudem etwas aufgeraut werden.

Dünne Ausformungen aus Gips neigen zu Sprüngen und zum Brechen und Abbröckeln. Um dieser Gefahr entgegenzuwirken mischt man dem Gipswasser beim Anmischen etwas Weißleim (z.B. Ponal) bei.

Wird Gipsbrei auf einen flexiblen Untergrund, z.B. zusammengeknülltes Papier, aufgetragen, so muss die Wandstärke zwischen 0,5 und 1 cm betragen um stabil zu sein.

Die Oberfläche der Arbeit kann bewusst grob belassen werden. Sie kann aber auch mit einer Feile und Schleifpapier oder durch Schaben mit einem Messer bearbeitet werden.

1.2 Unterrichtsbeispiel (Klasse 7-10)

„Tanzende"

Medien:
1. Anschauungsmittel: Folie S. 95, Tageslichtprojektor, Projektionswand, Tafel, Kreide, auf einem Brett befestigte Drahtgerüste (vgl. S. 96, 1 u. 2), mehrere ca. 5 cm breite Stoffstreifen/Gipsbrei in einem Becher/Spachtel (alternativ: Gipsbinden/Gefäß mit Wasser)

2. Arbeitsmittel: Arbeitsblatt S. 96, Zeichenblock DIN A 3, Bleistift, Lineal mit Maßeinteilung, Kupfer-Schweißdraht (4 mm), Blumendraht, Krampen, Brettchen als Sockel, einige Kneifzangen, Seitenschneider und Hämmer, Stoff und Gips und Spachteln/Gipsbinden, Wasser, für je zwei Schüler/innen 1 Gummi- bzw. Joghurtbecher, einige Scheren, Zeitungen o. Ä. zum Abdecken der Tische, Kittel, evtl. einige Raspeln und Feilen, Sandpapier

Lernziele: Die Schülerinnen und Schüler sollen

– sich zu Dürers Grafik äußern können.
– erkennen, dass Dürers Darstellung sehr stark durch Bewegung bestimmt wird.
– eine Bewegungsstudie anfertigen können.
– die Materialeigenschaften von Draht und Gips kennen lernen.
– erfahren, dass Draht, Gips und Stoff geeignete Materialien für das plastische Gestalten sind.
– eine zweidimensionale Darstellung in eine Gips-Draht-Plastik umsetzen können.

Verlaufsplanung

1. Hinführung

Präsentation:
➠ Folie S. 95
„Wir wenden uns heute dem bildnerischen Bereich ‚Plastik' zu."

Unterrichtsgespräch:
Die Schüler/innen äußern sich zur Darstellung (Motiv, Technik, Zeit der Entstehung, …).

➠ „Schöpfer dieser Grafik ist Albrecht Dürer."
Information zu Künstler und Werk

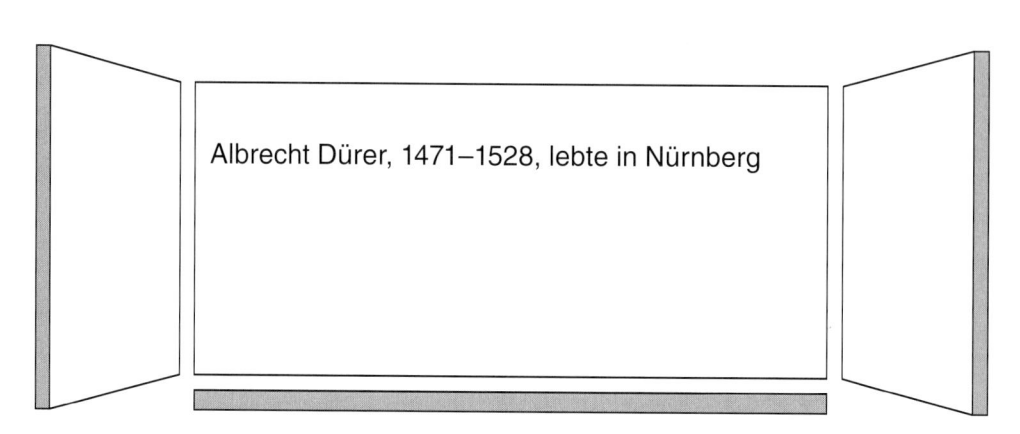

Albrecht Dürer, 1471–1528, lebte in Nürnberg

➠ „Was hat Dürer wohl u.a. zur Darstellung dieses Motivs gereizt?"
Schüler/innen verweisen auf die Bewegung.

2. Erarbeitung

Präsentation/
Unterrichts-
gespräch:

▶ Folie S. 95

„Wir werden uns heute vor allem mit dem Merkmal der Bewegung befassen."

Präsentation/
Demonstration/
Unterrichts-
gespräch/
Einzelaktionen:

▶ Vorstellung von Drahtgebilden (vgl. S. 96, 1. u. 2.)
„Diese beiden Drahtgebilde stehen für zwei Personen. Biegt sie so zurecht, dass sie hinsichtlich der Bewegung diesem (Folie S. 95) tanzenden Paar entsprechen!"

Die Schüler/innen biegen die Form zurecht.

Präsentation/
Unterrichts-
gespräch:

▶ „Nun haben wir zwar die Bewegung auf unsere Drahtplastik übertragen, dennoch ähnelt sie der Vorlage noch nicht sehr."

Die Schüler/innen verweisen darauf, dass es sich nur um ein Gerüst handelt, das noch ausgestaltet werden kann. Sie nennen als mögliche Materialien für diese Ausgestaltung Papier, Stoff, evtl. auch Gips oder Gipsbinden.

▶ „Wir werden Stoff und Gips/Gipsbinden zur Ausgestaltung verwenden."

Demonstration/
Unterrichts-
gespräch:

▶ In einem Gipsbecher aus Gummi oder in einem Joghurtbecher o. Ä. etwas Gips anrühren, Stoffstreifen in die flüssige Gipsmasse tauchen und um das Drahtgerüst drapieren (vgl. S. 96, 3. u. 4.).

Alternative: Gefäß mit Wasser, Streifen von Gipsbinden

Einzelaktion:

Schüler/in führt die Demonstration fort.

3. Anwendung

Unterrichts-
gespräch:

▶ Ausgabe des Arbeitsblattes S. 96, Besprechung der Aufgabenstellung

Einzelarbeit:

Die Schüler/innen arbeiten gemäß den Arbeitsschritten (s. Arbeitsblatt S. 96).

1.3 Didaktischer Kommentar

Die erfolgreiche Durchführung dieser Gestaltungsaufgabe setzt eine gründliche Vorarbeit voraus: Das Drahtgerüst muss fest gefügt sein (Abb. 1, S. 96). Dabei sind die Proportionen der Figur und die spätere Haltung zu beachten. Weit ausholende Bewegungen erfordern eine besonders gute Standfestigkeit. Das als Sockel dienende Brett muss daher der Größe, dem Gewicht und der Haltung der Figur angepasst sein. Ferner ist darauf zu achten, dass das Drahtgerüst gut auf dem Brett befestigt ist.
Es empfiehlt sich, kunststoffummantelten *Draht* (Spanndraht für Zäune) oder Kupferschweißdraht zu verwenden. Bei der Verwendung von blankem Eisendraht bilden sich oft häßliche Rostflecken auf dünner angetragenem Gips. Bei Figuren von 30 bis 40 cm Höhe ist ein 4 mm starker Draht ausreichend. Der Draht sollte sich von Hand biegen lassen, aber dennoch genügend Stabilität aufweisen um die Form zu halten. Enge Schlaufen (z. B. Füße, Hände) biegt man mithilfe einer Zange.

Soll die Figur voluminös und dennoch nicht zu schwer sein, so befestigt man Pappe, Styropor- oder Holzstückchen mit Blumendraht am Gerüst, bevor Gips angetragen wird und die endgültige Form entsteht.

Die Verwendung von Gipsbinden erleichtert die plastische Arbeit erheblich. Manche Gestaltungsvorhaben lassen sich jedoch besser mit in Gipsbrei getauchtem und am Gerüst drapiertem Stoff realisieren.

Beim Anmischen von Gips ist Folgendes zu beachten: Zunächst streut man Gipsmehl in kaltes Wasser ein, bis sich eine kleine Insel bildet. Dann rührt man die Masse gut durch, bis ein klumpenfreies Gemisch entstanden ist (vgl. S. 79). Gips bindet sehr schnell ab, daher ist es ratsam, nur so viel Gipsmasse anzurühren, wie auch verarbeitet werden kann. Die Abbindezeit von Modell-, Alabaster- oder Stuckgips liegt bei ca. 15 Min. Hat das Abbinden eingesetzt, so darf der Gips nicht mehr gestört werden, da er sonst bröcklig wird. Nach etwa zwei Tagen ist der Gips ausgehärtet, er lässt sich nun skulptierend weiterbearbeiten (vgl. S. 81 ff).

Es ist darauf zu achten, dass weder flüssiger noch bröckeliger Gips in den Abfluss gelangt und die Rohre verstopft. Die Entsorgung kleinerer Mengen abgebundenen Gipses kann über den Hausmüll erfolgen.

Um Ärgernissen vorzubeugen sollten die Schülerinnen und Schüler bei der Verarbeitung von Gipsbrei auf das Tragen von Arbeitskleidung hingewiesen werden. Der

Abbildung 64: Schülerarbeit

Unterricht sollte in geeigneten Räumen (kein Teppichboden) oder im Freien stattfinden.

Die Figuren können bemalt werden, am besten belässt man sie jedoch im Weiß des Gipses. Den Sockel kann man mit Gips überziehen oder vor Beginn der Gipsarbeit abkleben, sodass die Holzmaserung erhalten bleibt. Mit Sandpapier geschliffen, wird abschließend Lack oder Wachs aufgetragen.

Folie zur Hinführung und Erarbeitung

Dürer, Tanzendes Bauernpaar. 1514

Arbeitsblatt — Plastik

Arbeitsschritte zur Herstellung einer Gipsplastik mit Drahtgerüst

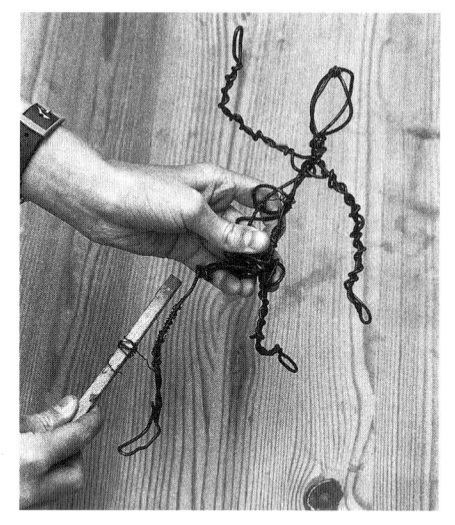

1. Drahtgerüst zurechtbiegen, die einzelnen Teile durch Umwickeln mit Blumendraht miteinander verbinden. Proportionen beachten!

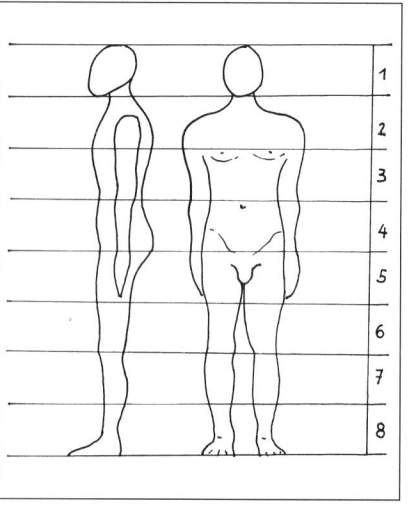

Proportionen beim Menschen

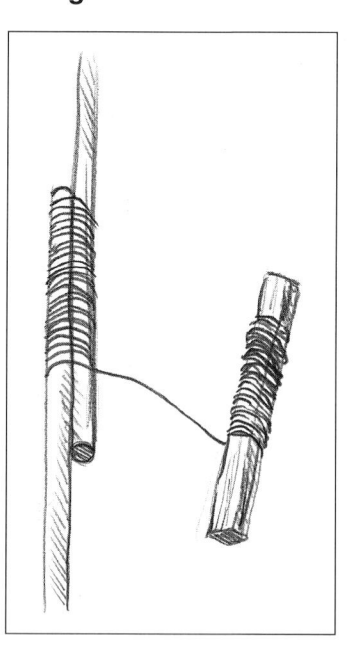

Drahtverbindung

2. Drahtgerüst auf der Holzplatte mit Krampen befestigen

3. Ca. 5 cm breite Streifen aus Stoff in Gipsbrei bzw. Gipsbinden in Wasser tauchen und von unten nach oben fortschreitend um das Drahtgerüst wickeln

4. Ausarbeitung der Körperform und Kleidung durch weiteres Drapieren von in Gipsbrei getauchten Stoffstreifen bzw. Gipsbinden.
Zur Oberflächenbearbeitung dienen Raspeln, Feilen und Sandpapier.

Hinweise zur Verarbeitung:

Gips: Nur kleine Mengen Gips anrühren, da Gips schnell abbindet und dann nicht mehr verarbeitet werden kann.

Gipsbinden in Streifen schneiden und diese entsprechend dem Arbeitsverlauf in Wasser tauchen und antragen.

2 Gipsrelief mit abgeformten und gegossenen Elementen

2.1 Sachanalyse Vgl. S. 78 ff

Gips ist ein für den Plastiker vielseitig verwendbarer Werkstoff. Dickflüssiger Gipsbrei lässt sich an *Gerüste aus Draht* oder Formen aus Styropor o. Ä. *antragen* und *modellierend* verarbeiten (Abb. S. 96). Die Eigenschaft beim Trocknen nicht zu schwinden ließ Gips zu einer preiswerten, feinste Details wiedergebenden Gießmasse werden. Gips ist sowohl hervorragend zur Herstellung von *Gießformen* geeignet als auch zum Ausgießen von Formen. Neben der für stark gegliederte Figuren bevorzugten „verlorenen Form", die, wie die Bezeichnung verrät, nach einem Guss „verloren" und nicht mehr zu gebrauchen ist (z.B. Gießform nach einem nach erfolgtem Abformen auszuschmelzenden Wachsmodell), lassen sich auch von differenzierteren Figuren teilbare und somit für serielle Fertigung nutzbare Gießformen herstellen (vgl. Abb. 8, S. 10).
Gipsbinden oder in Gipsbrei getauchte Stoffstreifen eignen sich ebenfalls hervorragend zum *Abformen* und Herstellen von Gießformen (Abb. S. 106). Werden solche Formen mit Gips ausgegossen, so müssen sie zuvor gründlich mit Seifenlauge (Geschirrspülmittel) isoliert werden, damit sich die gegossene Form nach dem *Abbinden* gut entfernen lässt.
Die durch Antragen oder Gießen entstandenen Gipsformen können bei ausreichender Stärke *skulptierend* überarbeitet werden (vgl. S. 81 ff).

Abbildung 65: „Eingemauert" (Schülerarbeit)

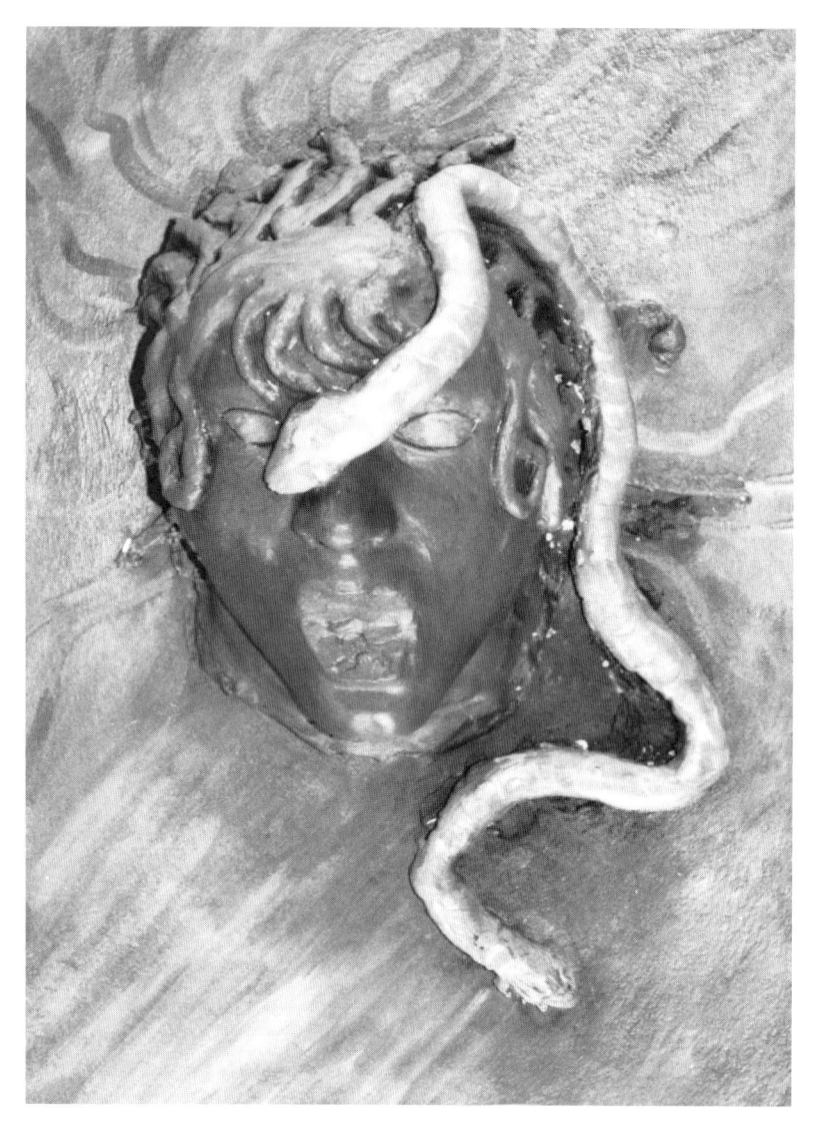

Sind die plastischen Bildelemente gefertigt, so werden sie zusammen mit geeigneten Fundstücken zum Bildganzen montiert. Als Grundplatte dient am besten eine unbeschichtete Pressspanplatte. Hierbei lassen sich verschiedene Möglichkeiten kombinieren: Formelemente aus Holz können angeschraubt, angenagelt oder aufgeleimt werden. Materialien wie Stoff oder Styropor lassen sich mit Gipsbrei oder Holzleim auf der Platte befestigen. Elemente aus Gips können gut angefeuchtet mit Gipsbrei auf der aufgerauhten Platte montiert werden. Sollen massiv gegossene, besonders schwere Formen auf der Platte halten, so sollten bereits beim Guss Drähte eingegossen werden, die durch in die Grundplatte gebohrte Löcher geführt paarweise auf der Plattenrückseite miteinander verdrillt werden. Hohlkörper, z.B. mit Gipsbinden abgeformte Arme, lassen sich mit Gipsbrei über einem auf der Grundplatte befestigten Kern aus Holz oder Styropor anbringen (Abb. 65 und 66). Je nach beabsichtigter Wirkung kann das *Relief* bemalt oder lackiert werden oder im leblosen kalten Weiß des Gipses belassen bleiben.

Abbildung 66: „Medusa" (Schülerarbeit)

2.2 Unterrichtsbeispiel (Klasse 9-10)

Medien: **1. Anschauungsmittel:** Folien 1–4 S. 101–103, Tageslichtprojektor, Projektionswand, Folienstift, 4 Arbeitsblätter S. 104–107, Tafel, Kreide

2. Arbeitsmittel: 4 Arbeitsblätter S. 104–107, Schreibzeug, Arbeitskittel, Alabaster- oder Stuckgips, Gipsbinden, Scheren, Borstenpinsel, Spachteln, Messer, Feilen, Schleifpapier, mehrere Gipsbecher, Kunststoffeimer, pro Schüler/in eine Pressspanplatte, Styroporplatten, Holzabfälle, Stoffreste, Fettcreme, Haushaltsfolie, alte Zeitungen o. Ä. zum Abdecken der Tische, (Dispersionsfarbe, Lacke, …)

Lernziele: Die Schülerinnen und Schüler sollen

- die verschiedenen Erscheinungsformen von Reliefs kennen und unterscheiden lernen.
- erfahren, dass Wände auch reliefiert sein können und wir von einer Fülle reliefierter Erscheinungen und Dinge umgeben sind.
- Möglichkeiten des Abformens und Gießens kennen lernen und ggf. anwenden können.
- den Werkstoff Gips (auch Gipsbinden) und seine Eigenschaften kennen lernen.
- die Montage als plastisches Verfahren kennen lernen.

Zu beachten:	– Immer Gips in Wasser geben, nie umgekehrt (s. S. 105)! – Nie Gips in den Ausguss kippen! Verstopfung der Abwasserleitung! – Reste angemischten Gipses im Gefäß (flexible Wandung!) abbinden lassen, dann entfernen und in den Restmüll geben. – Beim Arbeiten mit Gips Schmuck und Uhren ablegen und Arbeitskleidung tragen. – Hautpartien, die mit Gipsbinden abgeformt werden sollen, zuvor gut mit Fettcreme versehen (s. S. 106).

Verlaufsplanung

1. Hinführung

Präsentation/Unterrichtsgespräch:

▶ Folie S. 101

Die Schüler/innen äußern sich zur Darstellung und zum Verfahren. Sie erkennen, dass die Figuren durch Abformen mittels Gipsbinden zustande kamen.

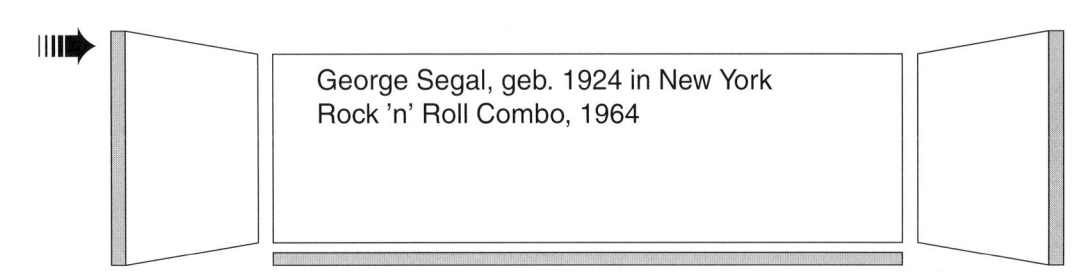

▶ George Segal, geb. 1924 in New York
Rock 'n' Roll Combo, 1964

2. Erarbeitung

Unterrichtsgespräch:

▶ „Wir werden dieses Verfahren aufgreifen, jedoch keine Vollplastik, sondern ein Relief gestalten."

▶ Einführung des Begriffes „Relief"

Äußerungen der Schüler/innen

Präsentation/Unterrichtsgespräch:

▶ Folie 2, S. 102, Erläuterungen

▶ Folie 3, S. 102
„Erkennt ihr, um welche Art des Reliefs es sich jeweils handelt?"

Die Schüler/innen ordnen am Tageslichtprojektor die Reliefart zu.

▶ Folie 4, S. 103 „Vergleicht mit den Abbildungen von soeben."

Die Schüler/innen erkennen, dass es sich um Ausschnitte von Wänden handelt und diese Reliefcharakter haben.

▶ Ausgabe von Arbeitsblatt 1, S. 104,
Besprechung der Aufgabenstellung von Aufgabe 2

Partnerarbeit:

Bearbeitung von Arbeitsblatt 1, Aufgabe 2

Präsentation/Unterrichtsgespräch:

▶ Besprechung der Ergebnisse der Partnerarbeit

Unterrichtsgespräch:

▶ „Sicherlich fragt ihr euch, was Wände mit unserer bildnerischen Arbeit zu tun haben."

Schüleräußerungen

▶ „Das Thema unserer bildnerischen Arbeit lautet:

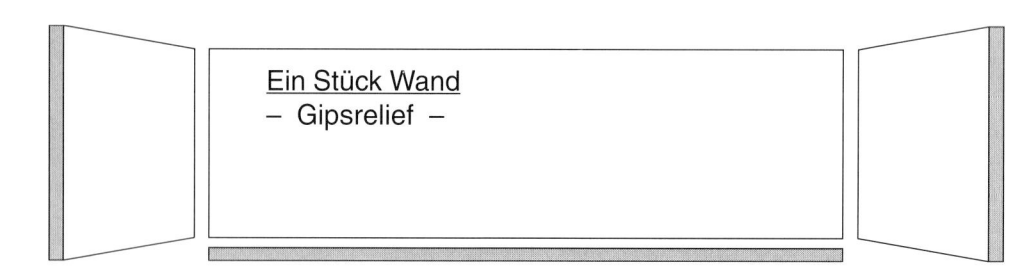

<u>Ein Stück Wand</u>
– Gipsrelief –

Nennt Möglichkeiten der Gestaltung!"

Die Schüler/innen nennen mehrere Möglichkeiten, z.B.:

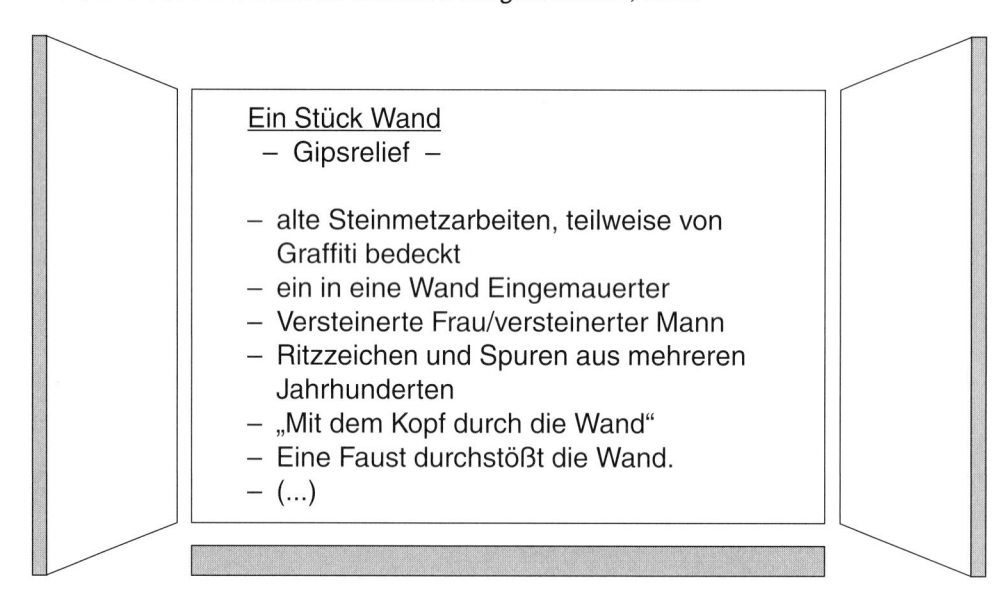

<u>Ein Stück Wand</u>
– Gipsrelief –

- alte Steinmetzarbeiten, teilweise von Graffiti bedeckt
- ein in eine Wand Eingemauerter
- Versteinerte Frau/versteinerter Mann
- Ritzzeichen und Spuren aus mehreren Jahrhunderten
- „Mit dem Kopf durch die Wand"
- Eine Faust durchstößt die Wand.
- (...)

▶ „Diese Thematik lässt ganz unterschiedliche Bildlösungen und die Kombination mehrerer Techniken zu. Diese Techniken findet ihr auf den folgenden Arbeitsblättern beschrieben:

▶ Ausgabe der Arbeitsblätter 2–4
Besprechung der Techniken und Hinweise

3. Anwendung

Unterrichtsgespräch:

▶ Ausgabe und Bereitstellung der Materialien und Werkzeuge für die bildnerische Arbeit

Einzel-/Partnerarbeit:

Bearbeitung der bildnerischen Aufgabe

2.3 Didaktischer Kommentar

Montagen beruhen in der Regel auf der Kombination unterschiedlicher Verfahren und Techniken. Bei der vorgestellten bildnerischen Aufgabe kommt dem Abformen hierbei zentrale Bedeutung zu: Die durch Abformen erhaltenen Formen und Körper können Bestandteil der Montage werden, sie können aber auch Zwischenstation sein, indem sie als Formen zum Ausgießen mit Gips dienen. Die gegossene Form wird dann Teil des Bildganzen. Je nach Bildidee werden sich die Schülerinnen und Schüler für die eine oder andere Möglichkeit entscheiden. Während Bildelemente, wie beispielsweise ein Gesicht, die sich verhältnismäßig wenig vom Niveau der Grundplatte entfernen, beide Möglichkeiten zulassen, lassen sich weit aus der Grundfläche ragende Formelemente nur als Abformung realisieren, da sie aus Gewichtsgründen hohl aufgebaut sein müssen.

Als Grundplatte eignet sich eine unbeschichtete Pressspanplatte von 15 bis 20 mm Stärke. Soll auf diese Platte Gips angetragen oder sollen die zu montierenden Elemente mit Gips auf ihr befestigt werden, so empfiehlt es sich, die Oberfläche der Platte anzurauen und anzufeuchten, damit eine gute Haftung gewährleistet ist. Schwerere oder weit von der Platte abstehende Formelemente sollten gut verankert werden. Sie können geklebt, geschraubt, genagelt oder, sofern sie nicht zu schwer sind, mit Gips auf der Platte befestigt werden. Armierungen sorgen für zusätzliche Stabilität. Während des Montierens sollte das Objekt hin und wieder in senkrechte Position gebracht werden um die spätere Wirkung besser überprüfen zu können.

Der Einstieg in diese Unterrichtseinheit erfolgt über eine Werkbetrachtung eines Environments von G. Segal. Im Mittelpunkt der Betrachtung sollte der Herstellungs- und Gestaltungsprozess stehen. Die Schülerinnen und Schüler sollen erfahren, dass Gipsbinden ein probates Mittel zum Abformen von Gliedmaßen oder Gesichtern sind und dass die so gewonnenen Formen in einen neuen Zusammenhang eingehen können.

Erfahrungsgemäß verbindet sich mit dem Material Gipsbinden ein hoher Aufforderungscharakter. Die Schülerinnen und Schüler entwickeln bevorzugt Bildideen, die sich unter Einbeziehung dieses Materials realisieren lassen. Die Lehrkraft sollte in dieser Phase den Schülerinnen und Schülern beratend zur Seite stehen, damit sie zu einer ökonomischen und zielgerichteten Verwendung der Werkmittel finden.

Folien zur Hinführung und Erarbeitung

1. George Segal, Rock 'n' Roll Combo. 1964

1. George Segal, Rock 'n' Roll Combo. 1964

2. Ein Relief ist eine plastische Arbeit, die an eine Fläche gebunden ist und wie ein Bild nur eine Hauptansicht hat.
Man unterscheidet folgende Erscheinungsformen des Reliefs:

Querschnitte:

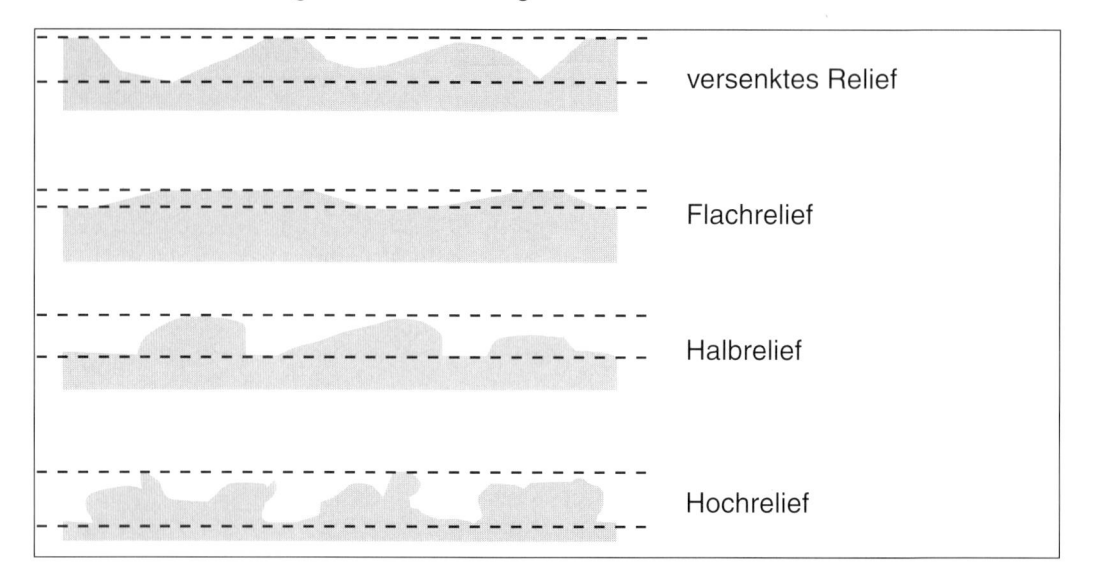

versenktes Relief

Flachrelief

Halbrelief

Hochrelief

3. Erscheinungsformen des Reliefs

a) „Bauer mit Kuh", 1. Jh. n. Chr. München, Glyptothek

b) „Die Prinzessin Kawit wird frisiert". Ägypten, 11. Dynastie

c) „Der assyrische König Assurbanipal auf der Löwenjagd". Vom Palast in Ninive

4. Wände mit Reliefcharakter

Arbeitsblatt 1 — Plastik

1. **Das Relief** ist eine plastische Arbeit, die an eine Fläche gebunden ist und wie ein Bild nur eine Hauptansicht hat. Reliefs können aus so unterschiedlichen Materialien wie Ton, Gips, Bronze, Holz, Papier, Pappmaché gestaltet sein.

Erscheinungsformen des Reliefs

Querschnitte:

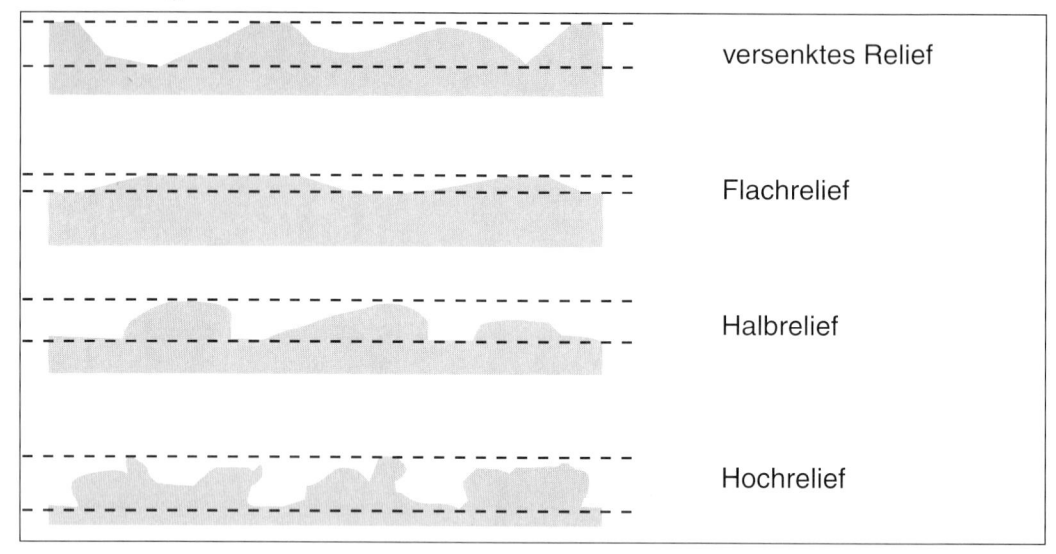

- versenktes Relief
- Flachrelief
- Halbrelief
- Hochrelief

2. Tagtäglich begegnen wir ganz verschiedenartigen Reliefs oder reliefartigen Erscheinungen oder Dingen. Wir nehmen sie als solche gar nicht mehr wahr. Viele Wände haben z. B. Reliefcharakter. Sicherlich fallen dir bei einigem Nachdenken noch andere Beispiele ein.

Arbeitsblatt 2 — Plastik

I. Werkstoff Gips:

Gips ist ein Naturprodukt. Gipsgestein, das beim Verdunsten der urzeitlichen Meere entstand, wird gemahlen und gebrannt. Das so gefertigte Gipspulver nimmt beim Anmischen zu Gipsbrei das beim Brennen entzogene Wasser wieder auf und bindet durch Verfilzen der Gipskristalle zu einer festen Masse ab.

Die einzelnen Gipsarten nehmen unterschiedlich viel Wasser auf und haben daher auch unterschiedliche Abbindezeiten. Der Plastiker arbeitet vorzugsweise mit Alabaster- oder Stuckgips. Diese Gipssorten benötigen zwischen 10 und 30 Min. zum Abbinden.

Das Material Gips eignet sich für mehrere plastische Verfahren:

1. Er kann modellierend verarbeitet werden. Dickflüssiger Gipsbrei lässt sich um einen Kern aus Styropor, Holz o. Ä. antragen oder in Gipsbrei getauchte Stoffstreifen können drapiert werden.
2. Da Gips beim Trocknen fast nicht schwindet, eignet er sich hervorragend zum Abformen und Gießen.
3. Gegossene Gipsblöcke lassen sich skulptierend bearbeiten.

Gipsbinden:

Die Gipsbinde wurde um 970 n. Chr. von einem arabischen Arzt zur Behandlung von Brüchen entwickelt. Seit der amerikanische Künstler George Segal um 1960 Gipsbinden zum Abformen menschlicher Modelle benutzte, erfreut sie sich ihrer einfachen Verarbeitung wegen zunehmender Beliebtheit im Bereich des künstlerischen Arbeitens. Gipsbinden benötigen ca. 15 Min. zum Festwerden.

Hinweise zur Verarbeitung:

1. Gipsbrei: Anrühren des Gipsbreis:
   a) Ein Gefäß mit flexibler Wandung zu 2/3 der anzumischenden Menge mit kaltem Wasser füllen.
   b) Mit der Hand so lange Gipspulver locker einstreuen, bis sich über dem Wasserspiegel eine Insel bildet.
   Immer Gipspulver in Wasser geben, nie umgekehrt!
   c) Hat sich dieses mit Wasser vollgesaugt, kann die Mischung mit der Hand zügig zu einer sämigen Masse vermengt werden.

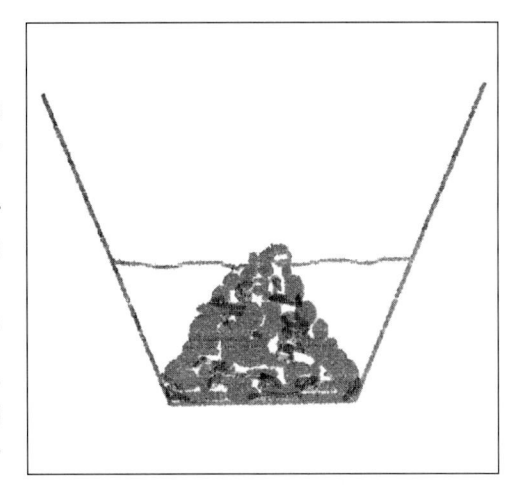

   – Je dickflüssiger Gips angerührt wird, um so schneller bindet er ab.
   – Während des Abbindens darf Gips nicht gestört werden, sonst wird er bröcklig und unbrauchbar.
   – Reste angemischten Gipses im Gefäß abbinden lassen und dann entsorgen.
   – **Gips nie in den Ausguss kippen!**
   – Borstenpinsel und anderes Werkzeug vor dem Festwerden des Gipses reinigen.
   – Uhren und Schmuck ablegen, Arbeitskleidung tragen.

2. Gipsbinden:
   Gipsbinde in Streifen schneiden, diese entsprechend dem Arbeitsverlauf in Wasser tauchen und antragen.

Arbeitsblatt 3 — Plastik

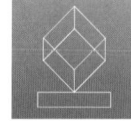

II. Abformtechniken:

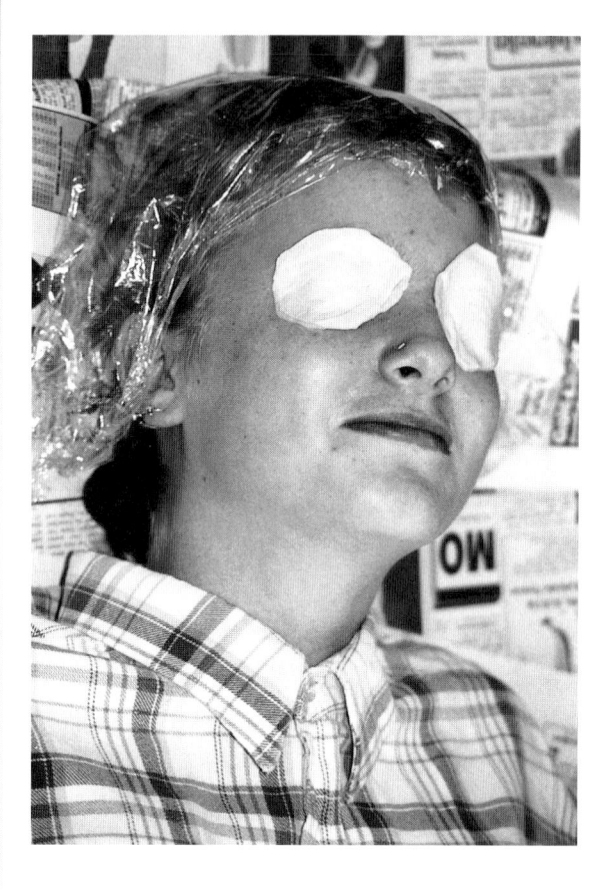

1. *menschliches Gesicht/Gliedmaßen:*

   - Hautpartien vor dem Abformen gut mit Fettcreme einreiben.
   - Beim Abformen des Gesichts mit Gipsbinden die Haare mit einer Bademütze oder einer dünnen Haushaltsfolie schützen, die geschlossenen Augen mit einem feuchten, der Form gut angepassten Papiertaschentuch abdecken, die Nasenlöcher frei lassen. 
   - Gliedmaßen vollständig mit Gipsbinden umhüllen, die Form nach dem Abbinden mit einer Schere in Längsrichtung aufschneiden und die beiden Schalen mit Gipsbindestreifen zur Hohlform zusammenfügen. 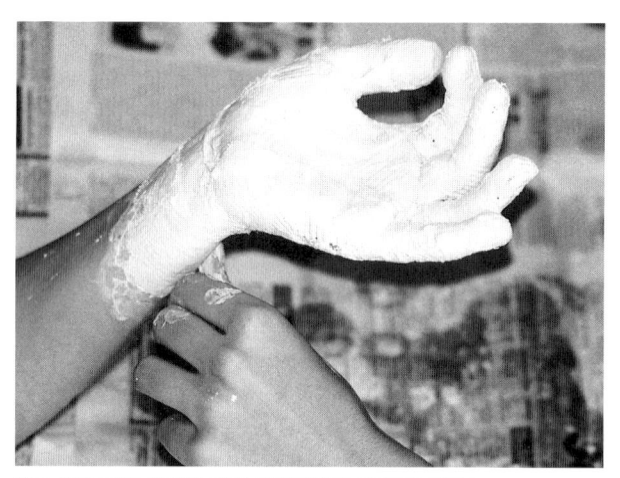 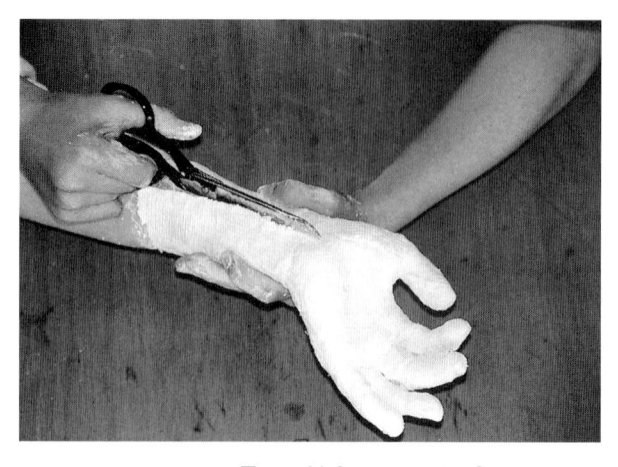 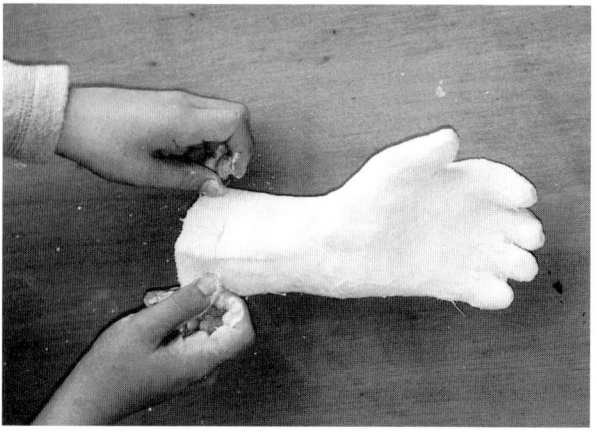
   - Zum Abformen die Gipsbindestreifen überlappend in 2–3 Lagen aufbringen.

Arbeitsblatt 4 — Plastik

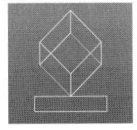

2. Abformen mit Ton oder Plastilin:

Ton oder Plastilin zu einer Platte auswellen und die abzuformenden Gegenstände in den weichen Ton drücken (1). Das so geschaffene Negativrelief wird an den Kanten mit einer Mauer aus Ton versehen und dient als Gießform für ein Positivrelief in Gips (2).

(1) 　(2)

III. Gießen mit Gips:

Hierzu darf der Gips nicht zu dickflüssig sein. Gipsformen oder Formen aus Gipsbinden (z. B. eine vom Gesicht abgenommene Maske) müssen vor dem Guss gut isoliert werden, damit sich das Gipspositiv nach dem Abbinden von der Form löst. Zum Isolieren dienen Bodenwachs, Vaseline oder ein Film aus Schmierseife (Geschirrspülmittel). Formen aus feuchtem Ton oder Plastilin müssen isoliert werden. Die Gießform muss stabil lagern, Öffnungen (z. B. Nasenlöcher bei Gipsbindemasken) müssen vor dem Guss mit Ton verschlossen werden.

(3)

Den Gipsbrei langsam in die Form gießen. Lufteinschlüsse durch leichtes Erschüttern der Gießform entfernen (3).

IV. Montage (frz. monter = zusammensetzen):

Die gefertigten Teile können nun zusammen mit gefundenen auf einer Pressspanplatte zu einer Einheit zusammengesetzt werden. Zum Befestigen dient Gipsbrei oder Holzleim. Das Gipsrelief kann roh belassen oder bemalt werden.

Werkstoff Papier/Pappe

Die Bezeichnung „*Papier*" leitet sich von „Papyrus" ab, einem Beschreibstoff, der vor etwa 4000 Jahren in Ägypten aus der Papyrusstaude gewonnen wurde. Das Mark der Papyrusstängel wurde in lange, breite Streifen geschnitten, die kreuzweise übereinander gelegt zusammengepresst wurden. Der dabei austretende Pflanzensaft bewirkte die notwendige Leimung. Der dünnem Sperrholz vergleichbare Beschreibstoff hat mit Papier nichts gemein.

Papier ist ein Faserstoff, der aus verfilzten Pflanzenfasern besteht. Es wurde um 105 n. Chr. in China erfunden. Am Prinzip des Papiermachens hat sich bis heute im Wesentlichen nichts geändert: Zerkleinerte Pflanzenfasern und Lumpen werden durch Zusatz von Wasser zu einem möglichst homogenen Faserbrei vermengt. Ein Sieb dient als Schöpfform um den Faserbrei abzuheben. Dabei fließt das Wasser durch das Sieb nach unten ab und auf der Sieboberfläche bildet sich durch Verfilzen der Fasern eine dünne Papierschicht.

Den Chinesen dienten zur Papierherstellung die Rinde des Maulbeerbaumes und Chinagras, aber vereinzelt bereits auch Textilabfälle. Bis Ende des 18. Jahrhunderts wurden vorwiegend Lumpen zur Papierherstellung verwendet. Aufgrund steigenden Papierbedarfs musste ein neuer Rohstoff gefunden werden. Es wurde möglich, verholzte Fasern (Zellstoff) chemisch aufzuschließen. Zunächst diente hierzu Stroh, später gelang es auch, Holz, vorwiegend das langfaserige von Nadelbäumen, zu Papier zu verarbeiten. Heute dient hauptsächlich Holz als Rohstoff für die Papierherstellung, aber auch Strohzellstoff findet noch Verwendung, insbesondere zur Herstellung von Pappen und Packpapieren.

Zur Herstellung qualitativ hochwertiger Papiere, wie sie für Banknoten, Landkarten oder Zigaretten benötigt werden, dienen auch heute noch Lumpen.

Papiersorten werden nach dem Gewicht beurteilt. Dieses wird in Gramm pro cm^2 angegeben. Die Bezeichnung *Papier* gilt für Erzeugnisse bis zu einem Gewicht von 150 Gramm pro m^2. Papiererzeugnisse mit einem Gewicht bis zu 300 Gramm pro m^2 bezeichnet man als Karton, für Produkte, deren Gewicht über 300 Gramm pro m^2 liegt, verwendet man die Bezeichnung *Pappe*. Neben dem Gewicht sind weitere wichtige Beurteilungskriterien von Papiererzeugnissen die Zusammensetzung, die Transparenz, die Festigkeit, die Leimung, der Gehalt an Füllstoffen und die Laufrichtung des Papiers.

Abbildung 67:
Pappkunst in Perfektion

3 Relief aus Wellpappe

3.1 Sachanalyse

Wellpappe ist ein auf Verpackungszwecke abgestimmtes *Papier*produkt. Sie wird in unterschiedlichen Sorten hergestellt. Meist besteht sie aus mehreren Lagen, die sich aus gewellten und glatten Schichten zusammensetzen. Die Wellen der einzelnen Sorten haben unterschiedliche Scheitelhöhen; sie bewegen sich zwischen 2 und 15 mm. Auch die glatten Schichten weisen unterschiedliche Stärken auf, je nach bevorzugtem Verwendungszweck der *Pappe*.

Die gebräuchlichsten Wellpappen bestehen aus einer gewellten Lage, aus zwei Lagen, und zwar aus einer gewellten und einer glatten, aus drei oder auch aus fünf Lagen, wobei die gewellte Schicht jeweils von zwei glatten Schichten umgeben ist (Abb. 68). Diese Struktur macht Wellpappe zu einem geeigneten Werkstoff für *reliefplastische Arbeiten*. So weist bereits unbearbeitete zweilagige Wellpappe vier verschiedene Strukturen auf: sowohl eine glatte als auch eine gewellte flächige Schicht und an den Schnittkanten zum einen einen wellenförmigen linienartigen Verlauf mit starker Licht- und Schattenwirkung, zum andern je nach Schnittführung eine unregelmäßige Struktur mit geringen Niveauunterschieden (Abb. 69, S. 110).

Abbildung 68: Wellpappe, Querschnitte

Abbildung 69:
Verschiedene
Strukturen durch
unterschiedliche
Anordnung

Abbildung 70:
Andrücken und
Plattdrücken der
Wellen

Bearbeiten lässt sich Wellpappe unabhängig von der unterschiedlichen Beschaffenheit auf mannigfaltige Weise. Die Wellen lassen sich in eine Richtung schräg andrücken oder völlig platt drücken (Abb. 70). Sie können bei mehrlagigen Pappen vollständig oder nur partiell abgetragen werden (Abb. 71). Dasselbe gilt gleichermaßen für die glatten Seiten. Die abzutragende Schicht lässt sich leichter entfernen, wenn sie zuvor angefeuchtet wird. Aber auch unterschiedliche Schnittarten führen zu ganz anderen Strukturen und Wirkungen (Abb. 72). Wird Wellpappe nicht vollständig

Abbildung 71: Abtragen der Wellen und der glatten Seiten

Abbildung 72: Unterschiedliche Strukturen durch unterschiedliche Schnittarten

durchtrennt, sondern nur geritzt, so lässt sie sich biegen, was zusätzliche Gestaltungsweisen eröffnet. Als Ausgangsmaterial eignen sich unbeschädigte, trockene Wellpappen-Kartons, wie sie in Supermärkten anfallen. Wichtig ist auch das verwendete Schneidewerkzeug: Neben einer guten Schere empfiehlt sich die Verwendung eines Schneidemessers (Teppichmessers). Auch ein Lineal und eine Schneideunterlage sollten vorhanden sein.

3.2 Unterrichtsbeispiel (Klasse 6-8)

„Ein modisch irrer Schuh"
Relief aus Wellpappe

Medien: **1. Anschauungsmittel:** verschiedene Arten von Wellpappe (vgl. Abb. 68, S. 109), Folie S. 115, Tageslichtprojektor, Projektionswand, Tafel, Kreide, Ergebnisse der Einzel-/Partnerarbeit, Pinnwand, Pinnnadeln o. Ä.

2. Arbeitsmittel: Scheren, Schneidemesser und Schneideunterlagen, Zeichenblock DIN A 3, Klebstoff, Lineal, Deckfarben, Malutensilien, Knöpfe u. Ä. zur Verzierung des Reliefs, einige Wäscheklammern oder Stecknadeln.

Lernziele: Die Schülerinnen und Schüler sollen

- erfahren, dass es verschiedene Arten von Wellpappen gibt.
- durch unterschiedliche Anordnung und Veränderung des Materials Wellpappe möglichst viele verschiedene Strukturen herstellen können.
- erkennen, dass ein Relief von der Licht- und Schattenwirkung seiner unterschiedlichen Niveaus bestimmt wird.
- Informationen über A. v. Menzel erhalten.
- in Anlehnung an Menzels Zeichnung das Motiv „Schuh" in ein Wellpappe-Relief umsetzen können.

Verlaufsplanung

1. Hinführung

Präsentation/
Unterrichts-
gespräch:

⇒ Vorstellung des Materials „Wellpappe": verschiedene Arten, Aufbau

Unterrichts-
gespräch:

⇒ Tafelanschrieb:
„Eure Aufgabe besteht nun darin, z.B. durch die

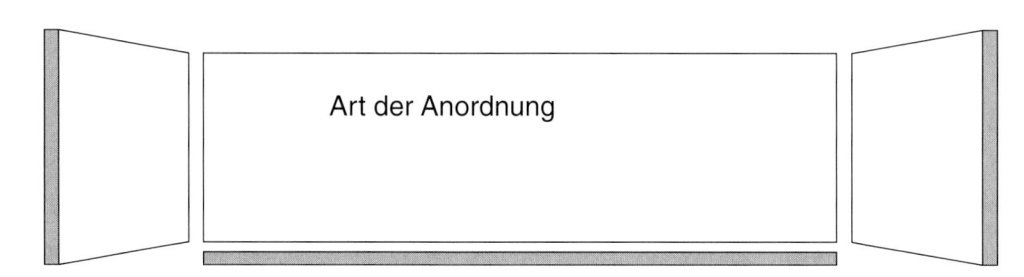

Art der Anordnung

möglichst viele verschiedene Strukturen mit diesem Material herzustellen. Nennt weitere Möglichkeiten!"

Die Schüler/innen nennen weitere Möglichkeiten.

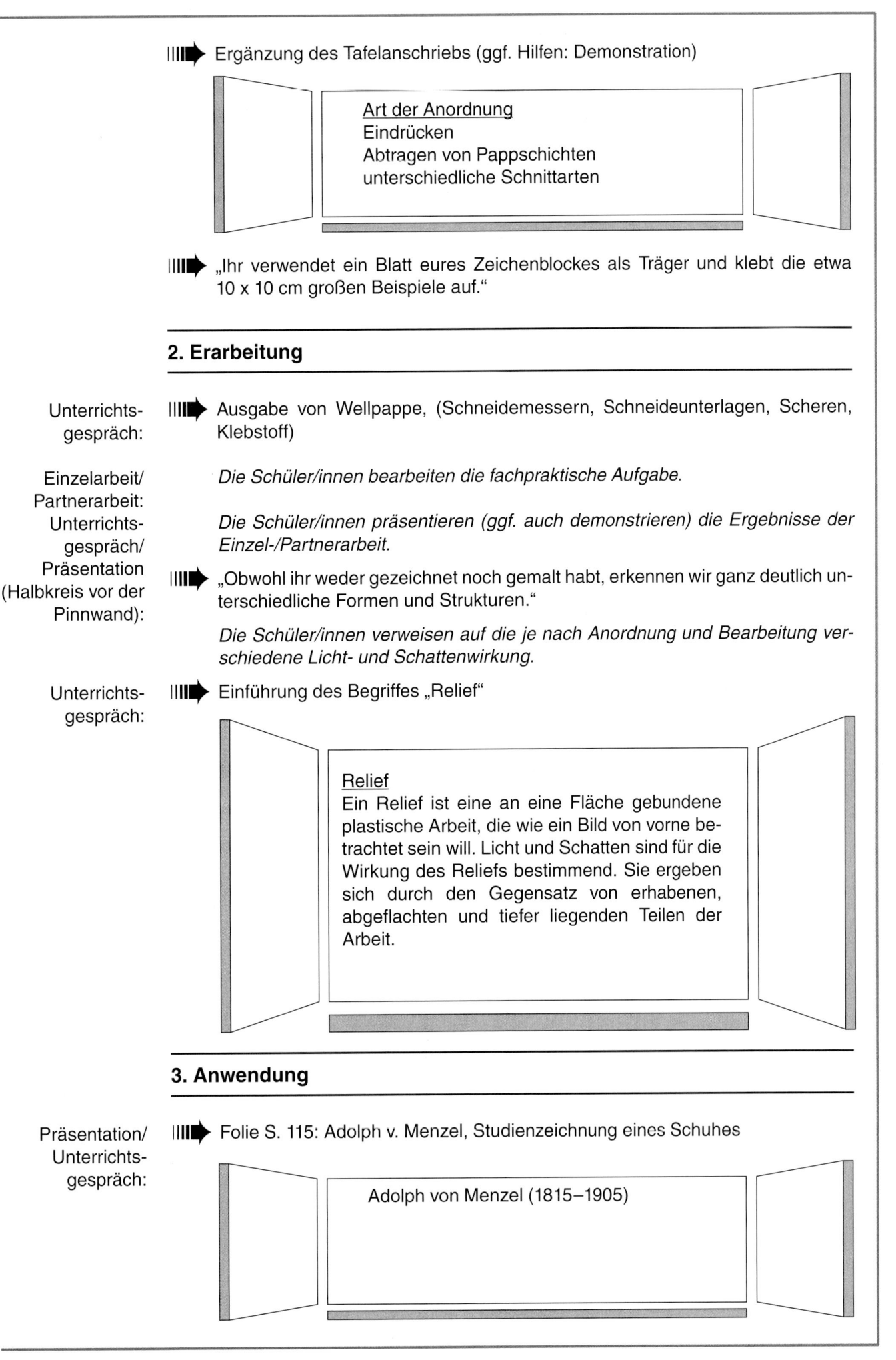

▶ Ergänzung des Tafelanschriebs (ggf. Hilfen: Demonstration)

> Art der Anordnung
> Eindrücken
> Abtragen von Pappschichten
> unterschiedliche Schnittarten

▶ „Ihr verwendet ein Blatt eures Zeichenblockes als Träger und klebt die etwa 10 x 10 cm großen Beispiele auf."

2. Erarbeitung

Unterrichtsgespräch:

▶ Ausgabe von Wellpappe, (Schneidemessern, Schneideunterlagen, Scheren, Klebstoff)

Einzelarbeit/Partnerarbeit:
Unterrichtsgespräch/Präsentation (Halbkreis vor der Pinnwand):

Die Schüler/innen bearbeiten die fachpraktische Aufgabe.

Die Schüler/innen präsentieren (ggf. auch demonstrieren) die Ergebnisse der Einzel-/Partnerarbeit.

▶ „Obwohl ihr weder gezeichnet noch gemalt habt, erkennen wir ganz deutlich unterschiedliche Formen und Strukturen."

Die Schüler/innen verweisen auf die je nach Anordnung und Bearbeitung verschiedene Licht- und Schattenwirkung.

Unterrichtsgespräch:

▶ Einführung des Begriffes „Relief"

> Relief
> Ein Relief ist eine an eine Fläche gebundene plastische Arbeit, die wie ein Bild von vorne betrachtet sein will. Licht und Schatten sind für die Wirkung des Reliefs bestimmend. Sie ergeben sich durch den Gegensatz von erhabenen, abgeflachten und tiefer liegenden Teilen der Arbeit.

3. Anwendung

Präsentation/Unterrichtsgespräch:

▶ Folie S. 115: Adolph v. Menzel, Studienzeichnung eines Schuhes

> Adolph von Menzel (1815–1905)

▻ „Menzel wurde zum Geschichtsmaler Preußens. Neben Motiven aus dem Leben der Hofgesellschaft hielt er Szenen aus dem Werktag in seinen Bildern fest und fertigte Studien von Gegenständen des Alltags an, wie z. B. diesem Damenschuh. Beschreibt Form, Material und Beschaffenheit dieses von Menzel dargestellten Schuhs!"

Die Schüler/innen beschreiben die Darstellung, nennen die Bestandteile des Schuhs und den Kontrast von glatten zu strukturierten und erhabenen zu flacher gehaltenen Partien.

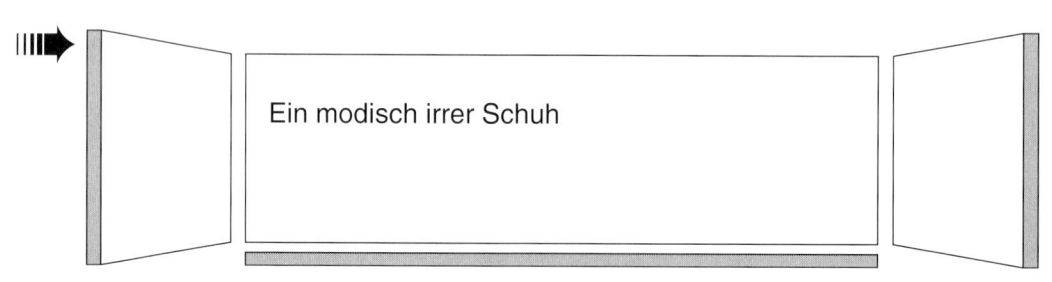

Unterrichts-
gespräch: ▻

Ein modisch irrer Schuh

▻ „Eure Aufgabe besteht darin, in Anlehnung an Menzels Damenschuh einen Schuh als Relief aus Wellpappe darzustellen. Zusätzlich zu den bereits erprobten Möglichkeiten des Materials Wellpappe könnt ihr das Relief bemalen und mit Knöpfen und Ähnlichem ausschmücken."

▻ Bereitstellung der Materialien und Werkzeuge.

Die Schüler/innen bearbeiten die bildnerische Aufgabe.

3.3 Didaktischer Kommentar

Wellpappe ist den Schülerinnen und Schülern ein vertrautes Material, allerdings weniger als Ausgangsmaterial für künstlerische Gestaltungsvorhaben. Sie kennen Wellpappe von Verpackungen. Ein wesentliches Ziel dieser Unterrichtseinheit ist es daher, die Schülerinnen und Schüler für die unterschiedlichen materialen Strukturen dieses Werkstoffes zu sensibilisieren und ihnen gestalterische Möglichkeiten aufzuzeigen. Aus diesem Grunde sollten in diesem Zusammenhang auch die verwendeten Wellpappen möglichst von Verpackungen stammen und nicht die vom Fachhandel angebotenen weißgefärbten, unterschiedlich strukturierten Platten verwendet werden.

Die benötigte Wellpappe ist leicht zu beschaffen. In Supermärkten, Fachgeschäften und auch im Haushalt fällt sie täglich zur Entsorgung an. Sie sollte jedoch möglichst unbeschädigt sein. Verunreinigte, nasse und aufgequollene Wellpappe ist für den Gestaltungszweck ungeeignet. Bedruckte Wellpappen hingegen lassen sich reizvoll in die Gestaltung einbeziehen. Je größer das Angebot unterschiedlicher Wellpappen ist, desto interessantere gestalterische Wirkungen lassen sich erzielen.

In der in den Phasen der Hinführung und Erarbeitung vorgesehenen Übung können die Schülerinnen und Schüler verschiedene Möglichkeiten der Anordnung und Bearbeitung des Materials ausprobieren und die Wirkung überprüfen. Die Präsentation der Ergebnisse ergibt ein breites Spektrum an gestalterischen Lösungen.

Zum Aufkleben der Wellpappeformen empfiehlt sich die Verwendung eines Flüssigklebers. Klebestifte sind nicht geeignet. Mithilfe von Wäscheklammern oder Stecknadeln können elastische, in eine Form gepresste Gebilde so lange fixiert werden, bis der aufgetragene Kleber angetrocknet ist und die Form hält.

Damit die verschiedenen Strukturen der Wellpappe nicht zu grob aussehen, sollte das in der Phase der Anwendung vorgeschlagene Motiv eines Schuhs übergroß dargestellt werden. Als Ausgangsformat bietet sich DIN A 3 an. Zum Aufkleben des Reliefs kann ein Zeichenblatt dienen. Ein stabiler Pappdeckel (z. B. vom Zeichenblock) ist jedoch besser geeignet. Bevor hierauf der Umriss und die wesentlichen Binnenformen des Schuhs eingezeichnet werden und die Schuhform ausgeschnitten wird, sollte die Grundfläche zur Steigerung der Licht- und Schattenwirkung des Reliefs in einer dunklen Farbe angemalt werden. Dient Pappe als Grundfläche, so kann diese gleichzeitig als Schneideunterlage benutzt werden.

Auch die aufzuklebenden Formen sollten vor dem Aufkleben bemalt werden. Zum einen ist ein gezielterer Farbauftrag möglich, zum anderen wird dieser nicht durch Klebstoffspuren beeinträchtigt. Dient fünflagige Wellpappe als Ausgangsmaterial, so kann die Schuhform auch gleich aus Wellpappe geschnitten werden. Die unterschiedlichen Strukturen entstehen in diesem Falle nur durch An- und Plattdrücken oder durch Abtragen von Schichten. Der Rand der Schuhform lässt sich durch Schrägschnitt interessant gestalten (vgl. Abb. 71 und 72, S. 111). Bei der Verwendung von Schneidemessern empfiehlt es sich, Pflaster bereitzuhalten.

Abbildung 73: „Ein modisch irrer Schuh". Relief aus Wellpappe (Schülerarbeit)

IIII➡ Folie zur Anwendung

Adolph von Menzel, Damenschuh, Studienzeichnung

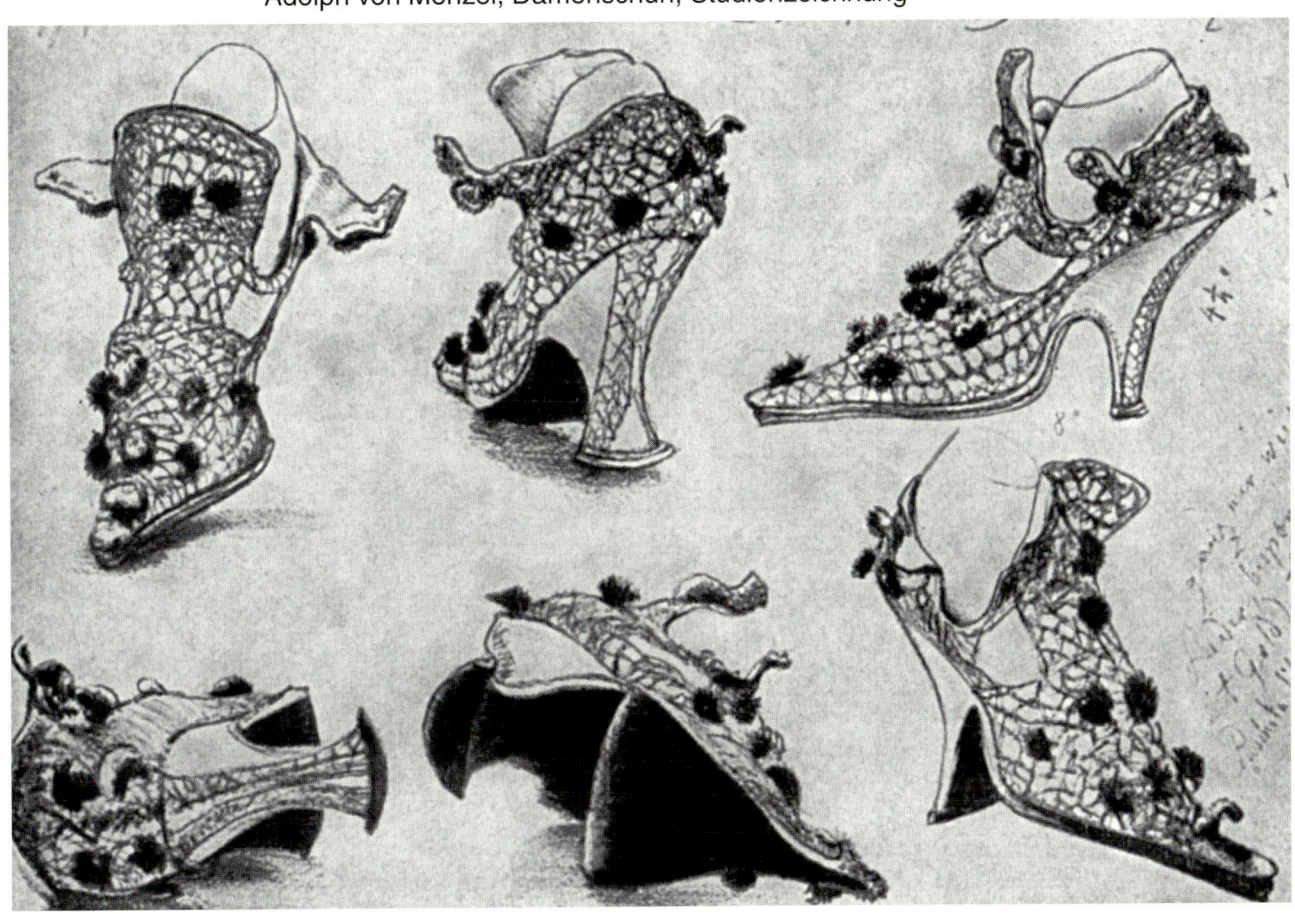

4 Kinetisches Objekt

4.1 Sachanalyse

Kinetische Objekte haben mit Bewegung zu tun. Sie bewegen sich selbst oder lassen sich bewegen. Als Antriebskräfte dienen Motoren oder Naturkräfte wie Wind oder Wasser. Kennzeichen vieler kinetischer Objekte ist ihr experimenteller Charakter. Dabei kommt der *Montage* eine tragende Rolle zu.

Marcel Duchamps Ready-made „Fahrrad-Rad" aus dem Jahre 1913 (Abb. 74) enthielt bereits den Gesichtspunkt der Bewegung, auch wenn diese noch keine gestalterische Bedeutung übernahm. Zehn Jahre später schuf Man Ray sein „Object of Destruction", das die Bewegung bewusst in die Konzeption einbezog (Abb. 75).

Abbildung 74: Marcel Duchamp, Fahrrad-Rad. 1913

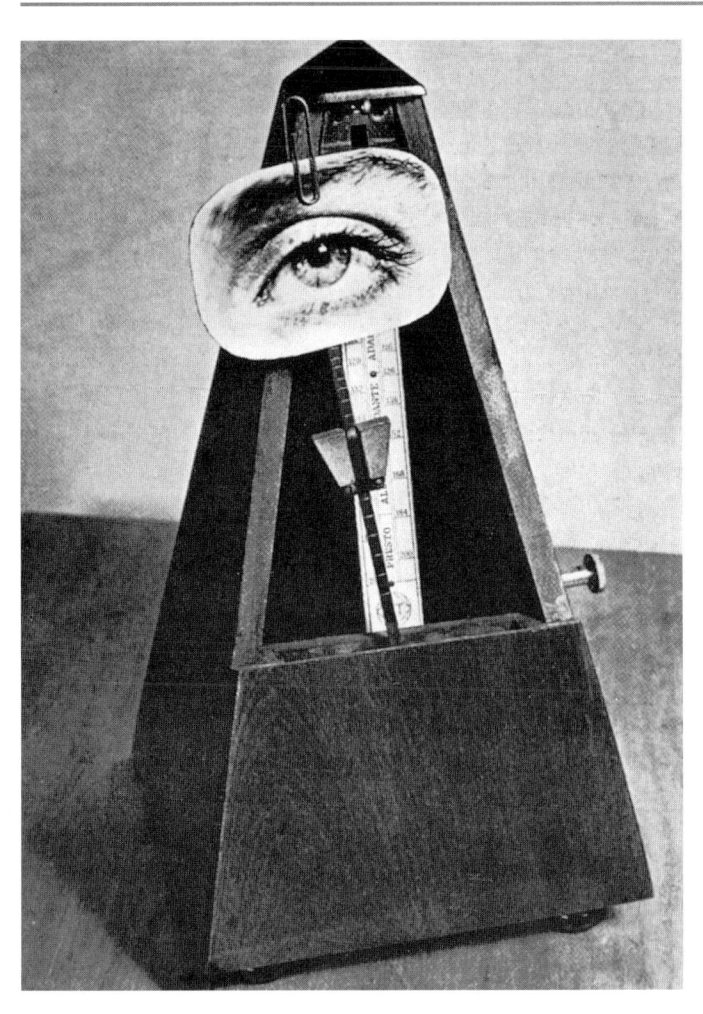

Ab 1932 beschäftigte sich Alexander Calder mit naturkraftbewegten *Mobiles*. Diese sind so aufgebaut, dass die Einzelteile beweglich sind und ihre räumliche Lage entsprechend der Krafteinwirkung verändern. Dadurch ergeben sich ständig wechselnde räumliche Beziehungen der Einzelteile zueinander mit immer neuen Ansichten (Abb. 6, S. 9).

Die Zeit, erfahrbar in Bewegungsabläufen, wird damit bei Calders Objekten zu einem zusätzlichen Inhalt ästhetischer Wahrnehmung.

Angeregt durch Arbeiten Calders entstehen Jean Tinguelys von Motoren angetriebene Objekte. Ihrer ursprünglich zugedachten Aufgabe ledig, konstruiert Tinguely mit solchen Schrottwert besitzenden Maschinen Szenarien, in denen auch die Geschwindigkeit gestalterisch bedeutsam wird (Abb. 14, S. 14).

Abbildung 75:
Man Ray, Object of Destruction. 1923

4.2 Unterrichtsbeispiel (Klasse 7-10)

„Miróbile"
Vom Gemälde zum kinetischen Objekt

Medien: **1. Anschauungsmittel:** Folien 1 und 2 S. 120f, Tageslichtprojektor, Projektionswand, (Folienschreiber), Tafel, Kreide

2. Arbeitsmittel: Arbeitsblatt S. 122, Bleistift, Zeichenblock DIN A3, Deck-/Dispersionsfarben und Malutensilien, Arbeitskittel, alte Zeitungen zum Abdecken der Arbeitstische, Werkpappe, Scheren, schwache Rundhölzer, Drahtstücke, Kleiderbügel o. Ä., Faden, diverses Kleinmaterial gemäß den Vorstellungen der Schüler/innen

Lernziele: Die Schülerinnen und Schüler sollen

- ihre Eindrücke von einem Gemälde Joan Mirós verbalisieren können.
- Möglichkeiten der dreidimensionalen Umgestaltung von Elementen aus Mirós Gemälde „Libelle mit roten Flügeln verfolgt eine Schlange, die in Spiralen zum Kometenstern gleitet" nennen können.
- im Mobile ein Medium entdecken, das sukzessive eine Vielzahl verschiedener „Bilder" ermöglicht.
- in Alexander Calder einen Künstler kennen lernen, der sich mit diesem Bereich beschäftigte.
- die Bezeichnung „kinetisches Objekt" kennen lernen.
- in Anlehnung an Mirós Gemälde Mobiles fertigen können.

Verlaufsplanung	**Hinführung**
Präsentation/ Unterrichtsgespräch:	▶ Folie 1, S. 120 *Die Schüler/innen äußern sich zum Bild. Sie verweisen u.a. auf die im Bild deutlich werdende Bewegung und formulieren mögliche Bildtitel.* ▶ Informationen zum Künstler und Werk (vgl. S. 121)
	2. Erarbeitung
Unterrichtsgespräch:	▶ „Ein zweidimensionales Bild kann nur den Eindruck von Bewegung vermitteln, die dargestellten Dinge bewegen sich aber in Wirklichkeit nicht. Sie haben immer dieselbe Position im Bild. Vielleicht habt ihr eine Idee, wie man Mirós Kometen und die übrigen Bildelemente tatsächlich in Bewegung versetzen könnte, sodass nacheinander viele Bilder entstehen." ▶ (Hilfen: ggf. bereits hier Präsentation von Folie 2, S. 121) *Die Schüler/innen nennen das Mobile als Möglichkeit.*
Präsentation/ Unterrichtsgespräch:	▶ Folie 2, S. 121 „Diese Abbildung zeigt ein Mobile des Amerikaners Alexander Calder. Es bewegt sich durch Windkraft." *Schüleräußerungen* ▶ Einführung der Bezeichnung „kinetisches Objekt"; Tafelanschrieb (vgl. „Informationen" S. 121):

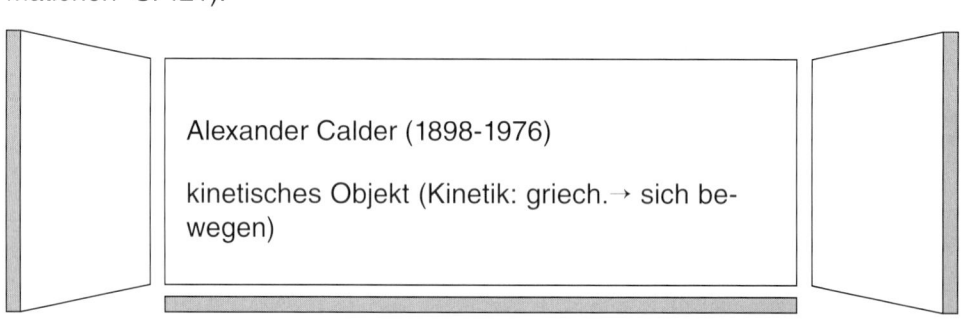

> Alexander Calder (1898–1976)
>
> kinetisches Objekt (Kinetik: griech. → sich bewegen)

Unterrichtsgespräch:	▶ „Sicher habt ihr schon Erfahrungen mit dem Fertigen oder Aufhängen von Mobiles gemacht. Berichtet!" *Die Schüler/innen berichten von den Schwierigkeiten beim Austarieren der Mobileteile, vom Verheddern der Fäden der Aufhängungen, …* ▶ „Die Mobileteile können aus ganz verschiedenen Materialien bestehen. Ihr könnt sie selbst fertigen oder vorgefertigte Gegenstände einbeziehen. Wichtig ist nur, dass das Gewicht der einzelnen Elemente nicht zu unterschiedlich ist. Bevor ihr mit der Herstellung der Elemente beginnt, solltet ihr euch über deren Zusammensetzung und Form Gedanken machen." ▶ Ausgabe des Arbeitsblattes S. 122 Besprechung der Aufgabenstellung von Aufgabe 1
Partnerarbeit:	*Die Schüler/innen bearbeiten Aufgabe 1 des Arbeitsblattes.*

Präsentation/ Unterrichts- gespräch:	⇒	Folie: Aufgabe 1, Arbeitsblatt S. 122
		Die Schüler/innen nennen Möglichkeiten der dreidimensionalen Umgestaltung.
Unterrichts- gespräch:	⇒	Besprechung der Aufgabenstellung der Aufgaben 2 und 3 des Arbeitsblattes S. 122

3. Anwendung

Partnerarbeit:		*Die Schüler/innen bearbeiten die fachpraktischen Aufgaben.*
Unterrichts- gespräch:	⇒	Ausgabe der Arbeitsmittel

4.3 Didaktischer Kommentar

Mobiles sind den Schülerinnen und Schülern vertraut und einige haben bereits mit vorgefertigten Materialien nach Anleitungen Mobiles gebaut. Ausgehend von diesen Voraussetzungen sollen die Schülerinnen und Schüler in dieser Unterrichtseinheit in Anlehnung an ein Gemälde J. Mirós nun selbst Mobile-Teile herstellen und zu einem kinetischen Objekt zusammenfügen.

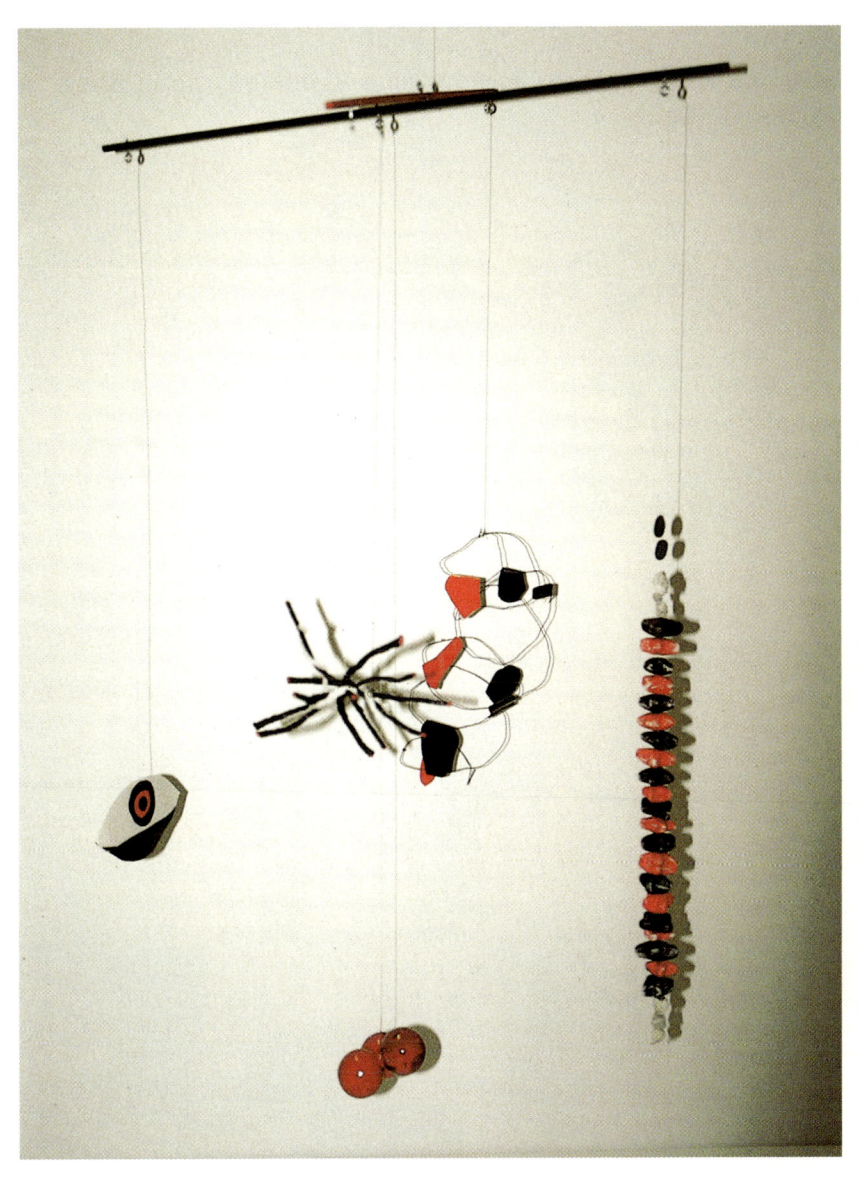

In einer Bildbetrachtung werden zunächst einzelne Bildelemente näher charakterisiert und über die Formulierung möglicher Bildtitel wird u.a. der Gesichtspunkt der Bewegung erarbeitet. Der Hinweis auf die nur scheinbare Bewegung der Elemente im Bild Mirós führt zum Mobile und damit zu einer Lösung des Problems. Sollten die Schülerinnen und Schüler diesen Schritt nicht vollziehen können, so kann die zur Anschauung und Vertiefung vorgesehene Folie mit der Abbildung eines Mobiles von A. Calder (S. 121) als Impuls dienen.

Die Herstellung des Mobiles erfolgt am besten in Partnerarbeit. Die Mobile-Elemente können arbeitsteilig gefertigt werden und beim Aufhängen und Austarieren der Elemente wird die Hilfe eines Partners notwendig. Wird Aufgabe 1 des Arbeits-

Abbildung 76:
„Miróbile", Mobile nach Mirós
„Libelle mit roten Flügeln ..."
(Schülerarbeit)

blattes in Partnerarbeit bearbeitet, so finden hier bereits Absprachen hinsichtlich der Arbeitsteilung statt. Ausschlaggebend für die Aufteilung der Fertigung der einzelnen Bildelemente unter den Partnern werden sicherlich auch die mitzubringenden Materialien und Gegenstände sein. Daher ist es nicht nur Ziel dieser Aufgabe, aus Mirós Bild eine Auswahl der ins Dreidimensionale zu transferierenden Elemente zu treffen, sondern gleichzeitig auch zu überlegen, wie und mit welchen Mitteln sie sich darstellen lassen und welcher Partner das Benötigte für die folgende Unterrrichtsstunde mitbringen kann. In dem auf diese Phase folgenden Unterrichtsgespräch sollte die Lehrerin/der Lehrer nicht versäumen, auf das Gewicht der zur Montage der einzelnen Mobile-Teile vorgesehenen Gegenstände und Materialien hinzuweisen. Die zu fertigenden Elemente dürfen sich im Gewicht nicht zu stark unterscheiden, da sich hieraus Probleme beim Aufhängen der Mobile-Teile ergeben könnten.

Zum Bemalen der Mobile-Teile können ganz unterschiedliche Farben verwendet werden. Während die aus Pappe ausgeschnittenen Teile mit Deckfarben und Filzstiften bemalt oder auch mit Tonpapier beklebt werden können, empfiehlt sich für aus unterschiedlichen Materialien zusammengesetzte Elemente Plaka- oder Abtönfarbe. Das Verarbeiten dieser Farben erfordert einen Arbeitskittel.

⇒ Folien zur Hinführung und Erarbeitung

1. Joan Miró, Libelle mit roten Flügeln verfolgt eine Schlange, die in Spiralen zum Kometenstern gleitet (1951)

2. Alexander Calder, Mobilé

Informationen:

1. Joan Miró (geb. 1893). Studium der Malerei in Barcelona. Übersiedelte 1920 nach Paris, wo er Picasso kennen lernte. Zunächst vom Kubismus beeinflusst, bekannte er sich 1924 mit der Unterzeichnung des „Manifeste du Surrealisme" zum Surrealismus und beteiligte sich 1925 an der ersten Ausstellung der Surrealisten.
Mirós Werk wird der abstrakten Richtung des Surrealismus zugerechnet („Traumstenogramme").
2. Alexander Calder (1898–1976). Studium am Technikum von Philadelphia, anschließend Zeichen- und Malunterricht in New York. 1926-1933 Aufenthalt in Paris, wo er u.a. auch J. Miró kennen lernte. Calder schuf zunächst Drahtplastiken, dann „Stabiles", abstrakte Metallplastiken, und wenig später „Mobiles". Diese wurden anfänglich von Motoren, später durch Windkraft in Bewegung gesetzt.

Arbeitsblatt — Plastik

1. a) Welche Elemente möchtest du in deinem Mobile darstellen?
   b) Notiere, aus welchen Materialien und Gegenständen du die ausgewählten Elemente fertigen möchtest.

2. Flache Mobileteile kannst du aus Pappe o. Ä. herstellen. Fertige hierzu zunächst Farbskizzen in der geplanten Größe.

3. Wähle aus Mirós Bild besonders interessante Figuren aus, übersetze sie ins Dreidimensionale und fertige mit diesen Körpern ein Mobile!

Architekturmodelle

Urformen menschlicher Behausung

1 Die Höhle

1.1 Sachanalyse

Vermittelt die Architekturzeichnung einen ersten spontanen Eindruck einer Gestaltungsidee, so wird diese Idee im *Modell* greifbar. Im *Modell* erhält eine plastisch-räumliche Vorstellung oder die Nachbildung architektonischer Wirklichkeit eine künstlerischen Gestaltungskriterien unterliegende eigene Realität.

Der Unterrichtsgegenstand „Modell einer von Steinzeitmenschen bewohnten Höhle" ist den *Geländemodellen* zuzuordnen. Es handelt sich jedoch um kein topographisches Modell, da das *Relief* des darzustellenden Geländes keinen topographischen Bezug vorsieht.

Die Gestaltungsaufgabe kann sich auf das Geländemodell beschränken, sie kann aber auch die Gestaltung des Höhleninneren einschließen und damit zusätzlich auch *Innenraummodell* werden. Aufgabe des Geländemodells ist die Darstellung des Reliefs der Geländemodellierung. Es wird gegliedert durch Felsen, Bodenwellen, Bruchkanten, Vertiefungen und Erhebungen und schließt auch die Darstellung von Bepflanzungen mit Bäumen und Büschen ein. Maßstabsbildende Elemente wie Menschen und Tiere sind ebenfalls Bestandteil eines solchen Modells.

Das Innenraummodell veranschaulicht insbesondere plastisch-räumliche und funktionale Gesichtspunkte.

Als Trägerplatte für das Modell eignen sich Pressspan- oder Tischlerplatten, auch Furnierplatten ausgedienter Möbel liefern brauchbares Material.

Die Gestaltung des Geländemodells erfolgt in freier *Modellierung*. Diese ist durch drei Arbeitsschritte gekennzeichnet:

1. Erstellung einer Unterkonstruktion: In einer Ecke der Trägerplatte entsteht die Unterkonstruktion. So verbleibt ausreichend Platz für die Gestaltung des Terrains vor dem Höhleneingang und des sich hier abspielenden Lebens. Mit Lattenstücken, Leisten, Brettchen oder voluminösen Materialien und Gegenständen wie Styropor oder leeren Kunststoffflaschen entsteht ein das *Kaschee* tragende Gerüst.

   Beinhaltet die Aufgabenstellung auch das Innenraummodell, so ist darauf zu achten, dass der Blick ins Höhleninnere nicht durch Teile der Konstruktion verstellt wird. Am besten errichtet man auf der Ecke der Trägerplatte eine Stütze, die zugleich den höchsten Punkt der Geländeformation markiert. Die Bergform bleibt hinten entlang der Plattenkanten offen und gewährt so Einblick ins Höhleninnere.

   Bleibt die Arbeit auf das Geländemodell beschränkt, so genügt es, die Höhle anzudeuten. Die Unterkonstruktion kann raumfüllend mit leichtem Material erfolgen.

2. Aufbringen des Kaschees: Sollen Gelände- und Innenraummodell entstehen, so wird dieses Grundgerüst mit einem Gewebe (Rupfen, Gaze, Gipsbinden) bespannt und mit Leimwasser (mit Wasser verdünnter Weißleim, Tapetenkleister) bestrichen und drapiert. Die Klebstoffe verleihen dem Gewebe ausreichend Festigkeit und halten die Form. Sie trocknen farblos auf. Ein Bemalen wird durch die Farbe des Gewebes weitgehend überflüssig; es genügt, stellenweise auf den feuchten Leim gefärbte Sägespäne aufzustreuen.

Alternativ kann das Gerüst auch mit einem engmaschigen *Drahtgitter* (Hühnerdraht, Fliegengitter) bespannt werden, das ein Papierkaschee (mehrere mit Tapetenkleister verleimte Schichten Zeitungspapier) erhält. Auf eine raumfüllende Unterkonstruktion kann das Papierkaschee direkt aufgebracht werden.

3. Pappmaché (vgl. S. 46 ff) dient zur weiteren, detaillierten Ausgestaltung des Außen- und Innenraumes. Felsüberhänge, Risse, Spalten, Stalagtiten und Stalagmiten lassen sich modellieren. Sind die Kaschee- und Pappmachéformen gut durchgetrocknet, so können sie in Grün- und Brauntönen bemalt werden. Am besten verwendet man hierzu die gut deckenden und preiswerten Abtönfarben.

Bei der Gestaltung von Bäumen und Büschen sind der Fantasie keine Grenzen gesetzt. Abbildung 2., S. 131 zeigt mögliche Beispiele.

Tiere und Menschen werden aus weißbrennendem Ton, feinem Pappmaché oder selbsthärtender Modelliermasse geformt und anschließend mit Deckfarben bemalt.

1.2 Unterrichtsbeispiel (Klasse 5-6)

Modell einer Höhle
Mit Papier kaschiertes Draht-/Holzgerüst
(Partner-/Gruppenarbeit)

Medien: **1. Anschauungsmittel:** Folien 1 und 2 S. 128–130, Tageslichtprojektor, Projektionswand, Werkzeuge und Materialien (vgl. Arbeitsmittel)

2. Arbeitsmittel: Arbeitsblatt S. 131, Bleistift, Lineal, je Gruppe eine Pressspanplatte (ca. 50 x 50 cm), Latten, Hammer, Zange, Nägel, Säge (Feinsäge), Zeitungspapier, ein Gefäß mit Tapetenkleister, Abtönfarben (grün, schwarz, braun, ocker), Pinsel, Deckfarben und Zubehör, Naturmaterialien (Steinchen, kleine Äste, Moos), Modelliermasse, Modellierwerkzeug, (sofern Ton verwendet wird: Bennofen)

Lernziele: Die Schülerinnen und Schüler sollen

– in den im Folienbild präsentierten Gegenständen steinzeitliche Wekzeuge und Geräte erkennen und mögliche Fundorte nennen können.
– ihre Vorstellung vom Leben der Steinzeitmenschen verbalisieren können.
– aufgrund der für die fachpraktische Arbeit verfügbaren Werkzeuge und Materialien Möglichkeiten der Realisation des Modells einer Höhle und eines Teils des steinzeitlichen Lebens entwickeln können.
– flächenhafte und formbare Materialien so verändern können, dass raumgreifende und raumumschließende oder körperhafte Formen entstehen.
– den entstandenen plastischen Formen durch Farbe und zusätzliche Ausgestaltung einen modellhaften Charakter verleihen können.

Verlaufsplanung	**1. Hinführung**
Präsentation:	▶ Folie 1 S. 128
Unterrichts-gespräch:	*Die Schüler/innen erkennen in den abgebildeten Gegenständen einfache Werkzeuge und Gebrauchsgegenstände (aus vergangener Zeit).*

2. Erarbeitung

Präsentation/
Unterrichts-
gespräch: ▶ „Diese Gegenstände können wir in Museen betrachten. Ursprünglich waren sie ganz woanders."

Die Schüler/innen verweisen auf die Steinzeit und mögliche Fundorte. Sie nennen u.a. Höhlen.

Unterrichts-
gespräch: ▶ „Beschreibt eine solche Höhle und wie ihr euch das Leben der Höhlen bewohnenden Steinzeitmenschen vorstellt!"

Die Schüler/innen verbalisieren ihre Vorstellungen.

▶ Tafelanschrieb, z.B.:

> Höhle
> – dunkel
> – Geröll
> – feucht
> – erhöhte, trockene Stellen
> – Stalagmiten und Stalagtiten
> – (...)
>
> Leben der Steinzeitmenschen
> – Abtrennung des Lagers in der Höhle durch Felle, Flechtwerk, aufgeschichtete Steine
> – Feuerstelle
> – Vorratsgefäße
> – (...)

Möglichkeit der Vertiefung

Präsentation/
Unterrichts-
gespräch: ▶ Folie 2, S. 128f

Unterrichts-
gespräch: ▶ Ausgabe des Arbeitsblattes S. 131; Besprechung der Aufgabenstellung

Partnerarbeit: *Die Schüler/innen bearbeiten die Aufgabe.*

Unterrichts-
gespräch: ▶ Sammeln der Ergebnisse der Partnerarbeit und Ergänzung des Tafelanschriebes

Unterrichts-gespräch:	▶ „Eure Aufgabe ist es nun, in Partner- oder Gruppenarbeit im Modell eine solche Höhle und das sich davor abspielende Leben nachzustellen. Folgende Materialien und Werkzeuge stehen euch hierfür zur Verfügung:"
Präsentation/ Unterrichts-gespräch:	▶ Vorstellung der Werkzeuge und Materialien zur Fertigung des Modells (vgl. S. 124, Arbeitsmittel) *Die Schüler/innen unterbreiten Vorschläge zur Realisation.*
	▶ Tafelanschrieb; z. B.:

Modell: Steinzeitmenschen vor ihrer Höhle

Arbeitsschritte:

Höhle:
1. Auf der Holzplatte wird aus Latten ein Gerüst erstellt.
2. Das Gerüst wird mit Zeitungspapier verkleidet, das mit Tapetenkleister bestrichen wird.
3. Gestaltung des Höhleneinganges und des umgebenden Geländes mit Pappmaché
4. Bemalung mit Abtönfarben (Arbeitskleidung!)
5. Weitere Ausgestaltung mit Naturmaterialien

Menschen und Tiere:
1. Modellieren der Figuren
2. Trockene/Gebrannte Figuren mit Deckfarben bemalen.
3. Figuren im Modell platzieren.

Gestaltung des Lagerplatzes vor der Höhle:
– Feuerstelle
– Holzstoß
– Zäune

Arbeitsschritte: Höhlen-Modell

Präsentation/ Unterrichts-gespräch:	▶ Folie 3, S. 129f

3. Anwendung

Unterrichts-gespräch:	▶ Gruppenbildung Bereitstellung der Werkzeuge und Materialien (vgl. S. 124, Arbeitsmittel)
Partnerarbeit/ Gruppenarbeit:	*Bearbeitung der bildnerischen Aufgabe*

1.3 Didaktischer Kommentar

Historische, abenteuerlich anmutende Unterrichtsgegenstände stoßen bei Schülerinnen und Schülern der Orientierungsstufe auf reges Interesse. Der Unterrichtsgegenstand „Modell einer Höhle und des sich davor abspielenden steinzeitlichen Lebens" wird diesem Interesse gerecht. Die bildnerische Aufgabe und ihre Bearbeitung im Team kommt dem Spieltrieb der Kinder entgegen. Selbsttätig lernen sie verschiedene Techniken und Verfahren kennen und anwenden. Im fächerverbindenden Unterricht können die zur überzeugenden Lösung des bildnerischen Problems notwendigen Kenntnisse über Erscheinungsformen von Höhlen und das Leben der Steinzeitmenschen erarbeitet werden. Lerngänge und Museumsbesuche vermitteln tiefere Einblicke.

Die Schülerinnen und Schüler sollten auf das Tragen von Arbeitskleidung und gründliches Auswaschen der Pinsel hingewiesen werden.

Durch Verwendung größerer Trägerplatten oder eine Abstimmung der Maße der einzelnen Modelle können mehrere Höhlenzüge zu einem Höhlensystem verbunden werden.

Abbildung 77: Modell einer von Steinzeitmenschen bewohnten Höhle (Schülerarbeit)

Folien zur Hinführung, Erarbeitung und Anwendung

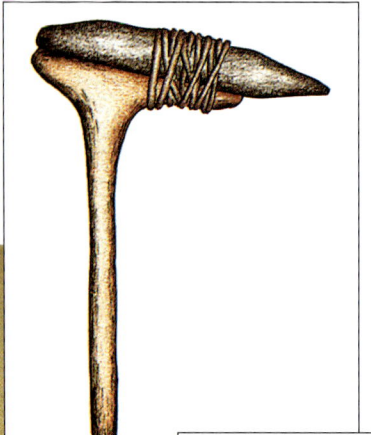

1. Steinzeitliche Werkzeuge

links außen: Faustkeil (natürliche Größe) aus der Altsteinzeit

links: Hacke aus der Jungsteinzeit

unten: Steinbeil in Geweihfassung (Zwischenfutter) mit Holzstiel; davor Sichel (Feuerstein, in Holz eingelassen); rechts unten Nadel aus Knochen (aus der Jungsteinzeit).

2. Vogelherd-Höhle im Lonetal auf der Schwäbischen Alb

außen

innen

3. Arbeitsschritte bei der Herstellung des Höhlen-Modells

1. Unterkonstruktion auf einer Trägerplatte (Latten/Hühnerdraht)

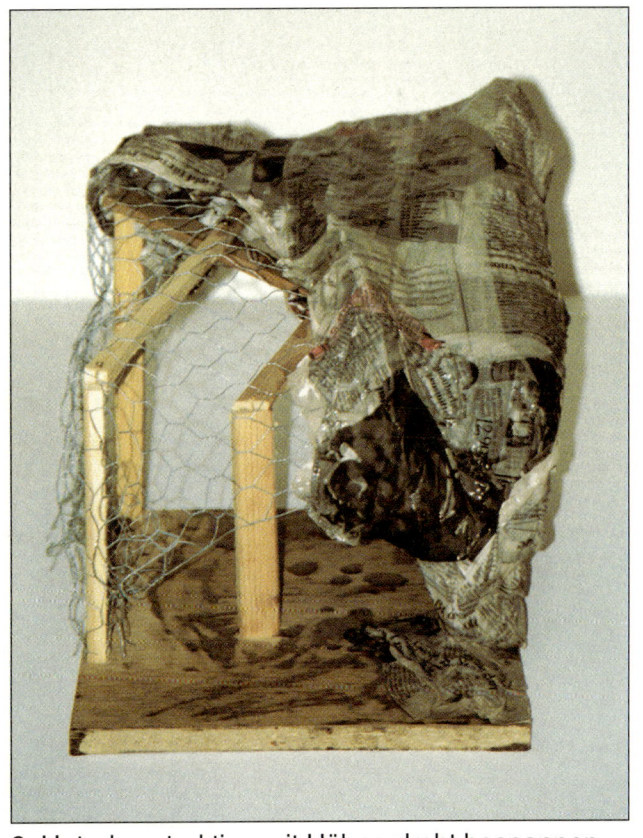

2. Unterkonstruktion mit Hühnerdraht bespannen, Aufbringen des Kaschees

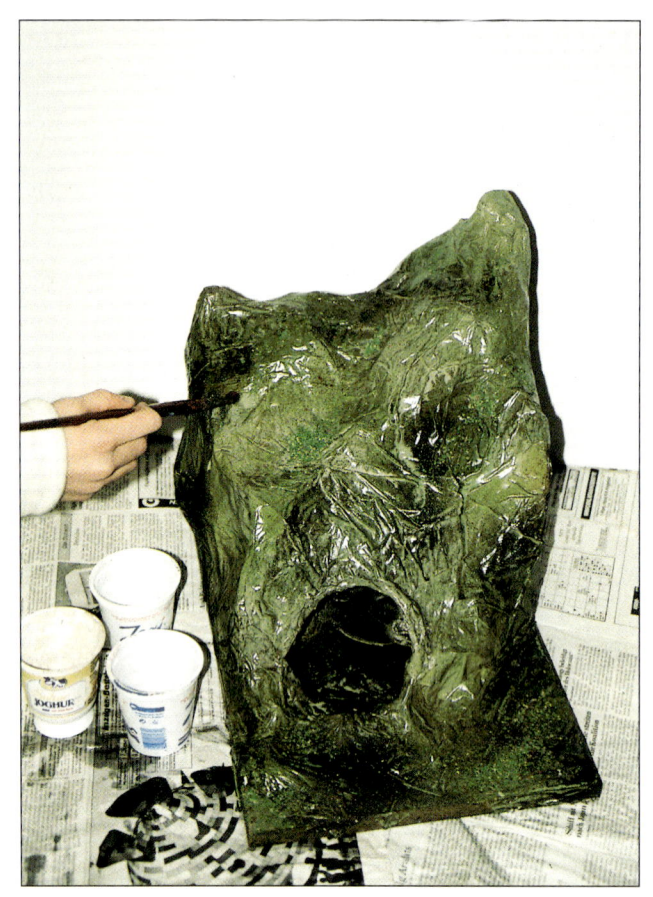

3. Bemalen des Kaschees

4. Fertiges Höhlenmodell: Außen

5. Fertiges Höhlenmodell: Innen

Arbeitsblatt — Architektur

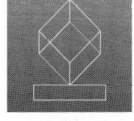

1. Stelle dir vor, diese Höhle wäre von Steinzeitmenschen bewohnt. Welches Bild zeigt sich dir vor der Höhle, welches in der Höhle? Notiere deine Vorstellungen!

Vogelherd-Höhle im Lonetal auf der Schwäbischen Alb

a) außen: _____

b) innen: _____

2. Baum- und Buschmodelle: Anregungen zur Herstellung

hinten: Schaumstoff auf Pfeifenreinigern – Islandmoos auf Pfeifenreinigern und Zahnstochern – geknülltes Seidenpapier auf Zahnstochern und Pfeifenreinigern

vorne: Schaumstoff auf Zahnstochern – Islandmoos – Kiefernzapfen auf Zahnstochern

2 Vom geflochtenen Windschirm zur Bienenkorbhütte

2.1 Sachanalyse

In *Flechtwerk* erstellte Windschirme (Abb. 78) zählen zu den ältesten menschlichen Behausungsformen. Schräg gegen eine Felswand, einen Felsüberhang oder eine Erhebung gestellt oder vor dem Eingang einer Höhle errichtet, dienten sie den altsteinzeitlichen Menschen als Schutz gegen die Unbill ihrer eiszeitlichen Umwelt.

Bis in die heutige Zeit hat sich das Flechtwerk bei einigen Naturvölkern (Aborigines, Buschmänner, Herero, Hottentotten) zur Errichtung von Behausungen und Verteidigungsanlagen erhalten (Abb. S. 137).

Alte *Fachwerkhäuser* zeugen davon, dass mit Lehm beworfenes Flechtwerk im Mittelalter und darüber hinaus zum Füllen der Gefache diente.

Unter „Flechtwerk" ist eine urtümliche *Flächenbauweise* zu verstehen, bei der stützende und flächenfüllende Teile zu einer Einheit verschmelzen. Durch eine Reihe senkrecht stehender, geneigter oder gebogener eingepflockter Hölzer (= *Staken*) werden abwechselnd gegeneinander versetzt waagerecht Gerten gewunden, sodass ein fester Verbund entsteht. Während die im Boden verankerten Staken gewöhnlich einen etwas größeren Querschnitt besitzen, sind die durch diese geflochtenen Gerten schwächer und somit biegsamer, sodass sich bei enger Windung eine nahezu geschlossene Flechtwand ergibt.

Durch das Biegen des Materials erhält das Flechtwerk eine Spannung, die eine hohe Elastizität und Stabilität bewirkt und allseitigen Belastungen in hohem Maße gerecht wird.

Abbildung 78: Windschirm (Schülerarbeit)

Abbildung 79:
Modell einer
„Bienenkorbhütte"
(Schülerarbeit)

Mit Flechtwerk lassen sich ganz unterschiedliche Behausungen errichten: Neben dem einfachen Windschirm entsteht aus zwei gegeneinander geneigten Flechtwerken ein Dachhaus mit offenen Giebeln. Bei bogenförmiger Führung der Staken lassen sich „Bienenkorbhütten" mit kuppelartiger Wölbung errichten. Die Staken kreuzen sich im höchsten Punkt und sind mit beiden Enden im Boden verankert (Abb. 79).

2.2 Unterrichtsbeispiel (Klasse 5-6)

Modell einer Wohn- oder Verteidigungsanlage in Flechtwerktechnik

Gruppenarbeit

Medien: **1. Anschauungsmittel:** Text S. 136, Ideenmodelle und ausreichend Platz zur Präsentation derselben, Tafel, Kreide, Tageslichtprojektor, Projektionswand, Folien S. 137

2. Arbeitsmittel: Zur Herstellung der Ideenmodelle: pro Gruppe 1 Styroporplatte (ca. 30 x 30 cm) und biegsame Zweige oder Peddigrohrstücke
Zur Herstellung der Ausführungsmodelle: pro Gruppe eine Pressspan-, Tischler- oder Furnierholzplatte, biegsame Zweige oder Peddigrohr, 1 Handbohrer, Messer, Weißleim, 1 Feinsäge, 1 Baumschere bzw. 1 Seitenschneider oder 1 Kneifzange, 1 Metermaß, Bleistift, Bindfaden oder Bast, 1 Schere

Lernziele: Die Schülerinnen und Schüler sollen

- Ideenmodelle zur Gestaltung von Windschirmen entwickeln können.
- die Aufgaben eines Windschirmes benennen können.
- Windschirm-Modelle auf ihre Tauglichkeit überprüfen können.
- erfahren, dass es auch heute noch Menschen gibt, die ihre Behausungen in Flechtwerktechnik errichten.
- in der Gruppe eine in Flechtwerk-Technik zu erstellende Wohn- und/oder Verteidigungsanlage planen und als Modell ausführen können.

Verlaufsplanung

1. Hinführung

Lehrervortrag: ▶ Text S. 136

2. Erarbeitung

Unterrichtsgespräch:
▶ „Das ist das verfügbare Baumaterial zur Herstellung dieser Windschirme. Baut sie! Bildet Gruppen!"

▶ Jede Gruppe erhält biegsame Zweige oder Peddigrohrstücke und eine Styroporplatte, auf der der Windschirm errichtet werden kann.

Gruppenarbeit: *Die Schüler/innen bilden Gruppen und fertigen Ideenmodelle an.*

Unterrichtsgespräch:
▶ „Bevor wir eure Modelle auf ihre Brauchbarkeit hin überprüfen, sollten wir Beurteilungskriterien aufstellen. Was unterscheidet den guten Windschirm vom schlechten?"

Die Schüler/innen nennen folgende Bedingungen:

▶ Tafelanschrieb

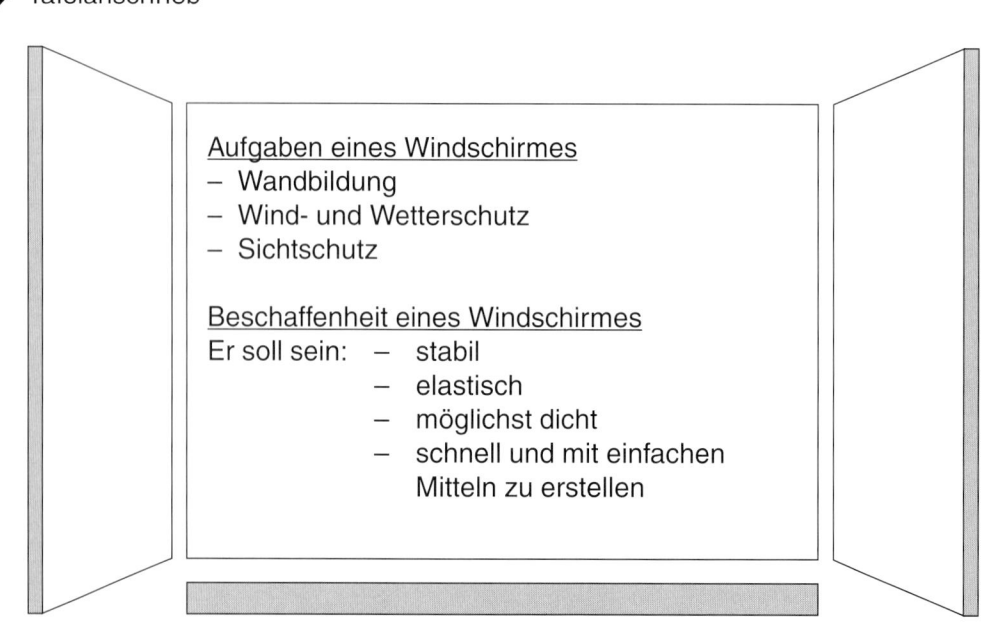

<u>Aufgaben eines Windschirmes</u>
- Wandbildung
- Wind- und Wetterschutz
- Sichtschutz

<u>Beschaffenheit eines Windschirmes</u>
Er soll sein:
- stabil
- elastisch
- möglichst dicht
- schnell und mit einfachen Mitteln zu erstellen

Präsentation: ▶ Die Ideenmodelle werden auf zusammengestellten Tischen oder dem Fußboden präsentiert. *Die Klasse versammelt sich um die Modelle.*

Präsentation/ Schülervortrag/ Unterrichts- gespräch:	*Die Gruppensprecher stellen das Modell ihrer Gruppe vor. Sie berichten von Überlegungen und Schwierigkeiten im Zusammenhang mit seinem Bau.* *Die Schüler/innen wenden die an der Tafel festgehaltenen Kriterien auf die Modelle an.*

⏵ „Nennt Möglichkeiten die Stabilität dieser Konstruktion zu testen."

Unterrichts- gespräch/ Demonstration:	*Die Schüler/innen nennen leichtes Erschüttern und Blasen. Sie unterziehen ggf. einzelne Modelle diesen Tests.* *Die Klasse erkennt, dass geflochtene Konstruktionen den Anforderungen am besten gerecht werden.*
Unterrichts- gespräch:	⏵ „Auch heute noch gibt es Menschen, die ihre ständigen Behausungen und Verteidigungsanlagen in Flechtwerktechnik erstellen." *Die Schüler/innen verweisen auf Naturvölker.*
Präsentation/ Unterrichts- gespräch:	⏵ Folien S. 137 Erläuterungen zum Vorkommen der abgebildeten Hütten *Die Schüler/innen äußern sich zur Fertigungstechnik.*
Unterrichts- gespräch:	⏵ „Eure Aufgabe ist es nun, in der Gruppe eine Wohn- und/oder Verteidigungsanlage zu gestalten. Jede Gruppe erhält eine Pressspanplatte, Flechtmaterial und Werkzeuge. Macht Vorschläge zur Vorgehensweise!" *Die Schüler/innen unterbreiten Vorschläge.* ⏵ Tafelanschrieb

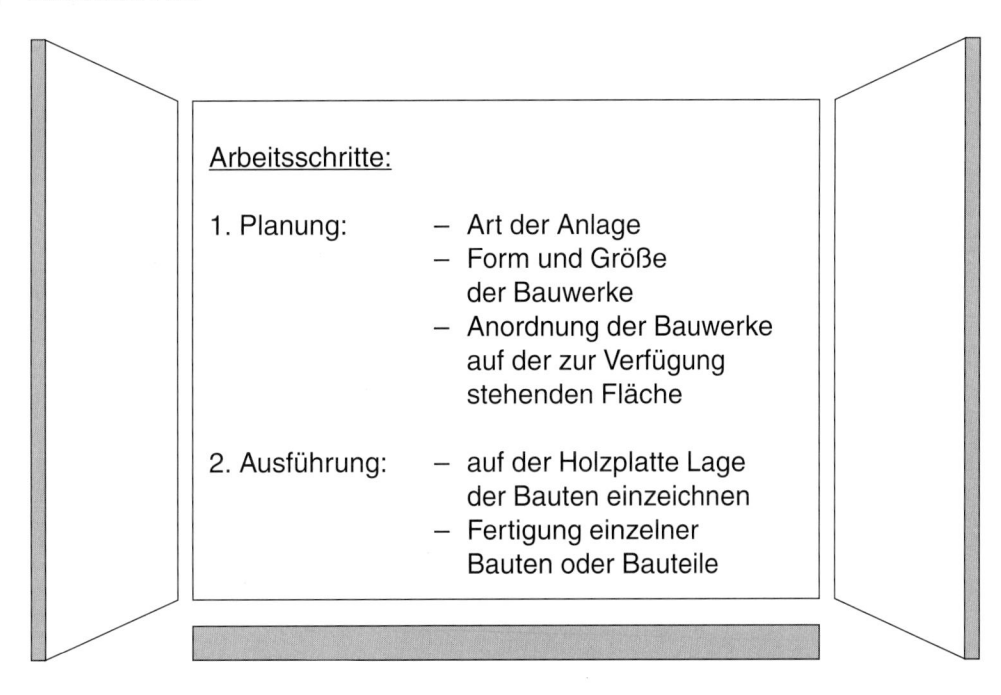

Arbeitsschritte:

1. Planung:
   – Art der Anlage
   – Form und Größe der Bauwerke
   – Anordnung der Bauwerke auf der zur Verfügung stehenden Fläche

2. Ausführung:
   – auf der Holzplatte Lage der Bauten einzeichnen
   – Fertigung einzelner Bauten oder Bauteile

3. Anwendung

Unterrichts- gespräch: Gruppenarbeit:	⏵ Ausgabe der Materialien und Werkzeuge (vgl. Arbeitsmittel, S. 133) *Die Schüler/innen bearbeiten die bildnerische Aufgabe.*

2.3 Didaktischer Kommentar

Der als Einstieg dienende Text (s. u.) verfolgt das Ziel, die Schülerinnen und Schüler auf den Unterrichtsgegenstand einzustimmen und sie zur Problemlösung aufzufordern. In Anlehnung an die im Text anklingende Lebenssituation der Buschmänner stehen die Schülerinnen und Schüler vor der Aufgabe, mit einfachen Mitteln das Modell eines vor Wind und Wetter schützenden Unterschlupfes zu bauen. Dies geschieht in Gruppenarbeit. Um eine aktive Beteiligung aller Gruppenmitglieder zu ermöglichen, sollten maximal Vierergruppen gebildet werden. Jede Gruppe erhält zur Problemlösung Flechtmaterial und eine kleine Styroporplatte, in die etwas stabilere Zweige gesteckt werden können, analog zu den in Wirklichkeit in der Erde Halt findenden Staken der Windschirme der Buschmänner und anderer Naturvölker.

Es ist nicht erforderlich, dass die Ideenmodelle fertig gestellt sind. Sie müssen jedoch so weit ausgeführt sein, dass die Konstruktion erkennbar und auf ihre Brauchbarkeit und Stabilität hin überprüfbar ist.

Sehr wahrscheinlich weisen einige der in den Gruppen gefertigten Ideenmodelle Flechtwerk auf. Sollte dies wider Erwarten nicht der Fall sein, so bietet das die Beurteilung der gefertigten Ideenmodelle beinhaltende Unterrichtsgespräch die Möglichkeit auf diese Lösung hinzuweisen und sie ggf. zu demonstrieren.

Die auf den Folien S. 137 präsentierten Abbildungen von in Flechtwerk erstellten Hütten sollen den Schülerinnen und Schülern den Wirklichkeitsbezug dieser Bautechnik verdeutlichen und sie für unterschiedliche Gestaltungsformen sensibilisieren.

Das für die Anwendung bereitzustellende Flechtmaterial sollte neben gut biegbaren Zweigen und Peddigrohr auch etwas stärkere Zweige oder kleine Äste beinhalten. Diese können als Staken dienen. Mit dem Messer an einem Ende angespitzt, werden sie in die mit einem Handbohrer in die Holzplatte gebohrten Löcher gesteckt. Etwas Holzleim sorgt für guten Halt. Um das Flechtmaterial geschmeidiger zu machen, legt man es in Wasser. Das Ablängen dünner Zweige und des Peddigrohrs geschieht mit einer Baumschere, einer Kneifzange oder einem Seitenschneider. Für stärkere Zweige oder kleine Äste verwendet man die Feinsäge.

Planung und Ausführung des in der Anwendung zu fertigenden Modells erfolgt in Gruppenarbeit. Sind die Art der Anlage, ihre Raumgestaltung und die räumlichen Beziehungen geklärt, so kann mit dem Bau des Modells begonnen werden. Hierfür bietet sich ein arbeitsteiliges Verfahren an. Neben serieller Fertigung einzelner Bauelemente und gegenseitigem Zuarbeiten ist auch die Übernahme und Ausführung einzelner Raumglieder durch die Gruppenmitglieder denkbar.

Die Gruppenstärke steht in Abhängigkeit zur Dimension der geplanten Anlage. Sie kann sich aber auch sowohl hinsichtlich der Zusammensetzung als auch Größe an den in der Phase der Erarbeitung gebildeten Gruppen orientieren.

Text zur Hinführung

Bei den Buschmännern in der Kalahari

Die Wild- und Buschgeister hatten den Männern der kleinen Schar in den letzten Tagen wenig Jagdglück beschert. Nur selten waren sie auf Wild gestoßen und meist vergeblich waren sie den Tierfährten gefolgt. Es herrschte Trockenzeit und das Wild blieb aus.

Die einzige Nahrung in diesen Tagen bestand aus den von den Frauen und Kindern gesammelten Insekten, Kleintieren und ausgegrabenen Wurzeln und Knollen.

Täglich zogen die Sammler und Jäger weiter und abends, wenn die oft empfindlich kalte Nacht über die Kalahari hereinbrach, krochen sie müde unter die ausreichend Schutz bietenden einfachen Windschirme, die sie sich aus Zweigen zusammengebogen hatten, und träumten vom großen Jagdglück des nächsten Tages.

Folien zur Erarbeitung

Im Flechtwerk erstellte Hütten

Konstruktives Bauen

1 Skelettbauweise: Balken und Ständer

1.1 Sachanalyse

Die *Skelettbauweise* zeichnet sich durch ein gerippeartiges *Tragewerk* aus senkrechten *Stützen* und waagerechten *Trägern* aus. Stützen und Träger sind fest miteinander verbunden. Auf diese Weise entsteht eine Konstruktion, die raumabschließende Füllelemente aufnehmen kann. Das aus formstabilen Elementen bestehende Tragewerk vereinigt mehrere Vorzüge in sich: Besondere Bedeutung kommt hierbei dem Gesichtspunkt der Variabilität zu. Skelettbauten ermöglichen Veränderungen der Raumaufteilung. Da Zwischenwände in der Regel keine tragende, sondern lediglich raumtrennende Funktion haben, können sie nachträglich montiert oder demontiert werden. Auch das Ab- und erneute Aufschlagen kompletter Gerippe ist möglich. Neben statischen Gründen führte aber vor allem der materialsparende Aspekt zur Verbreitung dieser Bauweise.

Heute entstehen insbesondere Geschäfts- und Bürohäuser in Skelettbauweise. Das Gerippe be-

Abbildung 80: Fachwerk

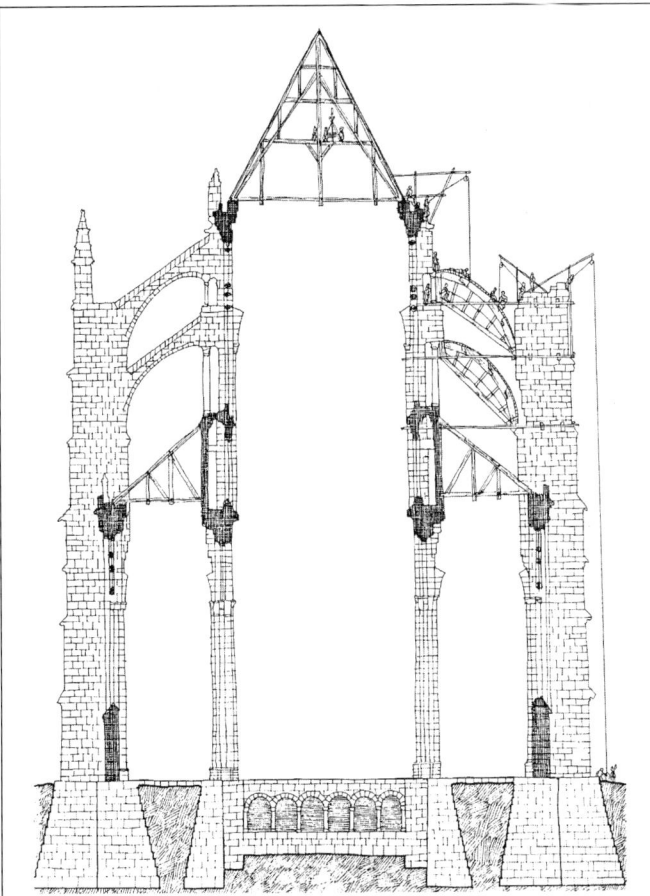

Abbildung 81:
Schema: Strebewerk einer gothischen Kathedrale

steht aus Stahl- oder Stahlbetonträgern. Vorbild für diese Konstruktionen ist das der Zimmermannstechnik entstammende *Fachwerk* (Abb. 80), dessen Geschichte bis in den steinzeitlichen Pfostenbau zurückreicht.

In der Gotik wurde die mit dem *Holzbau* verbundene Skelettbauweise auf die Steinarchitektur übertragen. Während an romanischen Domen noch dicke Mauern den Gewölbeschub auffangen, wurden in der Gotik die Außenwände ausgedünnt. Ein Gerippe, bestehend aus Strebewerk und Rippen, ermöglichte dies. Die raumabschließenden Füllelemente entstanden aus leichten, keine tragenden oder stützenden Funktionen übernehmenden Materialien (Abb. 81 und 82).

Die Begriffe *Balken* und *Ständer* entstammen dem Holzbau. Als Balken bezeichnet man ein waagerecht ausgerichtetes Trageelement *(Schwelle).* Diese Bezeichnung ist inzwischen nicht nur dem Holzbau vorbehalten; auch waagerecht verlaufende Stahl- oder Betonträger werden als Balken bezeichnet.

Abbildung 82: Kreuzrippengewölbe

Die Bezeichnung *Ständer* hingegen ist nach wie vor an den Holzbau gebunden. Unter einem Ständer ist eine senkrecht stehende Holzstütze zu verstehen, die im Gegensatz zum im Untergrund verankerten *Pfosten* auf einer festen Unterlage ruht.

Sowohl Balken als auch Ständer benötigen einen ausreichenden Querschnitt um den auf sie einwirkenden Kräften zu widerstehen. Während Balken bei unzureichendem Querschnitt durchbiegen, sind zu schwache Ständer knickanfällig.

In Wachstumsrichtung des Holzes zugerichtete Balken und Ständer sind äußerst widerstandsfähig. Entsprechend dimensioniert, lassen sie sich zu formstabilen und tragefähigen Skeletten verbinden. Diesen Verbindungen kommt im Skelettbau besondere Bedeutung zu. Im Laufe der Jahrhunderte haben sich verschiedene Verbindungsarten herausgebildet. Die gebräuchlichsten Arten sind die *Überblattung* (vgl. Abb. 2a, S. 147) und die *Verzapfung* (vgl. Abb. 2b, S. 147). Heutzutage finden zunehmend Knotenbleche zur Herstellung fester Verbindungen Verwendung.

1.2 Unterrichtsbeispiel (Klasse 8-10)

Skelettbau: Ständerkonstruktion

Partner-/Gruppenarbeit

Medien:

1. Anschauungsmittel: Folien S. 145f, Tageslichtprojektor, Projektionswand, Tafel, Kreide, Arbeitsblatt S. 147

2. Arbeitsmittel: Arbeitsblatt S. 147, Bleistift, Lineal mit Maßeinteilung, Zeichenblock DIN A 3, Feinsäge, Messer, Holzleisten, Klebstoff, Kappa- oder Styroporplatten, Schere, Universalmesser, Klebeband, Wellpappe

Lernziele:

Die Schülerinnen und Schüler sollen

- die Aufgaben der einzelnen Elemente einer Ständerkonstruktion erkennen und benennen können.
- den Begriff „Skelettbau" kennen lernen und seine Besonderheit ausgehend vom Skelett der Wirbeltiere erklären können.
- Beispiele für Skelettbauten nennen können.
- erkennen, dass der Verbindung der Elemente zum Skelettbau besondere Aufmerksamkeit geschenkt werden muss.
- Verbindungsmittel und -techniken kennen lernen und anwenden können.
- Eine Ständerkonstruktion planen und Grund-, Auf- und Seitenrisse zeichnen können.
- nach dem gefertigten Plan eine Ständerkonstruktion als Modell ausführen können.

Verlaufsplanung

1. Hinführung

Präsentation/
Unterrichtsgespräch:

▶ Folie S. 145

Die Schüler/innen äußern sich zur Abbildung.

▶ „Die Elemente dieser Konstruktion lassen sich entsprechend ihrer Ausrichtung in drei Gruppen einteilen. Nennt diese Gruppen und ihre jeweilige Funktion!"

2. Erarbeitung

Die Schüler/innen nennen senkrecht, waagerecht und schräg verlaufende Elemente und ordnen ihnen stützende, tragende und entlastende/aussteifende Aufgaben zu.

|||▶

Richtung	Funktion
senkrecht	stützend
waagerecht	tragend
schräg	entlastend/aussteifend

|||▶ Einführung der Bezeichungen „Balken", „Ständer" und „Strebe"

„Ordnet diese Bezeichnungen den Funktionen zu!"

Die Schüler/innen ordnen zu.

|||▶ „Für Bauwerke, die ein solch stützendes und tragendes Gerüst aufweisen, verwenden wir eine Bezeichnung, die ihr aus der Biologie kennt. Ihr selbst verfügt über ein solches Gerüst."

Die Schüler/innen verweisen auf das Skelett.

|||▶ Einführung der Bezeichnung „Skelettbau",

|||▶ Ergänzung des Tafelanschriebs

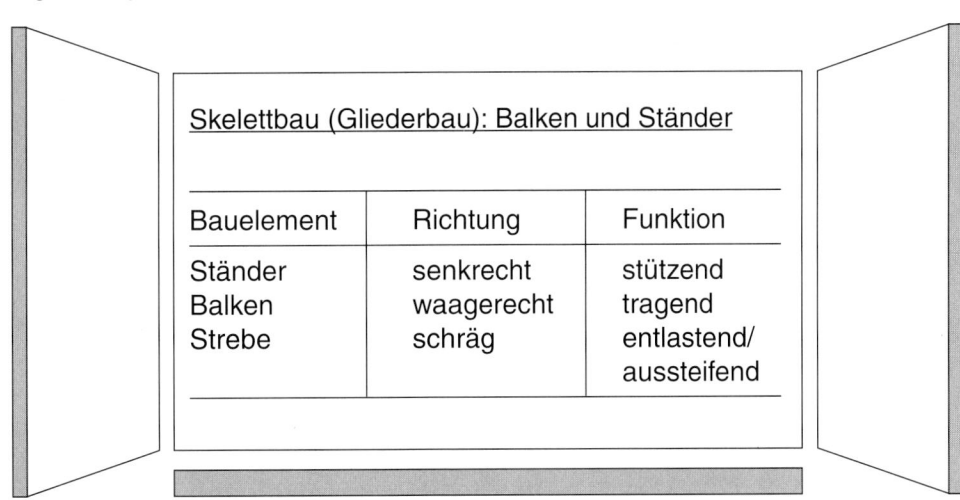

Skelettbau (Gliederbau): Balken und Ständer

Bauelement	Richtung	Funktion
Ständer	senkrecht	stützend
Balken	waagerecht	tragend
Strebe	schräg	entlastend/aussteifend

Unterrichtsgespräch:

|||▶ „Haltet ihr die Bezeichnung ‚Skelettbau' für zutreffend?"

Die Schüler/innen vergleichen die Funktion eines Skelettes mit der der den Skelettbau bildenden Elemente.

|||▶ „Nennt Beispiele von Skelettbauten!"

Die Schüler/innen nennen Fachwerkhäuser, Stahl- oder Betonkonstruktionen, ...

|||▶ „Sowohl beim Skelett als auch beim Skelettbau gibt es Stellen, die besonderen Belastungen ausgesetzt sind."

Die Schüler/innen verweisen auf die Verbindung der Einzelelemente.

▐▶ „Im Holzbau gibt es mehrere Möglichkeiten Trage- und Stützelemente miteinander zu verbinden."

Die Schüler/innen nennen das Nageln, das Schrauben, das Leimen, das Dübeln.

▐▶ „Das von euch Genannte bezeichnet man als Verbindungsmittel."

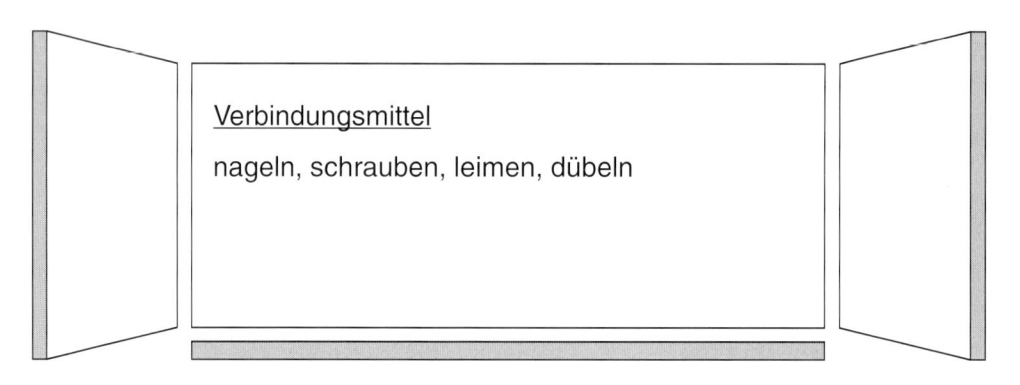

> Verbindungsmittel
>
> nageln, schrauben, leimen, dübeln

▐▶ „Im Laufe der Jahrhunderte kam es aber auch zur Herausbildung ganz bestimmter Verbindungsarbeiten in Zimmermannstechnik."

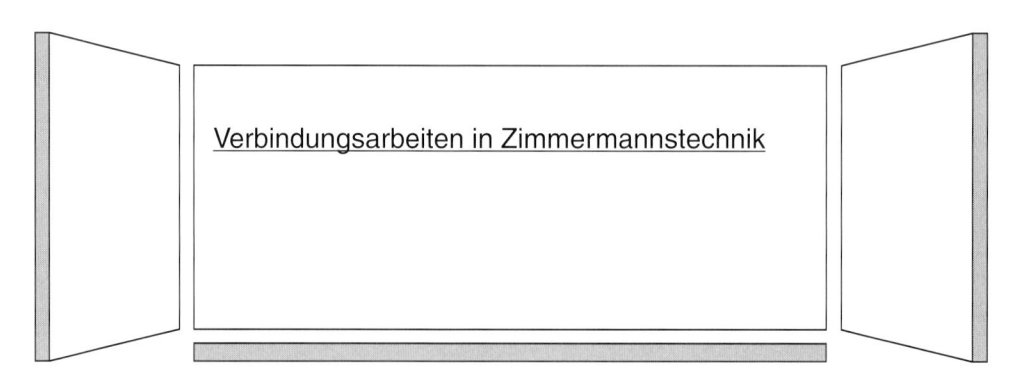

> Verbindungsarbeiten in Zimmermannstechnik

Unterrichtsgespräch/ Einzelaktionen:

Die Schüler/innen nennen einzelne Techniken wie das Überblatten und Verzapfen. Sie veranschaulichen die genannten Techniken durch Tafelskizzen.

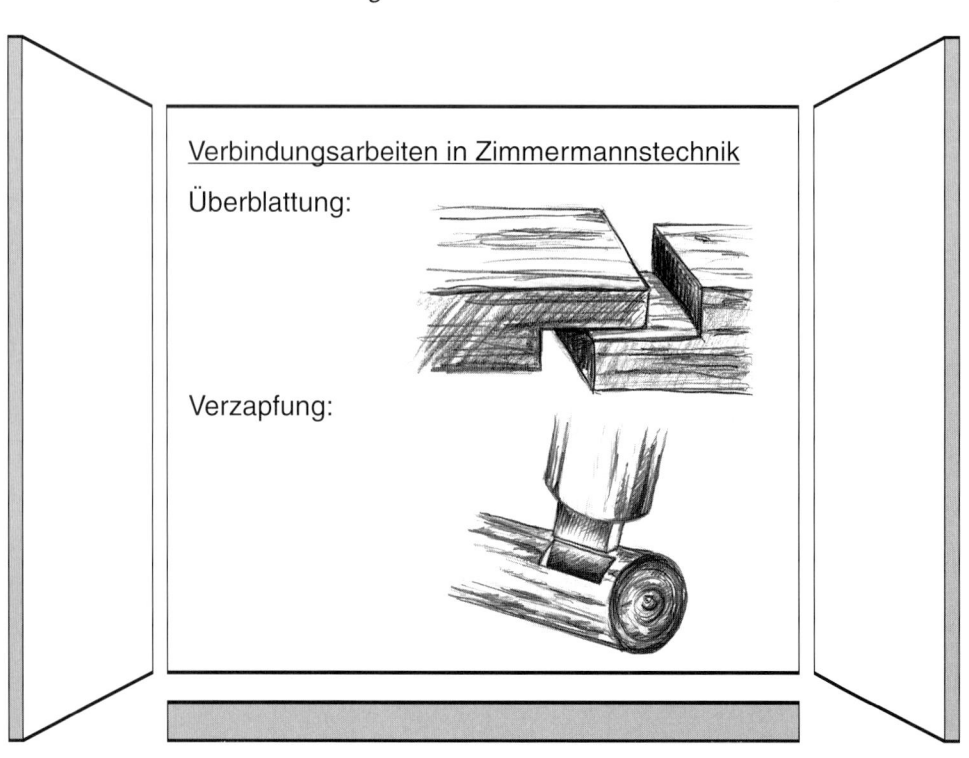

> Verbindungsarbeiten in Zimmermannstechnik
>
> Überblattung:
>
> Verzapfung:

Unterrichts-gespräch:	⟹ Ausgabe des Arbeitsblattes S. 147 Besprechung der Punkte 1-3
Einzelarbeit:	*Die Schüler/innen bearbeiten Aufgabe 3.*
Unterrichts-gespräch/ Präsentation:	⟹ Vorstellung und Besprechung einzelner Ergebnisse der Einzelarbeit

3. Anwendung

Unterrichts-gespräch:	⟹ Besprechung der Aufgabenstellung von Aufgabe 4 des Arbeitsblattes (vgl. Folien zur Anwendung, S. 145f)
Partner-/ Gruppenarbeit:	*Die Schüler/innen arbeiten gemäß den Arbeitsschritten* (Arbeitsblatt).

Abbildung 83: Überdachte Bushaltestelle (Schülerarbeit)

1.3 Didaktischer Kommentar

Im *Skelettbau* wird das dem Bau zugrunde liegende konstruktive Prinzip besonders deutlich. Die Funktion der Einzelelemente lässt sich an der Struktur des Baukörpers unmittelbar ablesen und über das Bauen von Modellen erfahren die Schülerinnen und Schüler das Zusammenwirken stützender und tragender Elemente. Bezeichnung und Besonderheiten des Skelettbaus werden im Vergleich zum menschlichen Skelett erarbeitet. Dabei lernen die Schülerinnen und Schüler die klassischen Zimmermannsverbindungstechniken Verzapfung und Überblattung kennen und anwenden. Verbindungen in Überblattung sind von den Schülerinnen und Schülern gut zu leisten. Mittels Feinsäge, Raspel und Feile lassen sie sich passgenau herstellen. Verzapfungen hingegen erfordern größeres handwerkliches Geschick (Abb. 84a und 84b). Auf die Anwendung dieser Verbindungstechnik kann ggf. auch verzichtet werden. Im Modell lassen sich die als Verzapfung geplanten Verbindungen auch durch Kleben herstellen. Da Schraub- oder Leimzwingen für die Arbeit am Modell zu groß und schwer sind, fixiert man bei der Verwendung von Holzleim die Verbindung am besten so lange mit Stecknadeln oder Klebeband, bis sie hält (Abb. 85). Bei schnell abbindendem Kleber erübrigt sich ein solches Vorgehen.

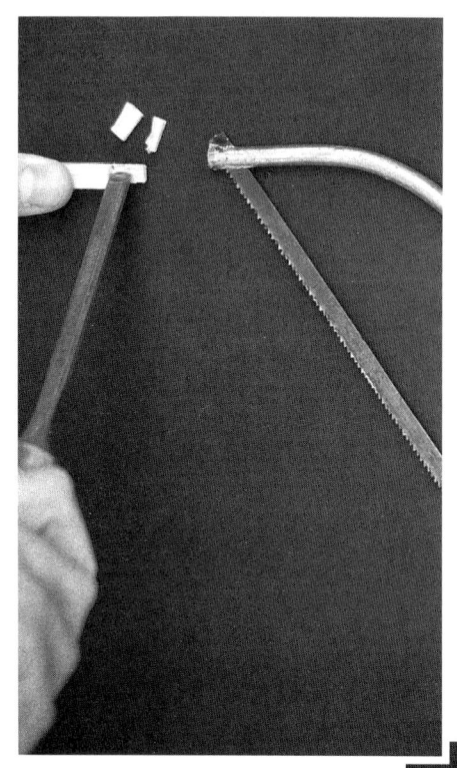

Abbildung 84a

Abbildung 84b

Vor der Arbeit an den Modellen sind *Grund-, Auf- und Seitenrisse* zu zeichnen. Es empfiehlt sich, die Pläne auf großen Bögen anfertigen zu lassen. Dies gilt insbesondere für Vorhaben wie überdachte Bushaltestellen o. Ä. Hier kann der Maßstab 1:10 oder 1:20 betragen, sodass sich die Bemaßung der Pläne unmittelbar auf das Modell übertragen lässt und jeder gefertigte Balken oder Ständer durch Auflegen auf den Plan nochmals überprüft werden kann. Die als Baumaterial dienenden Leisten müssen ebenfalls diesem Maßstab entsprechen. Die Modelle können in arbeitsteiliger Gruppenarbeit gebaut werden.

Abbildung 85: Fixierung mit Stecknadeln

Ist die Balken-Ständer-Konstruktion errichtet, so kann sie eingedeckt werden. Hierzu eignet sich *Wellpappe*. Selbst gefertigte *Tonziegel* (vgl. S. 168) vermitteln ein besonders realistisches Bild. Styropor- oder Kappaplatten sind geeignete Materialien zur Ausfachung.

⟶ Folie zur Hinführung

Balken und Ständer. Aufstellen eines Fachwerkhauses, 1513. Luzerner Bilderchronik

⟶ Folien zur Anwendung

1. Grundriss

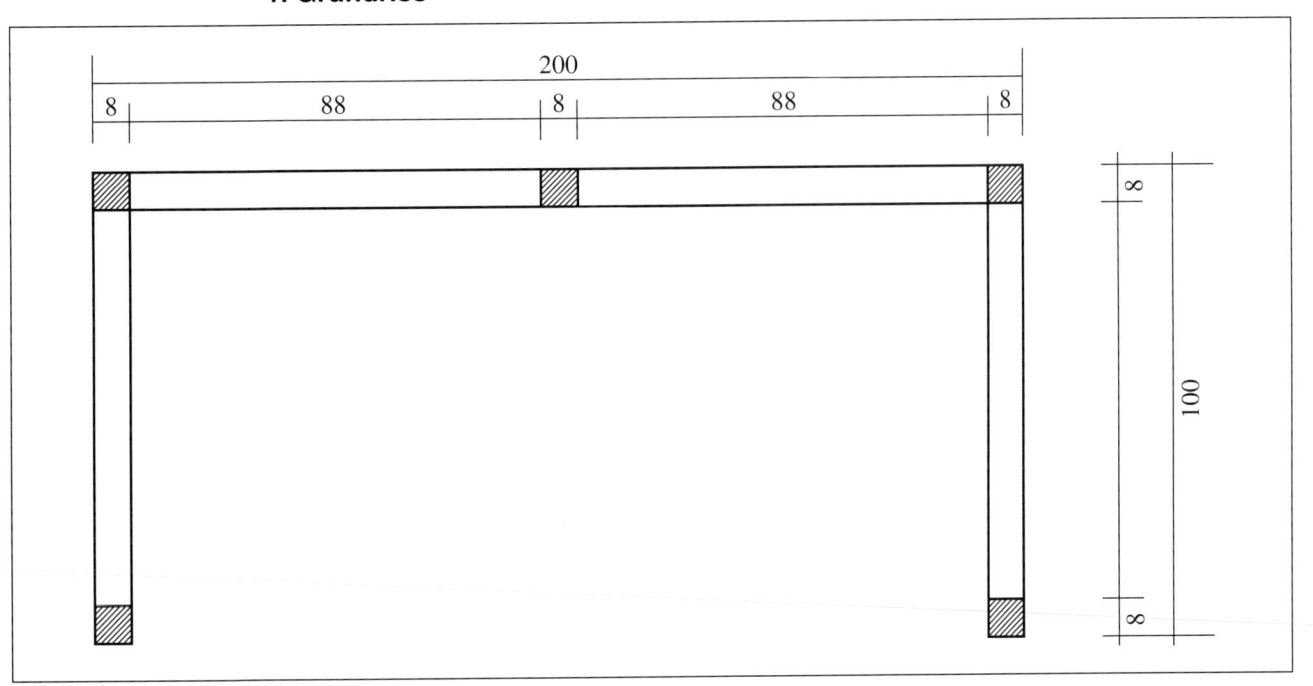

145

2. Aufriss

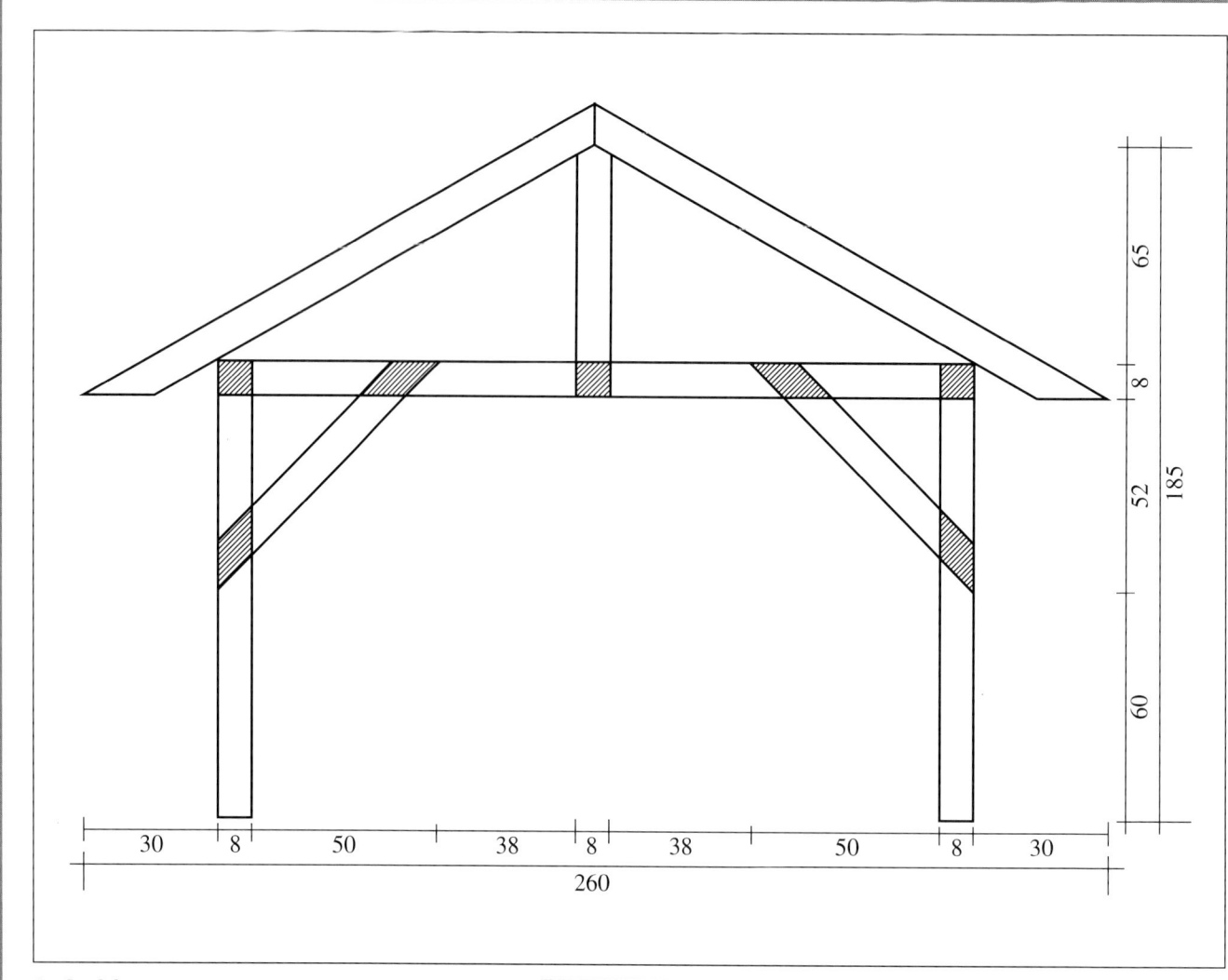

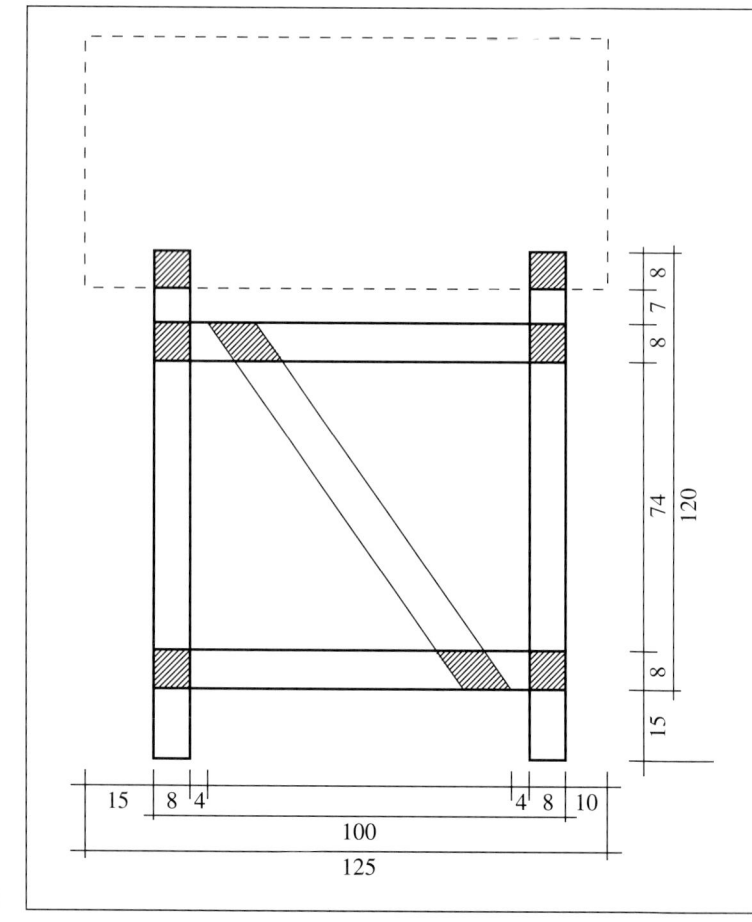

3. Seitenriss

Arbeitsblatt — Architektur

1. a) Der Skelettbau

Ein Skelettbau besteht aus einem gerippeartigen Tragewerk aus senkrechten Stützen und waagerechten Trägern. Diese Konstruktion erhält nichttragende, raumabschließende Füllelemente. Vom Holzbau (vgl. b) wurde im 13. Jahrhundert die Skelettbauweise auf den Steinbau übertragen (vgl. Abb.). Heute noch entstehen viele Gebäude in Skelettbauweise.

b) Balken und Ständer

Diese Bezeichnungen entstammen dem Holzbau. Während ein waagerecht ausgerichtetes Tragelement als Balken bezeichnet wird, nennt man eine senkrechte Stütze Ständer. Balken und Ständer sind fest miteinander verbunden und erlangen durch Streben zusätzliche Stabilität.

2. Holzverbindungen

a) Überblattung

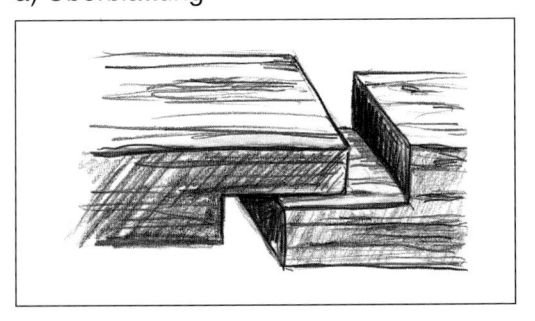

b) Verzapfung

3. Aufgabe: Stelle Verbindungen in Zimmermannstechnik her (Überblattung, Verzapfung)!

4. Aufgabe: Fertige das Modell eines Skelettbaus (z. B. überdachte Bushaltestelle, Brücke, …)!

Arbeitsschritte:
a) Maßstabsgetreuer Entwurf (Verhältnis 1:1): Grundriss/Aufriss/Seitenriss
b) Zurichten des Baumaterials (beim Ablängen Verbindungen berücksichtigen!)
c) Aufschlagen des Fachwerks

2 Tragseilbrücke

2.1 Sachanalyse

Das *Seil* diente schon immer als Bauelement. Seine im Verhältnis zur Tragfähigkeit geringe Masse und seine Länge machen es für die Überspannung großer Weiten geeignet. Der primitive Lianensteg greift ebenso diese Vorzüge auf wie einfache *Hängebrücken* oder die Ingenieurbauten mit Beginn des 19. Jahrhunderts (Abb. 4, S. 154).

Das Seil zeichnet sich durch eine hohe Zugfestigkeit aus. Druck- oder Biegekräfte vermag es nicht aufzunehmen. Da es nicht formstabil ist, muss es ständiger Zugspannung unterliegen.

Unbelastet und ohne Spannung hängt ein an zwei gleichhohen Trägern befestigtes Seil aufgrund seines Eigengewichtes in einer langen Schlaufe durch. Diese tendiert zu einem parabelförmigen Verlauf (Abb. 3, S. 149). Neben den an den Aufhängepunkten des Seiles wirksamen waagerechten Kräften unterliegen die Träger vorwiegend senkrechten Kräften. Greift eine Kraft das Seil in einem Punkt an, so verändert sich dessen Form zu einem Dreieck (Abb. 4, S. 150). Diese parabelartige Form bezeichnet man als *Ketten- oder Hängelinie.* Sie erweist sich als besonders belastungsfähig. Der Durchhang des Seils beträgt dabei etwa ein Drittel der Spannweite.

Bei der Überspannung einer großen Distanz muss, da der Höhe der Träger Grenzen gesetzt sind, das Seil straff gespannt sein. Die auf die Träger wirkenden waagerechten Kräfte nehmen dabei stark zu. Dies hat eine Abnahme der Belastbarkeit des Seiles zur Folge. Je geringer der Durchhang des Seiles ist, um so geringer ist auch dessen Tragefähigkeit (vgl. S. 149). Durch entsprechende Gegengewichte an den Aufhängepunkten oder Abspannseile lässt sich diese Tendenz ausgleichen.

2.2 Unterrichtsbeispiel (Klasse 9-10)

Modell einer Hängebrücke

Partner- oder Gruppenarbeit

Medien: **1. Anschauungsmittel:** Folien 1–4 S. 153f, Tageslichtprojektor, Projektionswand, Tafel, Kreide, 2 Vierkanthölzer (ca. 300 x 40 x 40 mm) oder formgleiche Flaschen, Bindfaden, (2 Reißnägel), Schere, ein Klumpen bildsamer Ton (Faustgröße), 5 Stücke Draht (je 10 cm lang)

2. Arbeitsmittel: Arbeitsblätter S. 155f, Latten, Holzleisten, Sperrholz, Reißnägel, Bindfaden und/oder Büroklammern, Bleistift, Metermaß, Feinsäge, Leim, kleine Nägel, Hämmer, Zangen, Scheren, Abtönfarbe, Pinsel

Lernziele: Die Schülerinnen und Schüler sollen

- erfahren, dass sowohl primitive Hängestege oder Hängebrücken als auch viele bedeutende Brücken der Welt auf dem Prinzip des Tragseils beruhen.
- erkennen, dass die Kettenlinie (Durchhang: 1/3 der Spannweite) die tragegünstigste Form darstellt.
- die im Experiment gewonnenen Erkenntnisse in Merksätzen zusammenfassen können.
- Arbeitsschritte zur Fertigung des Modells einer Hängebrücke festlegen können.
- in Partner- oder Gruppenarbeit Modelle von Hängebrücken anfertigen können.

Verlaufsplanung	**1. Hinführung**
Präsentation/ Unterrichts- gespräch:	▶ Folie 1, S. 153 „Wir wollen ans andere Ufer." *Die Schüler/innen nennen neben unrealistischen Möglichkeiten auch das Hangeln über ein ans andere Ufer gespanntes Seil oder den Bau einer Brücke.*
	2. Erarbeitung
	▶ Folie 2, S. 153 „Diese Überquerung ist wohl für die meisten Menschen ungeeignet." *Die Schüler/innen nennen den Ausbau zur Hängebrücke und damit eine geeignete Möglichkeit zur Überquerung des Hindernisses.*
	▶ Folie 3, S. 154 „Solche Hängebrücken errichten Eingeborene in Asien oder Südamerika um Schluchten oder reißende Flüsse überqueren zu können. Durch ein kleines Experiment wollen wir uns mit den Gesetzmäßigkeiten solcher Konstruktionen vertraut machen."
Lehrer-/Schüler- demonstration/ Unterrichts- gespräch:	▶ 1. Eine zwischen zwei senkrecht stehenden Hölzern oder Flaschen straff gespannte Schnur
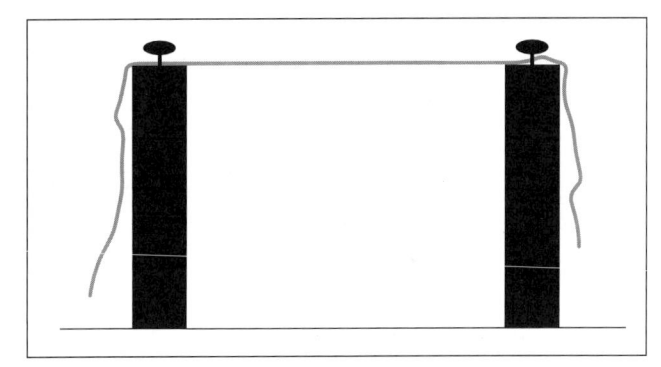	2. Bei Belastung der Schnur kippen die Träger.
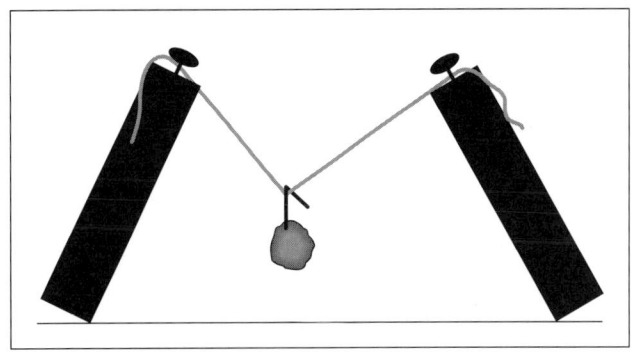	3. Die Schnur hängt aufgrund ihres Eigengewichtes in einer parabelförmigen Kurve durch.

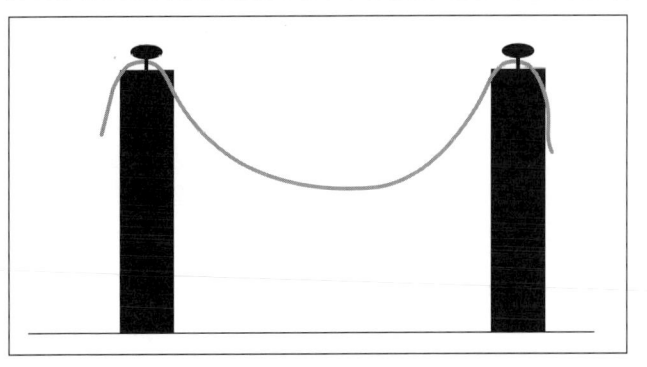

▶ Einführung der Bezeichnung „Kettenlinie"

4. Diese parabelförmige Kurve, die sog. Ketten- oder Hängelinie, erweist sich als besonders tragegünstig.

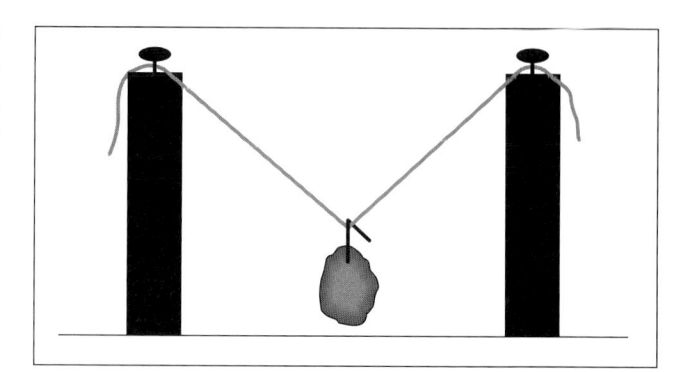

5. Wird die Schnur mit mehreren gleich großen Gewichten gleichmäßig ausgelastet, so nähert sich ihre Form der tragegünstigen Kettenlinie.

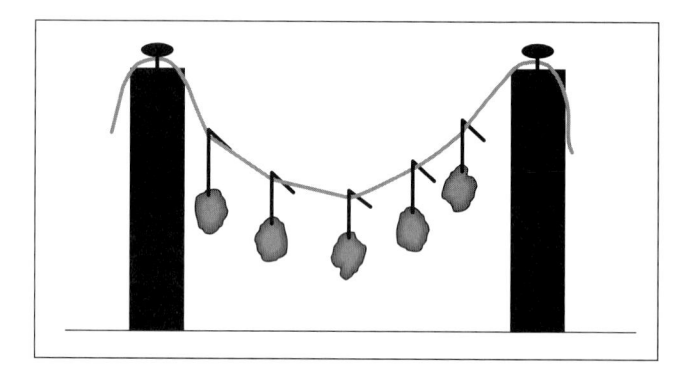

Schüleräußerungen

▶ „Formuliert Merksätze!"

Die Schüler/innen formulieren Merksätze.

▶ Tafelanschrieb, z.B.:

Tragseilkonstruktionen

1. Bei straffer Spannung des Seiles wirken bei Belastung starke waagerechte Kräfte auf die Träger.
2. Ein sanft durchhängendes Seil (Kettenlinie) kann stärker belastet werden.
3. Bei mehrfacher gleichmäßiger Belastung mit mehreren gleich großen Gewichten bildet das Seil die tragegünstige Kettenlinie.

Präsentation/Unterrichtsgespräch:

▶ Folie 3, S. 154
„Viele unserer auch vom Schwerverkehr genutzten Brücken gehen auf diese Konstruktion zurück. Allerdings folgt die Fahrbahn dabei nicht der Kettenlinie."

Die Schüler/innen verweisen auf die auf einer Ebene liegende abgehängte Fahrbahn (▶ evtl. Hilfen).

▶ Einführung der Bezeichnung „Hängebrücke"
Folie 4, S. 154

Die Schüler/innen beschreiben die Konstruktion.

Unterrichts- gespräch:	▶ „Eure Aufgabe besteht darin, in Partner-/Gruppenarbeit Modelle von Hängebrücken zu fertigen. Nennt die notwendigen Arbeitsschritte!" *Die Schüler/innen nennen die einzelnen Arbeitsschritte.* ▶ Tafelanschrieb, z.B.:

<u>Arbeitsschritte zur Fertigung des Modells einer Hängebrücke</u>

1. Skizzieren der Brücke
2. Fertigung der Träger aus Holz (Joghurt- oder Pappbechern, Plastikflaschen)
3. Befestigung der Tragseile (Bindfaden oder Ketten aus Büroklammern) an den Trägern
4. Fertigung der abzuhängenden Platten (Sperrholz)
5. Platten mit Gurten (Bindfaden, Ketten) an den Trageseilen abhängen
6. Anbringen von Geländern (Bindfaden, Ketten, Streichhölzer usw.)
7. Evtl. Ausgestaltung zum Geländemodell, Bemalung mit Abtönfarben

3. Anwendung

Unterrichts- gespräch:	▶ Ausgabe der Arbeitsblätter S. 155f, der Werkzeuge und Arbeitsmaterialien (vgl. S. 148)
Partner- oder Gruppenarbeit:	*Die Schüler/innen arbeiten gemäß den Arbeitsschritten.*

2.3 Didaktischer Kommentar

Das *Seil* ist ein Bauelement, bei dem die Auswirkung eines Kraftangriffes im Seilverlauf unmittelbar deutlich wird. Diese Eigenschaft, die auch im Modell anschaulich dargestellt werden kann, lässt Seilkonstruktionen zu einem besonders ergiebigen Unterrichtsgegenstand werden.

Das zur Erarbeitung der tragegünstigen *Kettenlinie* dienende Experiment soll den Schülerinnen und Schülern u.a. diesen Sachverhalt verdeutlichen. Das Gewicht des am straff gespannten Seil abzuhängenden Tonklumpens sollte so gewählt werden, dass es gerade ausreicht um die *Pylone* beim Einhängen nach innen kippen zu lassen. Als Aufhängevorrichtung dient ein zum Haken gebogenes Stück Draht, das in den

Abbildung 86:
Zum Haken gebogener, in Ton gesteckter Draht

Ton gesteckt wird (Abb. 86). Beschreibt das durchhängende Seil eine parabelförmige Kurve, so vermag es gut das doppelte Gewicht aufzunehmen. Dazu wird einfach weiterer Ton an das bestehende Gewicht angetragen. Bei der mehrfachen gleichmäßigen Belastung des Seils kann das Gesamtgewicht weiter gesteigert werden (Abb. e, S. 155). Damit die zur Aufhängung der Gewichte dienenden Haken am Seil nicht abrutschen, ist dieses in regelmäßigen Abständen mit Schlaufen oder Knoten zu versehen.

Als Pylone eignen sich zwei gleichlange, senkrecht aufgestellte Kanthölzer. Das Seil wird durch einen Bindfaden nachgestellt, der mit Reißnägeln an den Pylonen befestigt wird. Alternativ hierzu lassen sich auch zwei gleiche Flaschen verwenden, um deren Hälse der Bindfaden gebunden wird. Sie haben gegenüber den Kanthölzern den Vorteil, dass sie mit Wasser gefüllt werden können, sodass den waagerechten Kräften senkrechte Gegengewichte entgegenwirken können.

In der Phase der Anwendung empfiehlt es sich, die Modelle auf Pressspan- oder Sperrholzplatten zu errichten. So können die Pylone befestigt und die Seilkonstruktionen bei gleichbleibendem Trägerabstand errichtet werden. Die Pylone können aus unterschiedlichen Materialien entstehen: Neben Kunststoffflaschen (z.B. von Shampoos) eignen sich auch gestapelte Joghurt- oder Pappbecher. In Holz (Latten, Leisten, Kant-, Rundhölzer) sind individuelle und detaillierte Formgebungen möglich.

Die *Seilpolygone* können aus Stahlkabel nachstellenden Bindfäden oder zu Ketten verbundenen Büroklammern (vgl. Hängebrücke S. 154) gefertigt werden. Für die zur Abhängung der Fahrbahn und zur zusätzlichen Stabilisierung notwendigen Gurte verwendet man dieselben Materialien. Die Fahrbahn entsteht im Hinblick auf ein realitätsnahes Modell am besten aus mehreren abgehängten Sperrholzplatten.

Zum Bemalen des Modells kann Abtönfarbe dienen. Denkbar ist auch die Erweiterung zum *Geländemodell* (vgl. S. 123 ff). Die Modellierung der Landschaft erfolgt am besten mit Styropor, das mit Zeitungspapier *kaschiert* und mit Abtönfarben bemalt wird (vgl. S. 130).

Das Arbeitsblatt von Seite 155 dient der Ergebnissicherung.

Abbildung 87:
Tragseilbrücke (Schülerarbeit)

Folien zur Hinführung und Erarbeitung

1. Reißender Fluss

2. Kletterer über einem Wasserfall

153

3. Hängebrücke in Neuguinea

4. Hängebrücke des 20. Jahrhunderts. Golden-Gate-Bridge, San Francisco. 1937

Tragseilkonstruktion

1. Grundlegende Eigenschaften

a) Eine zwischen zwei senkrecht stehenden Hölzern oder Flaschen straff gespannte Schnur.

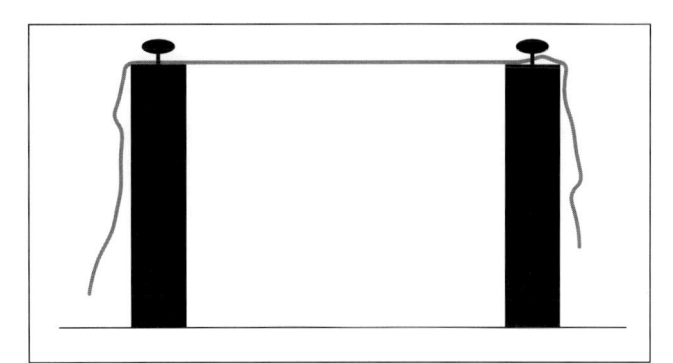

b) Bei Belastung der Schnur kippen die Träger.

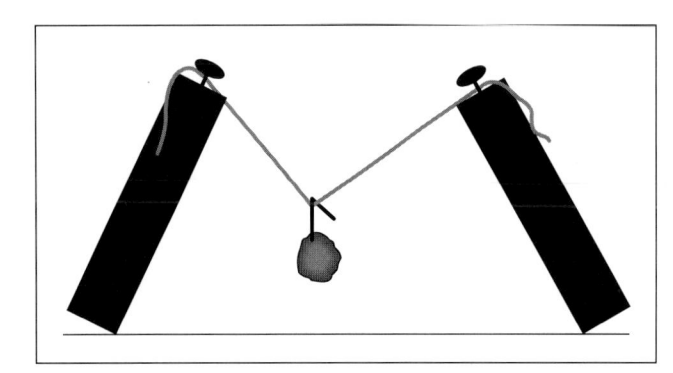

c) Die Schnur hängt aufgrund ihres Eigengewichtes in einer parabelförmigen Kurve durch.

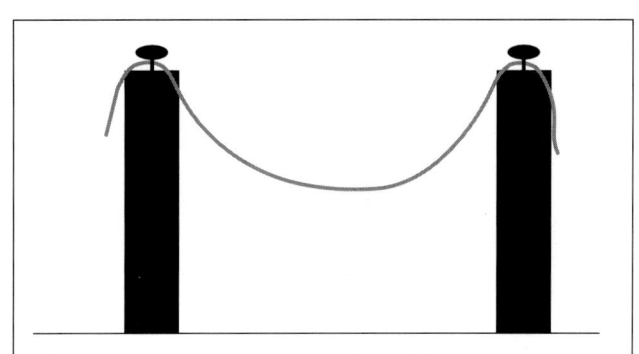

d) Diese parabelförmige Kurve, die sog. Ketten- oder Hängelinie, erweist sich als besonders tragegünstig.

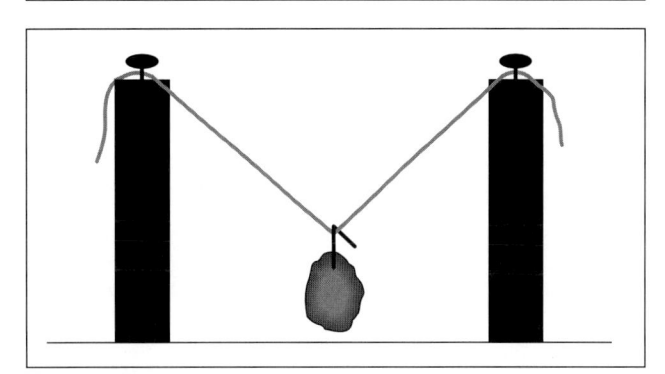

e) Wird die Schnur mit mehreren gleich großen Gewichten gleichmäßig ausgelastet, so nähert sich ihre Form der tragegünstigen Kettenlinie.

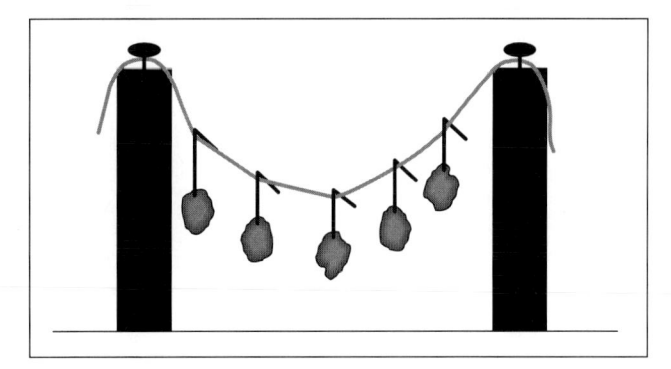

Arbeitsblatt 2 — Architektur

2. Hängebrücke in Neuguinea

3. Kletterer über einem Wasserfall

4. Hängebrücke des 20. Jahrhunderts. Golden-Gate-Bridge, San Francisco. 1937

3 Schichtung und Wölbung

3.1 Sachanalyse

Unter *Schichtung* ist eine Mauertechnik zu verstehen, bei der in der Regel Steine oder Ziegel mit versetzten Stoßfugen aufeinander gelagert werden. Meist dient Kalk- oder Kalkzementmörtel als Bindemittel.

Die heute noch verbreitete *Schichtbauweise* hat eine lange Tradition. In frühgeschichtlicher Zeit dienten unbearbeitete Bruch- oder Findlingssteine zum Errichten der Wand. Später fanden hierzu rechtwinklig zugerichtete Natursteine oder luftgetrocknete wie auch gebrannte Tonziegel Verwendung. Mit der bis heute gebräuchlichen im Zweistromland entwickelten Ziegelbauweise verbanden sich große Vorteile: Aus dem in der Natur häufig vorkommenden und somit kostengünstigen Material *Ton* ließ sich ein Baumaterial herstellen, das aus hand- und werkgerechten, gut zu transportierenden Elementen bestand und in beliebiger Menge und gleich bleibender Form gefertigt werden konnte.

In *Schichttechnik* errichtete Bauwerke bezeichnet man als *Massenbauten* (vgl. S. 20 f). Die aufeinander geschichteten Bauelemente haben sowohl tragende als auch raumabschließende Funktion. Neben der Materialaufschichtung können Massenbauten auch durch Abtragung (Aushöhlung) in Form von Wohngruben oder Höhlenerweiterungen entstehen.

Die vor über 4000 Jahren in Schichttechnik errichteten ägyptischen Pyramiden sind die ältesten erhaltenen Bauwerke. Aus eng gefügten Steinblöcken errichtet, stellen sie typische Massenbauten dar. Das widerstandsfähige Material Stein, seine Druckfestigkeit und sein hohes Gewicht trugen ebenso zum guten Erhaltungszustand dieser Bauwerke bei wie die sorgfältige Zurichtung der Blöcke und deren enge Schichtung. Weitgehend unbeschadet konnten sie den auf sie einwirkenden Kräften der Natur und menschlichem Zerstörungswahn trotzen.

Auch die Bauwerke der europäischen Architekturgeschichte zeugen von der Dauerhaftigkeit der Schichtbauweise (Abb. S. 164).

Mit der Schichtung lassen sich neben der Errichtung von Wänden auch *Einwölbungen* vornehmen. Diese Bauweise bezeichnet man als *Kragtechnik*. Übereinander lagernde Steine ragen über ihre Unterlage vor, sodass bogenförmige Maueröffnungen oder schlanke, in ihrer Spannweite begrenzte Einwölbungen entstehen. Die vorkragenden Bauelemente finden dabei im Mauerverband Halt (Abb. 88). Ist diese Voraussetzung nicht gegeben, so muss sich der Schwerpunkt des vorkragenden Steines auf der Unterlage befinden, damit der Stein nicht kippt (Abb. 89).

Bereits frühgeschichtliche Bauwerke wurden mit *Kragwölbungen* versehen. Heute sind Kragwölbungen noch in den Trulli Apuliens zu finden. (Abb. 90).

Im Gegensatz zu der als *unechte Wölbung* bezeichneten, den Druck senkrecht ableitenden Kragtechnik sind bei der als *echte Wölbung* bezeichneten *Keilsteintechnik* die *Fugen* der die Wölbung bildenden Steine auf den Krümmungsmittelpunkt gerichtet. Die Druckverhältnisse haben eine senkrechte und eine waagerechte Komponente. Die als *Gewölbeschub* bezeichneten waagerecht wirkenden Kräfte erfordern eine Verstärkung der *Widerlager*, z.B. in Form von Strebepfeilern oder Hintermauerung (vgl. Abb. 81, S. 139). Die Keilsteinwölbung ergibt sich, wie ihre Bezeichnung verrät, durch die keilförmige Zurichtung der Steine. Indem die Fugen zum Bogenrücken hin verbreitert werden, lassen sich jedoch auch quaderförmige Steine zum Wölben verwenden (Abb. S. 166).

Dient die Wölbung zur Überdachung eines Raumes, so spricht man von einem Gewölbe. Bei Langhäusern entstehen *Tonnengewölbe*, bei Bauwerken mit rundem oder quadratischem Grundriss Kuppeln. Durchdringen sich zwei Tonnengewölbe, so entsteht ein Kreuzgratgewölbe (Abb. S. 167).

Abbildung 88: Bogen in Kragtechnik (Skizze)

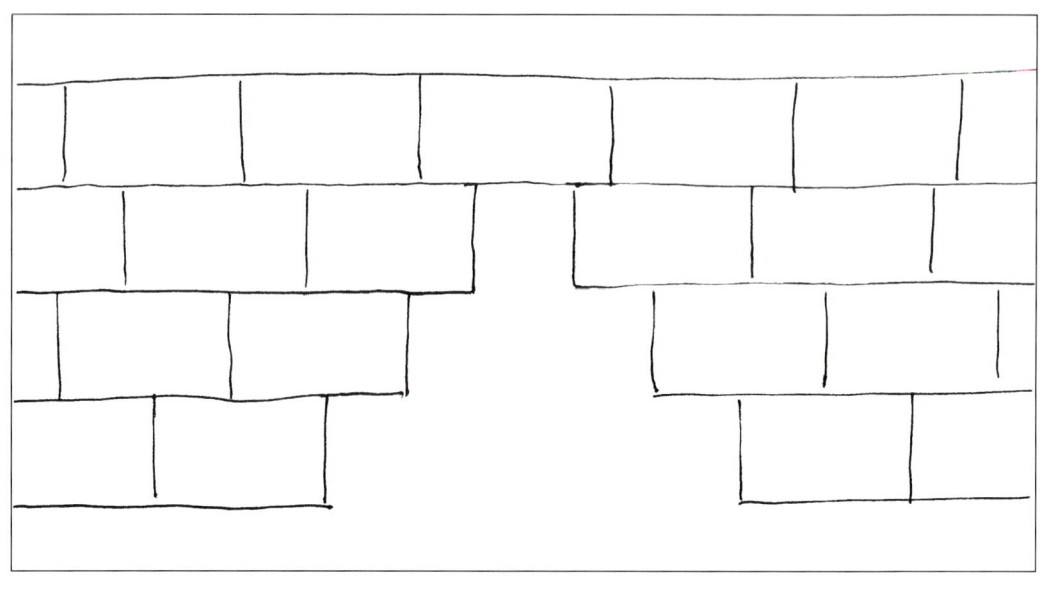

Abbildung 89: Bogen in Kragtechnik (Skizze)

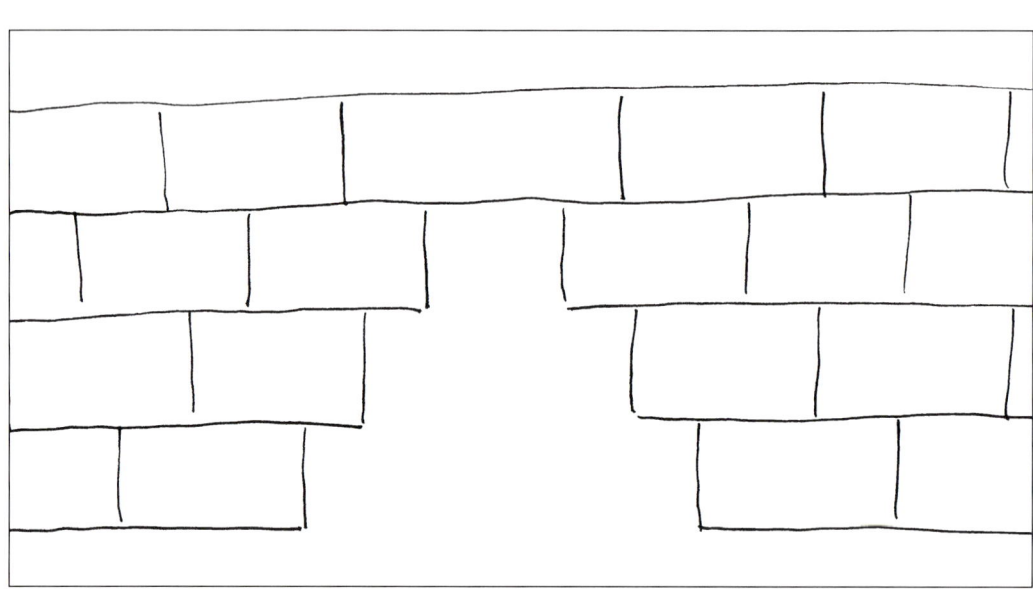

Abbildung 90: Trulli in Apulien

3.2 Unterrichtsbeispiel (Klasse 8-10)

Modell eines Massenbaus

Medien:
1. Anschauungsmittel: Folie S. 163, Tageslichtprojektor, Projektionswand, Tafel, Kreide, Arbeitsblätter S. 164 ff, (Holzklötzchen, vgl. Didakt. Kommentar S. 161 f)

2. Arbeitsmittel: Arbeitsblätter S. 164 ff, Bleistift, Zeichenblock DIN A3, Lineal, Zirkel, Ton, Vorrichtung zur Herstellung von Tonziegeln (vgl. S. 168), Well- oder Rundhölzer, Messer, Schalungshilfen (z.B. Pappröhren, Bälle), Schlicker oder Moltofill, (Brennofen)

Lernziele: Die Schülerinnen und Schüler sollen

– erkennen, dass sich in Schichttechnik ein besonders stabiler Mauerverbund herstellen lässt.
– erfahren, dass das Prinzip der Schichtung eine Jahrtausende währende Tradition hat.
– eine einfache Art der Wölbung ermitteln können.
– die Krag- und Keilsteintechnik kennen lernen und anwenden können.
– Tonziegel zum Bau von Modellen selbst herstellen können.
– Modelle von Massenbauten durch Schichtung und Wölbung herstellen können.

Verlaufsplanung

1. Hinführung

Präsentation/ Unterrichtsgespräch:

▶ Folie S. 163
„Wie ist dieses Sprichwort zu verstehen?"

Die Schüler/innen verweisen auf die stabile Bauweise.

▶ „Beschreibt genauer, warum diese gewaltigen Bauwerke die Kräfte der Natur und den menschlichen Zerstörungsdrang mehr als 4000 Jahre weitgehend unbeschadet überstehen konnten!"

Die Schüler/innen nennen folgende Punkte:

▶ Tafelanschrieb, Ergänzung

> Ägyptische Pyramiden
> – Steine als Baumaterial (Kalksteinblöcke, bis 1,5 m hoch)
> – Gewicht der Steine (durchschnittlich 2,5 t)
> – sorgfältige Zurichtung der Steinblöcke
> – Schichtung der Blöcke zu einem stabilen Verbund

2. Erarbeitung

Unterrichtsgespräch/
Einzelaktionen/
Präsentation:

▶ „Die ägyptischen Bauwerke weisen bereits dieselbe Art der Schichtung auf wie die von uns bewohnten Häuser."

Die Schüler/innen skizzieren die Schichtung an der Tafel.

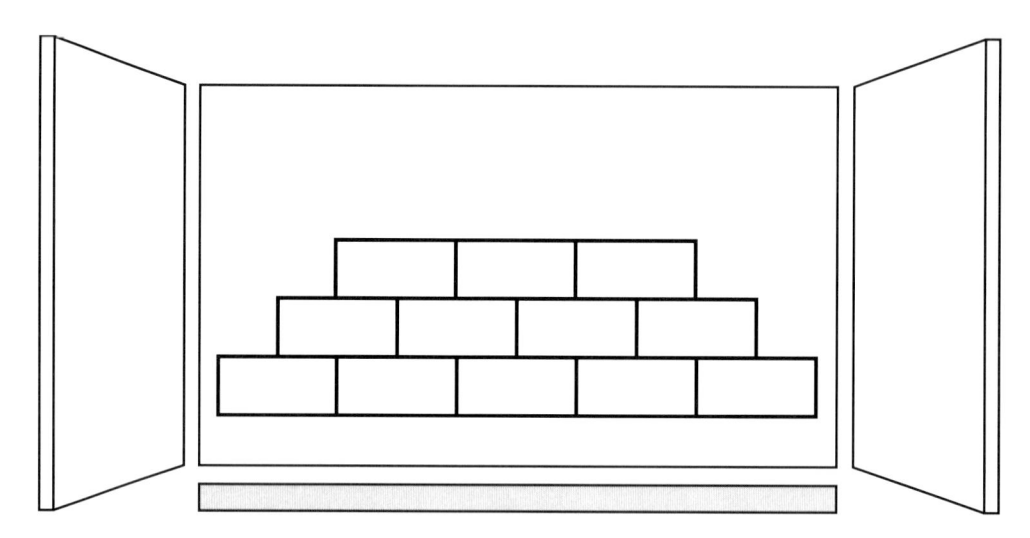

▶ Ausgabe der Arbeitsblätter 1 und 2, S. 164f
Besprechung: Punkt 1 und Aufgabenstellung von Aufgabe 2

Einzelarbeit/
Partnerarbeit:

Die Schüler/innen bearbeiten Aufgabe 2

Unterrichtsgespräch/
Einzelaktionen/
Präsentation oder
Demonstration:

Die Schüler/innen verdeutlichen die Lösung anhand einer Tafelskizze oder durch Schichtung bereitgestellter, Steine nachstellender Holzklötzchen (vgl. S. 162).

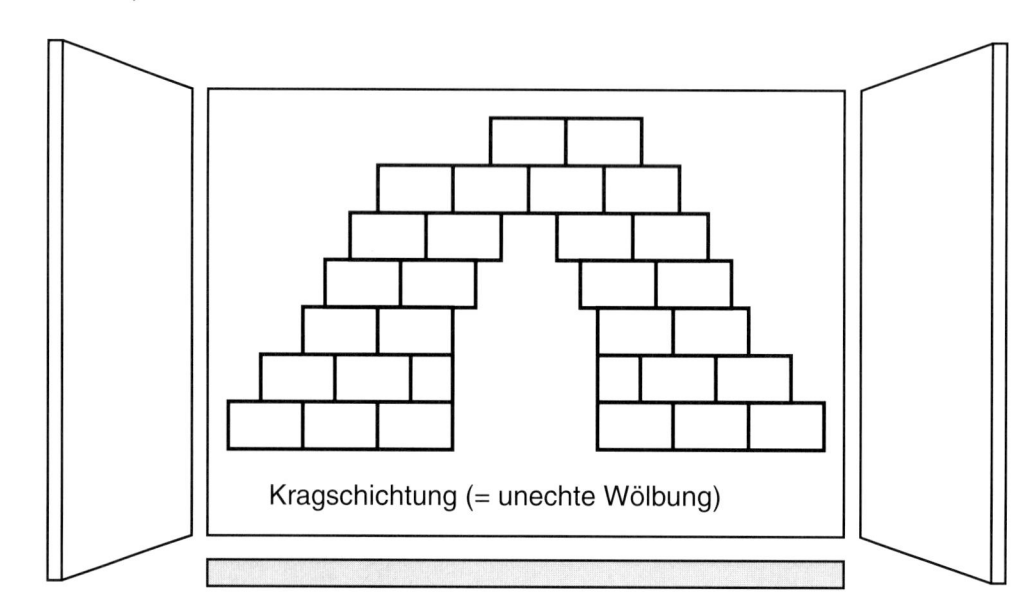

Kragschichtung (= unechte Wölbung)

▶ Einführung der Bezeichnung „Kragschichtung"
„Die Kragtechnik diente bereits in frühgeschichtlicher Zeit zur Einwölbung. Man bezeichnete sie auch als ‚unechte Wölbung'. Den Grund hierfür könnt ihr an den Abbildungen auf Arbeitsblatt 3 erkennen."

Ausgabe von Arbeitsblättern 3 und 4, S. 166f, Besprechung der Abbildungsbeispiele

Unterrichts-gespräch:	▶ „Jeder von euch wird mit den kennen gelernten Techniken der Schichtung und Wölbung das Modell eines Massenbaus errichten. Dazu benötigt ihr kleine Tonziegel, die wir zuvor herstellen müssen."
	Ausgabe von Arbeitsblatt 5, S. 168 Besprechung der Inhalte des Arbeitsblattes Festlegung der Arbeitsschritte zur Fertigung des Modells (Arbeitsblatt 2, Aufgabe 3)

3. Anwendung

Unterrichts-gespräch:	▶ Ausgabe der Werkzeuge und Materialien zur Herstellung der Tonziegel
Einzel-/Partnerarbeit:	*Vorbereitung der Arbeitsplätze* *Fertigung der Ziegel*
Einzelarbeit:	*Die Schüler/innen planen die Modelle, indem sie Grund- und Aufrisse zeichnen (vgl. S. 145 f).* *Ausführung der Modelle gemäß Planung*

3.3 Didaktischer Kommentar

Mit der *Schichtung* und *Wölbung* lernen die Schülerinnen und Schüler zwei Bautechniken kennen, die die europäische Baukunst in entscheidender Weise prägten. Bei der Anfertigung von Modellen gewinnen sie Einblick in die Möglichkeiten und Grenzen dieser Techniken und entwickeln so ein besseres Verständnis für bautechnische Fragestellungen.

Die Herstellung der Modelle kann die Leistungsfähigkeit der Schülerinnen und Schüler berücksichtigen. Differenzierte, unterschiedliche Schwierigkeitsgrade einschließende Aufgabenstellungen eröffnen den Schülerinnen und Schülern eine individuellen Möglichkeiten entsprechende Gestaltung der Modelle. In arbeitsteiliger Gruppenarbeit können so auch größere Anlagen entstehen. Die *Keilsteintechnik,* insbesondere die *Keilsteinwölbung* setzt bei den Schülerinnen und Schülern größere handwerkliche Fertigkeiten voraus. Daher sollte bei jüngeren oder leistungsschwächeren Schülerinnen und Schülern eher die *Kragtechnik* im Mittelpunkt der Aufgabenstellung stehen. Findet die Keilsteintechnik bei der Modellgestaltung Verwendung, so empfiehlt es sich, zunächst mit dem *Bogen* zu beginnen und von hier aus über das *Tonnengewölbe* zur besonders anspruchsvollen *Kuppelkonstruktion* zu gelangen. *Echte Wölbungen* lassen sich am besten mit keilförmig zugerichteten Ziegeln herstellen. Mit einem Messer schneidet man die *lederharten Tonquader* zurecht. Als *Schalung* für Tonnengewölbe eignen sich Pappröhren oder zu diesem Zweck aus Werkpappe gefertigte Vorrichtungen (vgl. S. 168).

Kuppeln lassen sich durch Bälle stützen. In Keilsteintechnik errichtete Bögen können mit kleinen Stöcken abgespießt werden (Abb. 91, S. 162).

Die Herstellung der zum Modellbau benötigten *Tonziegel* erfolgt am besten mit der auf S. 168 beschriebenen Vorrichtung. Ihre Verwendung garantiert Ziegel mit identischer Stärke und Abmessung. Zwei bis drei solcher Vorrichtungen genügen in einer Klasse um einen zügigen Arbeitsablauf zu gewährleisten. Während die einen Schülerinnen und Schüler Ziegel herstellen, arbeiten die anderen an den *Grund- und Aufrissen* ihrer Modelle oder verarbeiten bereits gefertigte Ziegel. Wenn die Ziegel der Form entnommen werden, ist darauf zu achten, dass sie sich nicht verformen.

Als Mörtel dient *Schlicker* (= dünnflüssiger Tonbrei), den man durch Einsumpfen des zur Herstellung der Ziegel verwendeten Tones gewinnt.

Die Modelle können in luftgetrocknetem Zustand belassen bleiben oder nach entsprechender Zeit des Durchtrocknens geschrüht werden. Auch Moltofill eignet sich gut als Mörtel für luftgetrocknete oder gebrannte Ziegel. Letztere sollten vor dem Vermauern gewässert werden.

Hinsichtlich größerer Anschaulichkeit sollte die Kragschichtung möglichst mit Holzklötzchen demonstriert werden. Ein Vierkantstab in Klötzchen zersägt liefert das Baumaterial (Abb. 92). Im Gegensatz zu einer Skizze sehen sich die Schülerinnen und Schüler hier statischen Problemen gegenübergestellt, wie dem Kippen zu weit vorkragender Bauelemente bzw. deren Halt im Verbund.

Abbildung 91: Absprießung von in Keilsteintechnik errichteten Bögen (Skizze)

Abbildung 92: Vierkantstäbe in Klötzchen zersägt

Abbildung 93: Schülerarbeit

⇒ **Folie zur Hinführung**

Ägyptische Pyramiden

„Alle Welt fürchtet die Zeit, die Zeit aber fürchtet die Pyramiden."
Arabisches Sprichwort

Arbeitsblatt 1 — Architektur

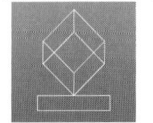

1. Massenbau

a) Ägyptische Pyramiden

b) Römisches Bauwerk
(Teil des Kolosseums in Rom)

c) Romanischer Dom (Maursmünster im Elsass)

d) Zeitgenössische Baustelle

Arbeitsblatt 2 — Architektur

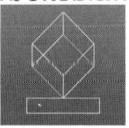

2. Führe die skizzierte Schichtung weiter, versieh die Mauer mit einer bogenförmigen Öffnung. Gehe dabei von den Abmessungen der bereits verwendeten Steine aus.

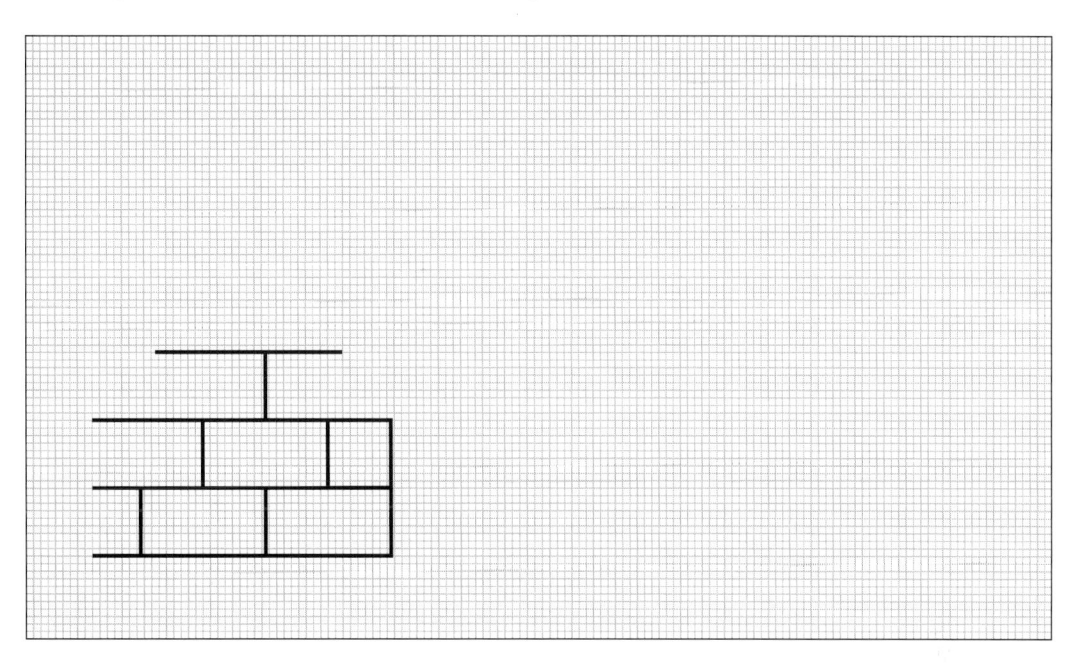

3. Arbeitsschritte zur Herstellung des Modells eines Massenbaus mit Tonziegeln:

1. _____

2. _____

3. _____

4. _____

Arbeitsblatt 3 — Architektur

Schichtung und Wölbung

1. Kragtechnik:

a) Kragschichtung (Bogen)

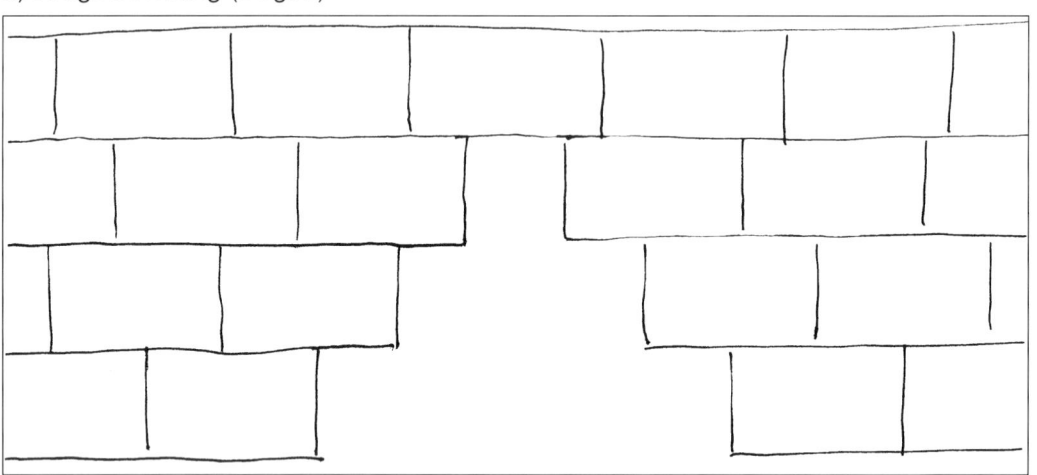

b) Kragwölbung (unechte Wölbung), Trulli

2. Keilsteintechnik:

a) Keilsteinwölbung

Bogen mit keilförmigen Steinen    Bogen mit Fugenverbreiterung

Arbeitsblatt 4 — Architektur

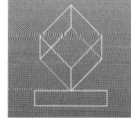

b) Gewölbe

Tonnengewölbe

Kreuzgratgewölbe

Kuppel

Kuppeln

Arbeitsblatt 5 — Architektur

1. Herstellung von Tonziegeln für den Modellbau

Vorrichtung zur Herstellung von Tonziegeln für den Modellbau

Die Vorrichtung wird mit Ton gefüllt.

Hat die Schwindung eingesetzt, lassen sich die mit Lineal und Messer entsprechend der Markierung zugeschnittenen Tonquader leicht der Form entnehmen.

2. Schalungsvorrichtungen

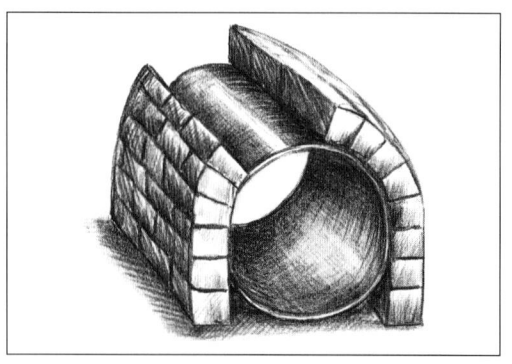

Wandgliederung

Gestaltung von Fassaden

1. Sachanalyse

Die *Fassade* ist ein Aushängeschild eines Gebäudes. Daher unterliegt ihre Gestaltung besonderer Aufmerksamkeit. Die raumabschließende Wand wird optisch gegliedert und verliert dadurch ihre Glätte oder Schwere. Da sind zunächst die funktional bedingten Gliederungselemente wie Fenster und Türen oder Vorkragungen wie Erker oder Balkone zu nennen. Neben ihrer Anzahl und Größe ist vor allem ihre Form und die daran gebundene Ausrichtung für die optische Wirkung von Bedeutung. Schlanke hohe Fenster lassen ein Bauwerk höher aussehen, als es in Wirklichkeit ist. Ihre horizontale Ausrichtung lässt es breiter und schwerer wirken (Abb. 94). Dieselbe Funktion erfüllen Gesimse oder andere aus der Wand vortretende Elemente. Auch ohne farbig abgesetzt zu sein gliedern sie durch ihre Ausrichtung die Fassade. Dabei spielt ihr Schattenwurf eine nicht unbedeutende Rolle. Aber auch die bei der Gestaltung der Fassade verwendeten Materialien tragen wesentlich zum Gesamteindruck eines Gebäudes bei. Sichtmauerwerk vermittelt den Eindruck von Solidität, verspiegelte Flächen haben einen entmaterialisierenden Effekt. Während jahrhundertelang der Goldene Schnitt die Gestaltung von Fassaden beeinflusste, entwickelte Walter Gropius ein Baukastensystem, sog. Module, die ein kostengünstigeres Bauen ermöglichten. Ebenso befasste er sich mit der industriellen Fertigung einzelner Bauteile, die aus dem modernen Wohnungsbau nicht mehr wegzudenken sind und diesen optisch auch stark prägen.

Abbildung 94: Unterschiedliche Wirkung eines Gebäudes bei Änderung der Form und Anordnung von Fenstern

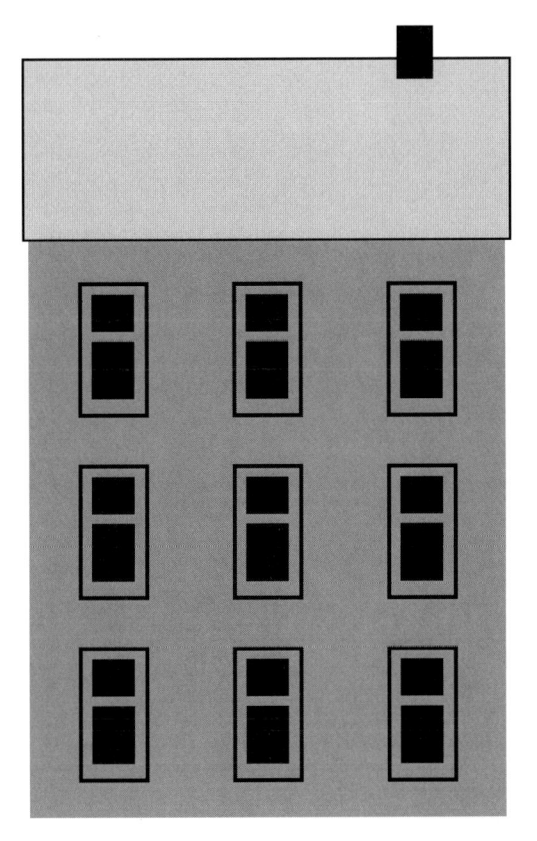

Für das Gesamtbild eines Bauwerks ist aber auch die Farbgebung von entscheidender Bedeutung. Form und Farbe müssen aufeinander bezogen sein, soll sich ein harmonischer Eindruck ergeben. Die Wahl der Farbe orientiert sich neben stilgeschichtlichen, standort- oder funktionsbezogenen Gesichtspunkten vor allem an der architektonischen Gliederung der Fassade. Architektonisch stark gegliederte Flächen erfordern eine andere Farbgestaltung als glatte Flächen. Ebenso gilt es in die Gestaltung einbezogene Naturwerkstoffe bei der Farbgestaltung zu berücksichtigen. Doch auch der Eigenwert der Farbe bestimmt das Aussehen eines Gebäudes. Je nach Farbgebung kann eine Fassade hell oder dunkel, leicht oder schwer, freundlich oder bedrückend, lastend oder schwebend wirken. Durch Farbe lassen sich Teile des Bauwerks ebenso optisch zusammenfassen wie besonders hervorheben. Mangelhafte Architektur kann durch eine gelungene Farbgestaltung korrigiert werden (vgl. Abb. 3, S. 45).

2. Unterrichtsbeispiel (Klasse 8-10)

Bebauung einer Baulücke zwischen denkmalgeschützten Bauten
Von der Entwurfszeichnung zum maßstabsgetreuen Fassadenmodell

Medien: **1. Anschauungsmittel:** Arbeitsblatt 1 S. 173, (Arbeitsblätter 1 und 2 als Folie), Tafel, Kreide, Tageslichtprojektor, Projektionswand

2. Arbeitsmittel: Arbeitsblätter S. 173ff, Zeichengeräte, Kappaplatten oder fester Werkkarton, Schere, Universalmesser, Schneideunterlage, graues bzw. hellblaues Tonpapier oder Folie, Filzstifte (für Folie „permanent"), doppelseitiges Klebeband (Teppichklebeband), Zeichenblock DIN A 3

Lernziele: Die Schülerinnen und Schüler sollen

– erkennen, dass Bautätigkeit in der Regel an Vorgaben gebunden ist.
– Kriterien für die Fassadengestaltung eines sich harmonisch in die vorhandene Architektur einzugliedernden Neubaus erarbeiten können.
– die erarbeiteten Kriterien in zeichnerische Darstellungen möglicher Fassadengestaltungen einbringen können.
– überzeugende zeichnerische Entwürfe als Fassadenmodell umsetzen können.

Verlaufsplanung

1. Hinführung

Unterrichtsgespräch: ➤ Ausgabe von Arbeitsblatt 1, S. 173, Besprechung der Aufgabenstellung

2. Erarbeitung

Partnerarbeit: *Die Schüler/innen bearbeiten die Aufgabe.*

Alternative Erarbeitung

Rollenspiel/Präsentation: *Diskussion der Vorschläge:*
Rollen: Bauherr, Architekt, Vertreter des Denkmalamtes, ...

➤ Arbeitsblatt 2, Aufgabe 2, S. 174 als Folie

Unterrichts-gespräch:	➤ Besprechung der Ergebnisse der Partner-/Gruppenarbeit (Auswertung der Diskussionsbeiträge des Rollenspiels)
Präsentation/ Demonstration:	➤ Arbeitsblätter 1 und 2 als Folienteile
	➤ Zusammenfassung der Ergebnisse in einem Tafelbild, z. B.

<u>Schließen einer Baulücke durch Neubebauung</u>

Orientierung an der benachbarten Bebauung:
- Höhe des Gebäudes
- Anzahl der Geschosse
- Dachform
- Größe, Form, Anzahl und Position der Fenster und Türen
- aus der Wand vortretende Elemente wie Erker, Balkone
- weitere architektonische Gliederungselemente
- Farbgestaltung
- Material

3. Anwendung

Unterrichts-gespräch:	➤ Ausgabe von Arbeitsblatt 3, S. 175 Besprechung der Aufgabenstellung
Partnerarbeit:	*Arbeit gemäß der Aufgabenstellung*

3. Didaktischer Kommentar

Der Einstieg in diese Unterrichtseinheit erfolgt über die Aufforderung zur Lösung eines Problems. Eine Baulücke soll durch Bebauung geschlossen werden. Drei Vorschläge stehen zur Diskussion. Da sich der Neubau harmonisch in die Bebauung eingliedern soll, sind die Schülerinnen und Schüler gehalten die Fassaden der angrenzenden Bauwerke genauer zu betrachten und die dem Neubau zugrunde zu legenden Kriterien zu erarbeiten. Dies kann in Partnerarbeit geschehen. Das in der Verlaufsplanung alternativ hierzu genannte Rollenspiel ist zwar zeitintensiver, jedoch besonders geeignet, die Position der Betroffenen (Bauherr, Architekt, Denkmalamt) deutlich werden zu lassen. Die Ergebnisse dieser Unterrichtsphase werden in einem Tafelanschrieb zusammengefasst, dessen Inhalt gleichzeitig Leitfaden für die sich daran anschließende fachpraktische Arbeit ist.

Ist der Aufriss des geplanten Gebäudes gezeichnet, so erfolgt hieran die Bemaßung für das zu fertigende Fassadenmodell. Als Material zur Gestaltung der Fassade eignen sich Kappaplatten oder fester Werkkarton. An beiden Seitenrändern der Fassade wird die Wand im rechten Winkel einige Zentimeter nach hinten weitergeführt, sodass sich das Modell aufstellen lässt. Dazu ist das die Wand darstellende Material auf Höhe der Kanten auf der Vorderseite mithilfe eines Lineals und einer Schere anzuritzen, sodass es sich mit klarem Linienverlauf knicken lässt.

Fenster- und Türöffnungen schneidet man mit einem Universalmesser aus der Fläche aus und hinterlegt diese mit grauem bzw. hellblauem Tonpapier oder mit Folie (z.B. ausgediente Reprofolie). Mit Filzschreibern werden auf das hinterlegte Papier bzw. die hinterlegte Folie Fenster- und Türrahmen aufgezeichnet.

Erker oder Balkone lassen sich ebenfalls durch Anritzen und Knicken des verwendeten Plattenmaterials herstellen. Zur Befestigung dieser vorkragenden Teile an der Fassadenwand sind Falze vorzusehen. Neben Flüssigklebern eignet sich besonders doppelseitiges Klebeband (Teppichklebeband) zum Festkleben. Für die Präsentation der gefertigten Modelle können die vorgegebenen Fassadenaufrisse der benachbarten Gebäude mit dem Fotokopiergerät entsprechend vergrößert, auf Karton aufgezogen und neben dem Fassadenmodell aufgestellt werden.

Abbildung 95: Bebauung einer Baulücke (Schülerarbeit)

Arbeitsblatt 1

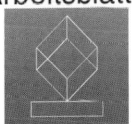

1. Diese Baulücke soll geschlossen werden. Das geplante Gebäude soll sich harmonisch in die vorhandene Bebauung eingliedern.

   Vorgaben:
   Folgende Bedingungen soll das Gebäude laut **Bauherr** und **Denkmalamt** erfüllen:

   Bauherr
   - Nutzung zu Wohnzwecken
   - optimale Ausnutzung des umbauten Raumes

   Denkmalamt
   - harmonische Einbindung des Baukörpers in die benachbarte Bebauung

Architektur

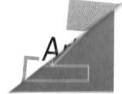

2. Anlässlich eines Wettbewerbes reichten Architekturbüros folgende Vorschläge für die Bebauung ein:

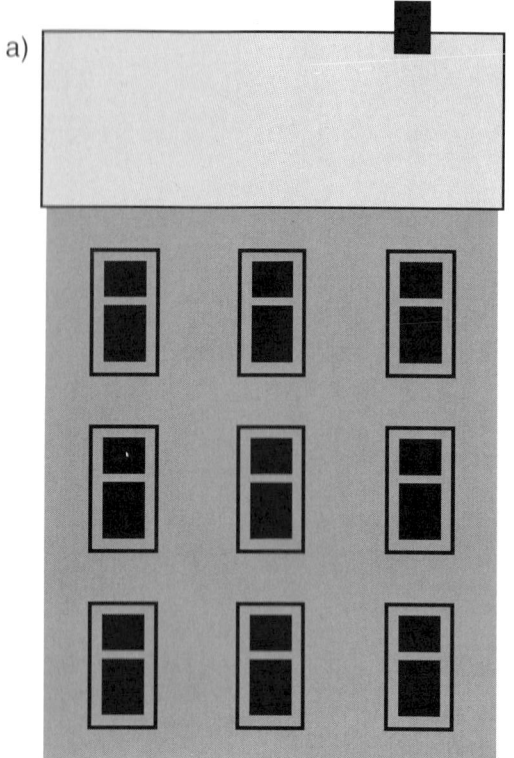

a)

b)

c)

Welcher Vorschlag eignet sich deiner Meinung nach am besten? Begründe deine Entscheidung!

_____
_____
_____
_____
_____
_____
_____
_____

Arbeitsblatt 3 — Architektur

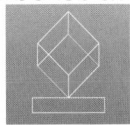

- Schneide die beiden Aufriss-Zeichnungen aus.
- Klebe sie auf ein DIN A3-Zeichenblatt
- Zeichne den Fassadenaufriss eines Wohn- und Geschäftshauses, das sich harmonisch in die vorhandene Bebauung eingliedert.
- Fertige nach dem von dir gezeichneten Aufriss ein Fassadenmodell!

Stichwortverzeichnis

Abformen → Gießen, 8, 51, 79 ff, 97 ff
additive Verfahren 7
Architekturmodell → Modell
Assemblage 7
assemblieren → Assemblage
Augentäuschung → trompe-l'œil

Balken 138 ff, 147
Brennofen 23, 29, 32
Brenntemperatur 23

Draht 90 ff
- Gitter 124
Dreifuß 29
Dreikantleiste 29

Effektglasur 29
Einbauplatte 29
Einbrandverfahren 24
Engobe 24
Environment 7
Erdbrand → Schrühbrand

Fachwerk 132, 139
Fassade 169
Flächenbau 20, 132
Flächentragewerk 20
Flechtwerk 132 ff

Gewölbeschub 157
Gießen → Abformen, 8, 48, 79, 97
Gießform → Abformen, → Gießen
Gips 47, 90 ff, **78 ff**, 89
- Abbinden 78, 97
Gipsbinden 79 ff, 90 ff, 124
Gipsbrei → Gips
Glasur 24, 28, 38
Glasurbrand 24, 29, 38
Glattbrand → Glasurbrand
Gliederbau → Skelettbau
Glühbrand → Schrühbrand
Grund-, Auf- und Seitenriss 144 ff, 161, 172

Hängebrücke 148

Illusion 39
Installation 7

Kappaplatte 144, 170 ff
Kaschee → Papierkaschee
Keilsteintechnik 157 ff

Ketten- oder Hängelinie 148 ff
kinetisch → kinetische Objekte
kinetische Objekte → Objektkunst, 7, 11, 116 ff
Kragtechnik 157 ff
Kragwölbung → Kragtechnik
Kuppel 167 f

Magerungsmittel → Schamotte, 22
Maske **50 ff**
- Grundform 52
Massenbau 20
Mater 47, 51
Mobile 117 ff
Modell 123 ff
- Baum- 123, 131
- Fassaden- 170 ff
- Gelände- 123 ff
- Ideen- 133 ff
- Innenraum- 123 ff
Modellieren 7, 47, 51, 97, 123, 152
Modellierholz 28
Modellierschlinge 23, 28, 82
Montage 7, 14, 18, **90**, 100 ff
Montieren → Montage

Objektkunst 7, **18**

Papier 46, **108 ff**
Papierkaschee 47, 61, 123 ff, 152
Pappe → Papier
Pappmaché **46**, 61, 124 ff
- Drücken 48
Pfosten 20, 140
plastische Form
- geschlossene 12
- offene 12
plastische Verfahren 14
Pylone 151 ff

Raumzeichen 12
Relief **15, 32,** 35, 46, 97 ff, 109 ff, 123
- Flach 16, 35
- Halb- 15, 35
- Hoch- 15, 35
- Tief- 16
Rohbrand → Schrühbrand

Sand → Magerungsmittel
Schalung 161
Schamotte 22, 29, 32, 38

Scherben 23, 28, 38
Schichtbauweise → Schichtung
Schichttechnik → Schichtung
Schichtung 157 ff
Schlicker 161
Schrühbrand 23, 32, 38
Schwelle → Balken
Schwindung 22, 32, 35, 38
- Brenn- 23
- Trocken- 22
Seil 148
Seilpolygone 152 ff
sintern 23, 38
Skelettbau 20, 138 ff, 147
Skulptieren 7, 14, 51, 78, 85, 89, 97
Speckstein **70 ff,** 85
Stake 132 ff
Ständer 138 ff, 147
Strebe 141 ff
Stütze → Stake, → Pfosten, → Ständer
subtraktive Verfahren 7

Terrakotta **25,** 31
Ton **22,** 25, 31, 38, 47, 51, 107, 157 ff
- bildsamer 38
- Brennfarbe 23
- fetter 22, 38
- knochenharter 22, 25, 28, 38
- kurzer 22
- langer 22
- lederharter 22, 28, 38, 161
- magerer 22
- Modellier- 22, 28, 32, 38
Tonnengewölbe 157 ff, 167 f
Tonziegel 144, 161 ff
Träger → Balken
Tragewerk 138 ff
Trompe-l'œil **39,** 43, 45

Überblattung 140 ff

Verformen 7
Verzapfung 140 ff
Vollplastik 35

Wellpappe 109 ff, 144
Widerlager 157
Wölbung 157 ff
- echte → Keilsteintechnik
- unechte → Kragtechnik